"十四五"法律职业教育新编系列教材

司法职业教育新"双高"精品教材

司法部信息安全与智能装备实验室丛书

新时代
监狱人民警察概论

XINSHIDAI
JIANYU RENMIN JINGCHA GAILUN

主　编　樊哲军　马臣文　蔡　薇
副主编　张　侃　韩文伟
参　编　卜振东　聂　晶　陶新胜

中国政法大学出版社

2025·北京

声 明		1. 版权所有，侵权必究。
		2. 如有缺页、倒装问题，由出版社负责退换。

图书在版编目（CIP）数据

新时代监狱人民警察概论 / 樊哲军，马臣文，蔡薇主编. -- 北京：中国政法大学出版社，2025.7.
ISBN 978-7-5764-2197-2

Ⅰ. D926.7

中国国家版本馆CIP数据核字第202512CL14号

出 版 者	中国政法大学出版社
地 址	北京市海淀区西土城路 25 号
邮 箱	fadapress@163.com
网 址	http://www.cuplpress.com（网络实名：中国政法大学出版社）
电 话	010-58908435(第一编辑部) 58908334(邮购部)
承 印	北京中科印刷有限公司
开 本	787mm×1092mm 1/16
印 张	14.25
字 数	321 千字
版 次	2025 年 7 月第 1 版
印 次	2025 年 7 月第 1 次印刷
印 数	1~4000 册
定 价	56.00 元

前 言

在习近平新时代中国特色社会主义思想的引领下，我国正迈入全面依法治国、建设社会主义法治国家的新时期。习近平法治思想，作为马克思主义法治理论中国化的最新成果，不仅是全面依法治国的根本遵循，也是我们行动的指南，为新时代监狱人民警察的工作提供了明确的方向。监狱，作为国家刑罚执行的重要机关，肩负着惩罚与改造罪犯的双重职责，是维护社会稳定、促进社会公平正义的关键环节。监狱人民警察，作为神圣职责的执行者，其素质和能力直接影响到罪犯的教育改造效果，监狱的安全与稳定，乃至党和政府的法治形象以及国家的长治久安。

在新时代的大背景下，监狱人民警察的工作面临着前所未有的挑战与机遇。社会的快速发展和法治建设的深入推进，对监狱人民警察提出了更高的要求。监狱人民警察必须不断提升自身的政治素质、业务能力和执法水平，以更好地适应新时代监狱工作的需要，确保监狱工作的质量和效率，保障社会的稳定，让公平正义得以实现。

监狱人民警察需不断加强学习，深化对习近平法治思想的理解和实践，确保在思想上、政治上、行动上同党中央保持高度一致，以确保监狱工作的正确方向和有效开展。同时，监狱人民警察应积极适应新时代的要求，通过专业培训、实践锻炼等途径，提升自身的业务技能和执法水平，以更加专业、高效、公正的姿态，履行党和人民赋予的职责。

本教材旨在全面系统地介绍监狱人民警察的性质、地位、职责、职权、义务、纪律以及组织管理等方面的内容，对监狱人民警察的工作理念、工作方法以及工作标准进行了深入的探讨和阐述，以期为监狱人民警察的工作提供理论指导和实践参考。在编写过程中，我们始终坚持以习近平新时代中国特色社会主义思想为指导，深入贯彻习近平法治思想，力求使本书的内容更加符合新时代监狱工作的实际需要。同时，我们也广泛吸收了国内外关于监狱人民警察研究的最新成果，以确保本书的学术性和前瞻性。

在体例上，本教材最终设定了五个学习模块，即绪论、新时代监狱人民警察警务模式、监狱人民警察职业规范与素养、监狱人民警察管理体制、监狱人民警察执法监督与违法追究，同时辅之以作为拓展学习模块的监狱人民警察资格获取，实现了"坚持现有知识体系，纳入行业发展动态，关联职业教育新理念，多元化格局与多样化传播并重"的编写理念。

在形式上，本教材按照"学习模块—学习单元—学习任务"的层级设定，意图吸收活页式教材开发的长处，将知识点尽可能进行项目化构建，以方便多元化实践教学模式的实施。同时，为深入推进"三教"改革，本教材融合了课程思政和"三创教育"

理念，教材中设计了"教学目标""案例导入""思政园地""创新园地""拓展学习"等板块，旨在坚定学生理想信念、增强警察职业道德素养、增长学生知识见识、培养创新创业精神。另外在每个学习模块后设计课后思考题，确保学生独立进行课程反思，巩固和深化课堂所得。

本教材编写框架和内容选取由主编确定，各部分撰写分工如下（以撰写章节先后为序）：

学习模块一：江苏司法警官职业学院 马臣文；

学习模块二：武汉警官职业学院 张侃；

"1+X 证书"单拓展学习模块：武汉警官职业学院 韩文伟；

学习模块三：武汉警官职业学院 蔡薇（学习单元一、二、三、五）；
　　　　　　江苏省监狱管理局 卜振东（学习单元四）；

学习模块四：江苏省司法厅 聂晶（学习单元一、二）；
　　　　　　江苏省无锡监狱 陶新胜（学习单元三）；
　　　　　　武汉警官职业学院 樊哲军（学习单元四、五）；

学习模块五：江苏省监狱管理局 卜振东（学习单元一）；
　　　　　　江苏省无锡监狱 陶新胜（学习单元二）；

统稿：樊哲军、马臣文、蔡薇。

本教材虽然在编写思路确定、撰写和成书过程中集思广益，充分吸收了各方面意见，得到了江苏司法警官职业学院等兄弟院校和行业专家的关心与指导，但限于编者水平和能力，难免存在不足之处，恳请各方批评指正。

编　者

2025 年 3 月 30 日

目 录

学习模块一　绪论 ··· 1

学习单元一　新时代监狱发展 ··· 1
学习任务一　新时代新征程 ·· 2
学习任务二　新时代监狱建设 ·· 4
学习任务三　新时代监狱新使命 ··· 7
学习单元二　新时代监狱人民警察 ·· 9
学习任务一　新时代监狱人民警察的内涵 ·· 11
学习任务二　新时代监狱人民警察的职能 ·· 14
学习任务三　新时代监狱人民警察的任务 ·· 16
学习单元三　新时代监狱人民警察概论定位 ·· 19
学习任务一　新时代监狱人民警察概论建构 ··· 20
学习任务二　新时代监狱人民警察概论的内容体系 ····································· 22
学习任务三　新时代监狱人民警察概论的研究方法 ····································· 24

学习模块二　新时代监狱人民警察警务模式 ··· 27

学习单元一　监狱人民警察警务模式 ·· 27
学习任务一　警务与监狱人民警察警务模式 ··· 29
学习任务二　国外警务模式沿革与借鉴 ·· 30
学习任务三　我国监狱人民警察警务现状 ·· 33
学习单元二　现代监狱人民警察警务模式 ··· 35
学习任务一　现代监狱人民警察警务形成 ·· 37
学习任务二　现代监狱人民警察警务模式构建 ··· 39

1+X 证书
单拓展学习模块　监狱人民警察资格获取 ·· 48

学习单元一　监狱人民警察资格概述 ·· 48
学习任务一　监狱人民警察资格的内涵 ·· 49

学习任务二	监狱人民警察资格的特征	50
学习单元二	**获取监狱人民警察资格的条件与内容**	**52**
学习任务一	监狱人民警察资格取得的条件	53
学习任务二	监狱人民警察资格的内容	54
学习单元三	**监狱人民警察资格标准与取得方式**	**58**
学习任务一	监狱人民警察资格的标准	59
学习任务二	监狱人民警察资格的取得方式	60
学习任务三	创新监狱人民警察资格获得方式	61

学习模块三　监狱人民警察职业规范与素养　65

学习单元一	**监狱人民警察职权**	**65**
学习任务一	监狱人民警察职权的涵义	69
学习任务二	监狱人民警察职权的内容	70
学习单元二	**监狱人民警察纪律**	**77**
学习任务一	监狱人民警察纪律的涵义	78
学习任务二	监狱人民警察纪律的内容	80
学习单元三	**监狱人民警察义务**	**85**
学习任务一	监狱人民警察义务的内涵	86
学习任务二	监狱人民警察义务的内容	88
学习单元四	**监狱人民警察职业能力**	**92**
学习任务一	监狱人民警察职业能力的涵义	95
学习任务二	监狱人民警察职业能力建设	99
学习任务三	监狱领导者核心职业能力建设	101
学习单元五	**监狱人民警察职业道德**	**109**
学习任务一	监狱人民警察职业道德的涵义	113
学习任务二	监狱人民警察职业道德的内容	116
学习任务三	监狱人民警察职业道德的要求	118

学习模块四　监狱人民警察管理体制　121

学习单元一	**现代监狱管理体制**	**121**
学习任务一	现代监狱管理原则	123
学习任务二	现代监狱领导体制	124
学习任务三	现代监狱结构设置	125
学习单元二	**监狱人民警察职位**	**129**
学习任务一	监狱人民警察职位特征	131
学习任务二	监狱人民警察职位设置状况	132

| 学习任务三 | 监狱人民警察职位设置的中外对比 | 134 |
| 学习任务四 | 完善监狱人民警察职位设置 | 135 |

学习单元三　监狱人民警察培训　142
学习任务一	监狱人民警察培训特征	143
学习任务二	监狱人民警察培训的原则与作用	144
学习任务三	监狱人民警察培训的内容与方式	147
学习任务四	监狱人民警察培训的创新与发展	151

学习单元四　监狱人民警察绩效评价　155
学习任务一	监狱人民警察绩效评价的特征与作用	156
学习任务二	监狱人民警察绩效评价的原则与方法	158
学习任务三	监狱人民警察绩效评价结果的运用	161

学习单元五　监狱人民警察警务保障　166
学习任务一	监狱人民警察警务保障的特征与功能	168
学习任务二	监狱人民警察警务保障的目标与要求	170
学习任务三	监狱人民警察警务保障的基本内容	173

学习模块五　监狱人民警察执法监督与违法追究　188

学习单元一　监狱人民警察执法监督　188
学习任务一	监狱人民警察执法监督的涵义和特征	189
学习任务二	监狱人民警察执法监督的内容	192
学习任务三	监狱人民警察执法监督的途径	195

学习单元二　监狱人民警察违法追究　202
学习任务一	监狱人民警察法律责任概述	203
学习任务二	监狱人民警察刑事法律责任追究	204
学习任务三	监狱人民警察行政法律责任追究	206
学习任务四	监狱人民警察侵权赔偿责任	208

学习模块一

绪 论

学习单元一 新时代监狱发展

> 习近平在庆祝中华人民共和国成立75周年招待会上指出:"以中国式现代化全面推进强国建设、民族复兴,是新时代新征程党和国家的中心任务。今天,我们庆祝共和国华诞的最好行动,就是把这一前无古人的伟大事业不断推向前进。"
>
> **一、知识目标**
> 1. 识记:新时代监狱工作的新要求和新使命。
> 2. 领会:新时代监狱工作的新征程和新挑战。
>
> **二、能力目标**
> 1. 简单应用:新时代监狱发展的概况和总要求。
> 2. 综合应用:在新形势下,把握新的监狱工作发展方向,构建新格局。
>
> **三、素养目标**
> 1. 明确监狱工作新时代的新目标,发展新理念,强化新担当。
> 2. 立足时代,放大格局,迎接挑战。

案例导入

坚持党的绝对领导忠诚履职担当作为
为全面推进强国建设民族复兴伟业提供坚强安全保障[1]

新华社北京1月14日电 中共中央总书记、国家主席、中央军委主席习近平近日对政法工作作出重要指示指出,党的二十大以来,政法战线深入学习贯彻新时代中国特色社会主义思想,围绕新时代新征程党的中心任务,落实党中央决策部署,各项工作抓得紧、抓得实,取得了新的成效。

习近平强调,今年是新中国成立75周年,是实现"十四五"规划目标任务的关键

---

[1]《坚持党的绝对领导忠诚履职担当作为 为全面推进强国建设民族复兴伟业提供坚强安全保障》,载https://www.news.cn/medx/2024-01/15/c%201310760313.htm,最后访问日期:2024年1月14日。

一年。政法战线要全面贯彻落实党的二十大和二十届二中全会精神，坚持党的绝对领导，忠诚履职、担当作为，以政法工作现代化支撑和服务中国式现代化，为全面推进强国建设、民族复兴伟业提供坚强安全保障。要坚决维护国家安全，提高政治敏锐性和政治鉴别力，防范化解重大安全风险。要坚决维护社会稳定，坚持和发展新时代"枫桥经验"，正确处理人民内部矛盾，维护群众合法权益。要保障和促进社会公平正义，维护国家法治统一，全面推进科学立法、严格执法、公正司法、全民守法，深化司法体制综合配套改革，全面准确落实司法责任制。要以高水平安全保障高质量发展，依法维护社会主义市场经济秩序，提升法治化营商环境建设水平。要加强政法机关党的政治建设，锻造忠诚干净担当的新时代政法铁军。

中央政法工作会议2024年1月13日至14日在北京召开。中共中央政治局委员、中央政法委书记陈文清在会上传达习近平重要指示并讲话，表示要坚持以习近平新时代中国特色社会主义思想为指导，深刻领悟"两个确立"的决定性意义，增强"四个意识"、坚定"四个自信"、做到"两个维护"，坚持党对政法工作的绝对领导，锻造过硬政法铁军。要围绕推进中国式现代化这个最大的政治，把握时代方位，着力维护国家安全，着力维护社会稳定，着力保障和促进社会公平正义，着力保障高质量发展，着力加强政法机关党的政治建设，以政法工作现代化支撑和服务中国式现代化。

学习任务一　新时代新征程

监狱事业与国家发展密切相关，监狱发展必须立足时代特征与国家使命任务。新时代监狱发展是中国特色社会主义新时代新征程的重要组成部分，必须主动融入新时代新征程整体之中，才能符合时代发展潮流。

一、新时代

习近平总书记在中国共产党第十九次全国代表大会上作报告，指出："经过长期努力，中国特色社会主义进入了新时代，这是我国发展新的历史方位。"中国特色社会主义新时代是我国发展的新的历史方位，是包括监狱工作在内的国家经济社会各项工作发展的新的时代背景和现实条件。监狱事业发展必须立足于习近平新时代中国特色社会主义思想的大局和整体中，准确把握新时代的根本遵循、战略部署、基本理念、发展模式等核心内容，才能展现监狱发展的新面貌。

从历史维度看，这个新时代，是承前启后、继往开来、在新的历史条件下继续夺取中国特色社会主义伟大胜利的时代，是决胜全面建成小康社会、进而全面建成社会主义现代化强国的时代，是全国各族人民团结奋斗、不断创造美好生活、逐步实现全体人民共同富裕的时代，是全体中华儿女勠力同心、奋力实现中华民族伟大复兴中国梦的时代，是我国不断为人类作出更大贡献的时代。

从思想遵循来看，新时代党和国家事业发展的根本遵循是习近平新时代中国特色社会主义思想。这是全党全国人民为实现中华民族伟大复兴而奋斗的行动指南。其中所蕴含的治国理政新理念新思想新战略，实现了马克思主义中国化时代化新的飞跃，同样构成了监狱工作发展的根本遵循。坚持不懈用习近平新时代中国特色社会主义思想武装头脑、指导实践、推动工作,是监狱事业持续进步发展的思想保证。

从战略部署来看,新时代对党和国家事业发展作出科学完整的战略部署,提出实现中华民族伟大复兴的中国梦,以中国式现代化推进中华民族伟大复兴,统揽伟大斗争、伟大工程、伟大事业、伟大梦想,明确"五位一体"总体布局和"四个全面"战略布局,确定稳中求进工作总基调,统筹发展和安全,明确我国社会主要矛盾是人民日益增长的美好生活需要和不平衡不充分的发展之间的矛盾,并紧紧围绕这个社会主要矛盾推进各项工作,不断丰富和发展人类文明新形态。

中国特色社会主义新时代是党的十八大以来党和国家各项事业进步发展的基本定位,其中所包括的内容、蕴含的方法论和各项具体要求是监狱事业发展的前提和指南。

二、新征程

新征程是我国关于新时代坚持和发展中国特色社会主义的战略安排,即由中国共产党团结带领全国各族人民全面建设社会主义现代化国家、向第二个百年奋斗目标进军,以中国式现代化全面推进中华民族伟大复兴。

随着社会的不断进步和法治建设的深入推进,监狱工作也面临着新的挑战与机遇。为了更好地适应时代要求,提升监狱工作的科学化、规范化、法治化水平,我们必须在新征程中不断加强以下各方面的建设与管理。

1. 法治化建设需稳步推进。法治化建设是监狱工作的基石。在新征程中,我们要进一步推进法治化建设,完善监狱法律体系,加强执法规范化,确保监狱工作的各项活动和措施都在法律的框架内进行。同时,加强法治宣传教育,提高罪犯和监狱工作人员的法治意识,形成尊法学法守法用法的良好氛围。

2. 罪犯改造与教育。罪犯改造与教育是监狱工作的核心任务。我们要通过科学的教育方法和手段,帮助罪犯认识错误、悔过自新,重塑正确的人生观和价值观。同时,加强职业技能培训和心理健康教育,提高罪犯的就业能力和社会适应能力,为其顺利回归社会奠定基础。

3. 安全管理要强化。安全是监狱工作的生命线。我们要建立健全安全管理制度,加强安全设施建设,提高安全防范能力。同时,加强日常巡查和应急处置能力,确保监狱内的安全稳定。此外,还要加强对罪犯的思想动态和行为表现的监控,及时发现和消除安全隐患。

4. 狱内医疗卫生。狱内医疗卫生是保障罪犯健康权益的重要举措。我们要加强医疗卫生设施建设,提高医疗水平和服务质量。同时,加强疾病预防和控制工作,做好传染病防控和突发公共卫生事件的应急处理。此外,还要关注罪犯的心理健康问题,提供必要的心理咨询和治疗服务。

5. 信息化建设提升。信息化建设是提高监狱工作效率和管理水平的关键。我们要加强信息化建设,推广智能化管理手段,提高监狱工作的信息化水平。通过建设信息化平台,实现信息共享和协同办公,提高工作效率。同时,加强数据分析和应用,为监狱决策提供科学依据。

6. 队伍素质培训。队伍素质是监狱工作的关键因素。我们要加强队伍素质培训,提高监狱工作人员的专业素养和综合能力。通过定期开展业务培训和考核,提升工作人员的执法水平和业务能力。同时，加强思想政治教育和职业道德教育，提高工作人员的责任感和使命感。

7. 社会化帮教协同。社会化帮教协同是提升监狱工作效果的重要途径。我们要积极与社会各界合作，开展多样化的帮教活动，为罪犯提供更多的改造机会和资源。通过引进社会资源，加强与社会组织的合作，形成全社会共同参与的监狱帮教格局。

8. 监督与考核机制。监督与考核机制是监狱工作质量的重要保障。我们要建立健全监督与考核机制，加强对监狱工作的监督和管理。通过定期开展考核和评估工作，发现问题并及时整改。同时，加强外部监督，接受社会监督和舆论监督，确保监狱工作的公正性和透明度。

展望未来，监狱工作将面临更多的机遇和挑战。我们要紧跟时代步伐，不断推动监狱工作的创新发展。这包括加强国际合作与交流，借鉴先进经验和技术手段，提升我国监狱工作的国际影响力；同时，关注社会变革对监狱工作的影响，及时调整工作思路和策略，确保监狱工作始终走在时代前列。

学习任务二　新时代监狱建设

一、新时代监狱工作新要求

完善和发展中国特色社会主义制度、推进国家治理体系和治理能力现代化是党的十八届三中全会提出的全面深化改革总目标。这是我们党总结近代以来特别是20世纪80年代末90年代初以来国际国内在国家治理问题上的经验教训得到的深刻启示，也是我们党领导中国人民历经革命、建设、改革进程得出的必然结论；集中反映了我们党对领导中国人民建设中国特色社会主义所面临的形势和任务作出的新判断，是对我们党治国理政思想的重大创新，标志着我们党对人类社会发展规律、社会主义建设规律和共产党执政规律的认识达到了一个新的高度，预示着我国将国家治理现代化体系的建立放在了战略性、全局性的高度，明确了我国的治理模式开始发生重大转变。习近平总书记在党的十八届三中全会第二次全体会议上指出："国家治理体系是在党领导下管理国家的制度体系，包括经济、政治、文化、社会、生态文明和党的建设等各领域体制机制、法律法规安排，也就是一整套紧密相连、相互协调的国家制度"。要坚持不忘初心、继续前进，就要统筹推进"五位一体"总体布局，协调推进"四个全面"战略布局，全力推进全面建成小康社会进程，不断把实现"两个一百年"奋斗目标推向前进。这是对国家治理体系内涵的科学阐释，它的实现就是坚持在党的政治领导和政策推动下，积极落实治理国家的一系列科学制度和法定程序。它包含制度化和规范化、民主化、法治化、效率化、多元化、协调性等特征。要求打破传统分散、非系统的，以人治、行政化和强制性为主要特征，以运动、活动和会议为主要载体的国家治理习惯，形成制度化、体系化、系统化的高效运行体制机制，逐步摆脱单一的政府一元管理模式，向政府、市场、社会和民众多元交互共治转变。政府、市场、社会组织、人民群众在不同领域发挥治理的主体作用，互动与合作，把中国特色社会主义各方面的制度优势转化为治理国家的效能，以保障社会治理的规范化和公共秩序的长期稳定有效。

监狱作为国家执行社会治理任务的重要组成部分和重要环节，必须主动适应这些新的形势和新的要求。作为国家机器，监狱必须立足社会治理的基本要求，把解决影响社会和谐稳定的突出问题和人民群众最关心最直接最现实的利益问题作为突破口，在确保安全稳定、维护公平正义、改造罪犯、展示社会文明等方面以更高的标准、更严的要求来实现国家现代治理的方针政策。作为参与社会治理的具体单位，监狱必须适应国家新的治理方略，在押犯结构日趋复杂、重大刑事犯比例攀升，以及老病残犯、精神病犯、艾滋病犯逐年增多的形势下，创新方式手段，坚持系统治理、依法治理、综合治理、源头治理，不断提高监狱安全管理水平和教育改造罪犯能力，开放监狱，打破封闭的运行格局，构建监狱社会支持系统，妥善处理监狱工作中存在的保外就医难、刑满释放难、死亡处理难等矛盾和问题，将监狱工作由一元主体向监狱与社会多元主体相结合转变。坚持现代行刑理念，推动现代监狱建设，运用现代行刑方式，追求最佳的行刑社会效益，使监狱不仅成为维护社会安全、促进社会和谐的稳压器，更是推动现代社会发展的建设者和护航者。

二、新时代监狱工作新挑战

经过改革开放四十余年的发展，我国经济社会已经达到了一个相对稳定的层面，共同富裕取得新成效。当前改革开放已进入深水区，面临的问题是如何进一步扩大经济社会发展的效益，推进社会发展的方式、技术的创新成为关键。国家将创新提升到发展动力的高度，要求各行各业充分发挥主观能动性，求创新，求突破，实现社会发展的更大成效。在刑事司法领域，中国共产党第十八届中央委员会第四次全体会议审议通过了《中共中央关于全面推进依法治国若干重大问题的决定》，提出完善刑罚执行制度，统一刑罚执行体制，这是针对我国现行刑罚执行体制中执行主体多元、执行权分散、执行管理标准不统一、执行成本高效率低、犯罪人处遇不平衡等重大弊端提出的治理新策略。统一刑罚执行体制，优化国家刑事司法权的配置，有效化解现行法律体制上存在的矛盾，能够推动实现侦查权、检察权、审判权、执行权相互配合、相互制约的良性运行机制，保障刑罚执行管理标准统一，有效实现刑罚执行公正。由于历史的原因，我国刑罚执行的多元体制在刑罚运用动态管理上会出现执行政策的不统一和执行法度及标准上的差异，各自为政的司法机关难以统一制定对罪犯均衡适用的执行规划和标准，降低了刑罚执行的公正性要求和效率。而现代社会治理需要刑罚执行和制度管理以统一的法律制度为基石，统一刑罚执行体制，形成刑罚执行管理统一标准，有效实现刑罚执行公正。按照中共中央的决定要求，中央政法委从行业的角度提出，要深化监狱制度改革，把教育改造罪犯作为中心任务，健全安全、规范、文明管理制度，加强罪犯权益保障，提高教育改造质量和安全监管水平。

监狱刑罚执行工作是近年来社会关注的敏感领域和热点话题。完善监狱刑罚执行体系，是推动司法体制改革的重要任务，是深化刑事一体运行的应有之义，它直接关系到提升刑罚执行工作质量，直接关系到刑事法律的有效执行，直接关系到刑事司法目标的顺利实现，直接关系到刑事司法保障的最终落实，这是全面建设现代监狱的迫切需要。从国家刑罚执行工作发展历程看，现行刑罚执行体制的形成有其特定的历史原因和社会背景。客观地说，现行刑罚执行体制在保障刑事法律正确有效实施、保障刑事司法活动顺利进行、保障刑罚目的实现等方面起到了积极的推动作用。但近年来，随着经济社会领域的深刻变革，刑事司法环境也随之发生了深刻变化，现行刑罚执行体制的缺陷及弊端日益显现。就监狱刑罚执行而言，面临着整体运行衔接不顺畅，法律政策把握不统一，内部管理不精细，社会支持保障不到位等矛盾和问题，不利于提升刑罚执行一体运行效能。任何一个独立的法律部门均应该有一个自成体系的法律规范系统以区别于其他法律部门。监狱必须在统一刑罚执行体制视野下，进一步强化机遇意识、问题导向，认真贯彻依法治国方略，紧紧抓住全面深化改革契机，以推动制度顶层设计、促进刑事司法一体运行、强化社会支持保障为主要内容，着力营造科学行刑共识，夯实正确执行刑罚思想基础；创设统一刑罚执行体制机制，建立协作协同平台；增强刑罚执行一体运行效能；加强监狱内部管理，提升监狱刑罚执行规范水平；完善社会支持系统，在强化刑罚执行政策支持保障等方面着力创新突破；构建严谨、规范、高效的监狱刑罚执行体系，更好地肩负起监狱机关在建设法治中国中的职责使命。

监狱工作面临的矛盾和困难需要以认真、负责的态度来面对，以饱满的热情和积极进取的精神来对待。从宏观上来看，监狱面临的发展大局有了重大变化：①监狱未来的安全稳定风险更高。监狱的安全工作目标已经从狭隘的维护自身的安全向更加注重维护社会安全、促进社会治理秩序稳定的大局转化。②公正文明执法的要求更严。监狱行刑更加注重法律效益和社会效益的统一，并以实现社会效益为终极目标，极力彰显刑罚的公平正义。③教育改造的格局更加开放融合。在行刑一体化、社会化的趋势下，教育改造主体多元化、方式协同化、资源共享化必然成为基本运行模式。④执法权力约束更加严格。规范权力行使的制度篱笆将会越扎越紧，监狱警察尤其是监狱领导必须在制度框架内依法、审慎、阳光用权。⑤监狱警察发展的价值追求更加多元化。受社会大环境和队伍结构变化的影响，警察队伍思想更多元，行为更加多变，诉求更加多样，队伍建设更加复杂。⑥监狱质态发展成为主方向。随着条件的改善，以要素投入为主的发展方式已经不适应监狱发展的需要，以质态为中心的集约式发展必然成为未来趋势。从微观上来看，监狱工作整体发展进程中还存在诸多的突出问题：①发展的不平衡问题较为突出。既有单位与单位之间的较大反差，也有条线工作之间的发展不平衡问题。②发展的不协调现象依然存在。在推进物态发展的同时，质态发展还相对滞后，表现在建设与管理相脱节、建设与应用相脱节等方面。③制约发展的机制性矛盾依然较多。机构设置不够科学，分工过细，部门协同性不高等现象制约了监狱工作的高效运行。④发展的核心优势不明显。人才队伍建设存在问题和不足，履职能力、创新能力与事业发展需求还不相适应。

从监狱惩罚与改造罪犯的基本职能和其作为刑罚执行机关的基本任务来看，梳理和客观分析当下国内的监狱行刑现状，虽然也取得了一些成绩，但总体绩效有待提高。主要反映在五个方面：行刑质量与党和国家的要求不相适应；行刑水平与人民群众的期盼有差距；行刑能力与罪犯群体结构不相匹配；行刑开放与社会融合程度不足；社会支持系统没有发挥应有的作用。此外，还存在行刑目标方向不确定，价值追求被泛化，内容多不统一，载体形式化，技术与方法杂乱，创新较多地注重于形式，教育改造缺乏针对性和有效性等问题。上述存在的问题使得监狱行刑面临巨大的挑战。从刑罚执行的本质来说，无论是国际行刑还是国内行刑，监禁刑的执行价值已不再局限于对犯罪人的报应和对人身自由的剥夺，更深层的价值是通过培养罪犯重新适应社会的素质和能力，帮助其重新社会化，使其在刑满释放后能够成为在社会上正常生活的公民。在现代社会，使罪犯重新社会化已成为监狱行刑社会效益最大化的途径。如何在科学发展和与时俱进中创新罪犯矫正的理念、方法和实践，成为监狱工作面临的一项现实而紧迫的任务，也是现代监狱建设回归监狱行刑本质的重中之重。需要在更高层面和更广阔领域选准突破口，调整、创新我国的教育改造技术手段与模式。

学习任务三　新时代监狱新使命

为全面推进监狱形态规划与建设的科学合理，监狱分等是现代监狱建设的头等大事。监狱等级分类与地域布局直接关系到罪犯分类关押安全与矫正绩效。没有分类就没有管理。科学的监狱类别差异，合理的监狱布局，完善的功能配置，良好的文化环境，是现代监狱的基本特征，也是现代监狱建设的基本内容和运行前提。建设现代监狱首先必须进行监狱分等分级，并按照监狱等级进行功能配置、警力资源配置和罪犯差序监管与流动。

监狱运行安全有序。监狱建筑按照等级差异标准建设，安防设施和功能结构达到等级监狱的标准要求，这是现代监狱安全运行和有效开展刑罚执行的基础条件；构建科学合理的监狱运行规则和考核机制则是现代监狱运行的根本保障，没有规则就没有运行；对监狱警察的训练常态化，警察的安防能力、规则意识和操作水平必须达到等级监狱的基本要求，这是现代监狱安全、有序运行的主要依靠。

监狱执法公平正义。公平正义是现代监狱行刑的基本价值追求，是现代社会文明与国家法治对监狱行刑的必然要求，这也是现代社会文明对于国家法治的要求。监狱公平正义宣示着国家法治文明程度，标志着社会治理的综合绩效，反映了监狱行刑制度的完善程度、监狱警察执法的廉洁状况、罪犯合法权益的保障情况，是刑罚两个效益的实践反映。监狱执法公平正义最终反映在监狱行刑的综合公信力上，提升监狱执法的公平正义至关重要。

监狱教育改造科学有效。教育改造是监狱行刑的中心任务之一，是监狱刑罚执行的主要内容。落实和完成刑事判决是监狱行刑的基础，实施教育改造则是监狱行刑的根本任务，直接决定着监狱行刑的质量和效益，决定着罪犯顺利回归社会的可能性和有效性，也影响着监狱行刑的公信力。坚持不懈地增强监狱教育改造的技能和水平，提升教育改造的有效性是现代监狱建设的难点和重点。

监狱治理精细规范。精细分工、精进管理是现代管理的基本方略。经过三十多年的现代化改革，我国监狱制度基本完善，治理体系基本建成，治理的体制机制基本成熟，治理能力有了大幅度提升，监狱的运行水平处在较高层次。但应当看到制度的疏漏、警察意识和能力的参差不齐、内部治理机制的僵化等不利因素依旧存在，要达到现代监狱功能完善、运行有序、绩效显著的要求还有很大距离。必须着力开展监狱内部治理精细分类，规范管理制度、秩序和行为，以达到事事有人管，件件能落实，落实有程序，规范出绩效的水平。

警察队伍素质精良。现代监狱强调精细管理，精细管理的前提是内部事务的精细分工与合作，工作流程的专业化和程式化。在这种背景下，岗位的专业性要求应运而生，传统的"万金油"式的用警方式显然不能适应现代监狱对于内部行刑管理的需要，专业化的岗位和专业化的技术流程设计呼吁监狱警察的专业化分工，专业化的岗位和专业化的技术流程设计需要素质精良的专业警察。因此，监狱警察分类管理和专业化建设尤显重要和迫切，通过专业化分工和训练，使得监狱警察队伍结构更加合理，专业素养整体提升，能够担当现代监狱建设的基本职责。

监狱行刑文明开放。文明是人类发展的方向和共同的价值追求，开放是社会治理的必经途径，也是国际行刑的基本趋势，更是我国监狱治理和监狱行刑的基本要求。离开文明谈不上权益，离开开放无法推动进步。现代监狱建设是在文明基础上的完善进步，是在开放模式上的创新发展；文明才能提升监狱的公信力，开放才能包容，才能更好地融入社会，容纳社会资源，更好地实现行刑社会化目标，实现监狱的社会角色功能。

思考练习

1. 结合新时代监狱的新要求和新挑战，说说你如何主动应对。
2. 新时代监狱的新使命有哪些？

思政园地

创新园地

拓展学习

监狱是人类社会发展到一定历史阶段的产物，西方近代监狱的产生是伴随着资本主义社会关系的产生而产生的。到15世纪，西方古老的秩序开始瓦解，政治动荡、宗教变革和经济混乱导致犯罪发展到顶峰。许多农民被迫撇下了自己的土地，蜂拥进入城镇。当时政府不知如何处理这些"强健的乞丐",为失业者设计了严厉的处罚。没有工作的人受到像罪犯一样的对待,被鞭打、侮辱,最后被赶进教养院和习艺所。教养院一词源于伦敦的布莱德威尔宫。布莱德威尔宫是一个古老的皇家宫殿,于 1557 年被改建成"矫正院"。将布莱德威尔宫改建成矫正院的目的是试图通过给予工作和培养勤奋习惯来拯救游民和轻微罪犯。通过这种形式不仅可以解决当时的社会治安问题,还可以增加政府的收入,于是相继成立许多类似的机构。不久,许多地方都建起了矫正院。

16 世纪的欧洲,荷兰社会状况动荡不安,最早爆发了资产阶级革命。为了维护社会安定,应对日益增多的犯罪问题,荷兰也开始设置矫正院,建立了著名的阿姆斯特丹矫正院,并将男女分开关押,分别成立男犯矫正院和女犯矫正院。阿姆斯特丹矫正院最大的特点就是以劳动手段来矫正罪犯,男犯主要制作染料,女犯以纺纱为主,以满足当时纺织印染工业发展的需要。这时,矫正院开始注重对罪犯的精神感化和职业辅导,劳动不仅仅具有惩治性、奴役性,更具有习艺性,把劳动作为应对贫穷和由此产生犯罪的最佳手段。阿姆斯特丹矫正院门口的铭文醒目地写着:"不要害怕,我不是因为你的罪恶而报复,而是教育向善,我的手是严厉的,但我的心是仁慈的。"教育和挽救罪犯的思想出现,标志着教育刑理论与实践的兴起。根据教育挽救服刑罪犯的宗旨,阿姆斯特丹矫正院建立了一套完整管理罪犯的规章制度。矫正院的最高领导机构是由社会知名人士组成的理事会,日常管理工作由矫正院院长负责,并配有医生和教员,而且矫正院各部门还选出一些矫正效果较好的罪犯来担当助手,协助官方工作人员管理矫正院。罪犯除必须参加劳动外,还必须参加宗教活动,每人都得学习《圣经》,每餐饭前要先行祷告,周日要做礼拜,少年犯除了参加劳动外还得定期听教员讲课。

受阿姆斯特丹矫正院的影响,西方许多国家开始效仿。1650 年在罗马天主教博爱主义的倡导下,佛罗伦萨建立了收容流浪儿童的小习艺所。1704 年罗马天主教教皇设立了专门关押违法犯罪儿童的监狱作为罗马圣米迦医院的组成部分。1735 年罗马又出现一座女监狱。1773 年英国在根特设立了习艺所,并首次使用了分房单独监禁和苦力劳动作为矫正的手段。这一系列监狱制度的发展,促进了西方近代监狱的形成,英国的矫正院被一些监狱史学家认为是欧洲近现代监狱的起源,阿姆斯特丹矫正院被视为首先实现现代化自由刑思想的先驱。从 17 世纪开始,矫正院开始收容一般犯罪人,逐渐演变为纯粹的监狱,西方近代监狱由此而产生。

学习单元二　新时代监狱人民警察

习近平在庆祝中华人民共和国成立 75 周年招待会上指出:"经过 75 年艰苦奋斗,中国式现代化已经展开壮美画卷并呈现出无比光明灿烂的前景。同时,前进道路不可能一马平川,必定会有艰难险阻,可能遇到风高浪急甚至惊涛骇浪的重大考验。南岳衡山有副对联说得好：'遵道而行，但到半途须努力；会心不远，要登绝顶莫辞劳'。我们要居安思危、未雨绸缪，紧紧依靠全党全军全国各族人民，坚决战胜一切不确定难预料的风险挑战。任何困难都无法阻挡中国人民前进的步伐！"

一、知识目标

1. 识记：新时代监狱人民警察的内涵、职能和任务。
2. 领会：新时代监狱人民警察的特征、职能的理论依据。

二、能力目标

1. 简单应用：新时代监狱人民警察的特殊内涵和职责任务。
2. 综合应用：新时代如何更好地担负监狱人民警察使命，迎接新挑战。

三、素养目标

1. 明确监狱人民警察的角色定位，强化警察意识。
2. 加深对我国监狱人民警察制度和职业素养的理解，提升专业能力。

案例导入

安徽省安庆监狱成立"振风营"全面赋能青年民警成长[1]

安徽省安庆监狱坚持以"创品牌、育人才、正风气、谋长远"为目标引领，成立青年民警"振风营"，进一步加强青年民警队伍建设，帮助和引导青年民警早日进入角色，养成良好作风，迅速提升青年民警助推监狱发展的能力。

一是抓好制度建设"创新点"，着力力量建营。坚持从制度建设入手，完善培养年轻干部的长效机制。出台《安庆监狱青年民警"振风营"人才培养实施方案》，将全监35岁以下的113名青年民警编入"青年振风营"，营之下设队、组建制，按照"职能相近、发挥特长、方便活动"的原则进行划分，共设立6个中队、若干组。营设营长、副营长，营长由团委主要负责人担任；中队设中队长、副中队长；组由各中队根据实有人数自行划分，设组长，由队员内部自荐或推选产生。通过营、队、组三级建制，实行动态管理，定期对成员进行调整，始终保持青年民警队伍的生机活力。

二是抓好政治教育"根本点"，着力夯实根基。组织"振风营"青年民警赴安徽潜山野寨中学开展首期政治轮训，深入学习贯彻习近平总书记给野寨中学新考取军校的20名同学重要回信精神，通过实地参观、现场调研、互相交流等方式进行交流互学。开展"振风营"青年民警"微党课""党史故事微分享"，成立青年理论学习小组，常态化开展"青年理论大学习"、知识竞赛、读书分享会等，持续提升青年民警政治理论素养。充分利用百年监狱红色教育资源开展党性教育，组织参观安庆监狱旧址，

---

[1]《安徽省安庆监狱成立"振风营"全面赋能青年民警成长》，载http：//www.moj.gov.cn/pub/sfbgw/fzgz/fzgzszx/fzgzjygl/202401/t20240126494116，最后访问日期：2024年12月26日。

聆听安庆监狱百年变迁史以及任弼时、王步文狱内斗争故事，邀请离退休老干部给新民警讲监狱的变迁史，学习前辈艰苦奋斗的精神，进一步坚定理想信念。结合政治学习，召开"振风营"青年民警座谈调研会，要求联系工作实际谈思想认识、谈努力方向，动态掌握青年民警思想状况。

三是抓好实践担当"关键点"，着力实战练兵。坚持青年民警在实践中经风雨、长才干。积极运用"以师带徒""墩苗育苗"等培养载体和外出办班培训、红色实境教学等培训模式，探索加快青年民警成长成才新路径。设置政治保障、监管改造、生产经营、警体技能、文艺特长五大类"兵种"，根据青年民警所学专业、能力特长等，建立专业型青年民警信息库，有针对性地对青年民警进行长期锻炼培养。定期进行"四学四比"提升活动，落实青年民警"多岗锻炼"工作机制，通过定期轮岗、一线锤炼、挂职锻炼等多层次、全方位的历练和培养，常态化开展理论知识、业务技能、岗位实操等考核评比，让青年民警在不同层次、不同性质的岗位历练。"振风营"首期青年民警在全省司法行政系统新闻舆论业务技能竞赛中荣获总分第一、团体一等奖。

四是抓好培养使用"基本点"，着力压担助航。构建"1+N"的导师结对模式，为每名青年民警选配政治师傅、业务师傅，采取"手把手""面对面"教学，将理论教学与实践培养相结合、将"传帮带"与"管育培"相结合，确保实现"一年跟着干、两年单独干、三年成骨干"的成长定位目标。不定期举办成长报告会、廉政论坛、座谈会，听取在营青年民警工作开展情况、成长心得体悟和对监狱发展的意见建议等，近距离了解青年民警优势特长等情况。实行积分管理制，将个人月度、季度、年度考核得分与个人评先评优挂钩，对表现优异、有发展潜力、受到表扬的青年民警，及时纳入年轻后备干部库。

学习任务一　新时代监狱人民警察的内涵

一、监狱人民警察的内涵

根据我国《中华人民共和国监狱法》及《中华人民共和国人民警察法》（以下均省略"中华人民共和国"）的规定，我国的监狱人民警察是具有公务员性质的职业群，负责刑罚执行、矫正和监狱日常具体事务管理。因此，我国监狱人民警察被赋予了特殊的内涵。

首先，与其他公务员不同，我国监狱人民警察不仅具有公务员的行政属性，更具有特定的目的性，即监狱人民警察岗位设置的目的是执行刑罚和狱政管理。公务员职业因公权力不同性质的划分而存在较大的差别：在立法权执行系统表现为对民意的忠实与听取，其能动性只能通过收集、汇总和真实地反映民意来表现；在司法系统忠实与服从的对象只能是已经抽象合成了的法律规范，在此基础上法官的判断应具有完全的独立性；在行政系统，执行是公务员的天职，应在其明确的职级与职责制度下履行相对最为严格的忠实义务。监狱人民警察是持枪的纪律部队，是代表国家执行法律的重要力量，是维护社会稳定的基础保证。监狱人民警察区别于一般性公务员职业，通过法定途径承担着依法执行刑罚、管理和教育矫正罪犯的重任。

其次,监狱人民警察是社会分工中的一种职业。监狱人民警察是社会发展到一定历史阶段的产物,作为国家机器的重要组成部分,是统治阶级维持其秩序的工具之一。随着社会的发展,特别是社会分工的细化、近代自由刑的出现,监狱人民警察的基本职能由最初的单纯对罪犯实施惩罚,演变为惩罚与矫正相结合。监狱人民警察也成为一类特殊的职业群体。

最后,监狱人民警察是由不同岗位组成的职业群。目前,我国监狱人民警察囊括了看守、矫正和教育等不同岗位群,由管教人员、文化教员、职业技术培训人员、心理学工作者和精神病学工作者等组成。

与其他警察有所不同,监狱人民警察内部还分为各层级领导、管教人员等。各层级领导由监狱长、监区长和分监区长构成。监狱长是我国监狱中必不可少的工作人员,每个监狱都会有1名以上的监狱长。监区长是处在监狱长领导下,在分监区长之上的组织警察,主管监区全面工作,是监区各项工作的第一责任人,对监区的安全稳定负总责。分监区长是处在监区长领导下,在具体行刑管教人员之上的组织警察,对分监区的安全稳定负总责。

管教人员集看守人员和矫正人员的职能于一身,是我国目前监狱人力配置最充足的一部分。除此以外,我国监狱人民警察的岗位群中还有少数医务人员、心理学工作者和精神病学工作者、生产经营管理人员等。

二、监狱人民警察的特征

监狱人民警察作为独立的警种,不仅具有警察的一般特征,更有其自身的特点,即职业性、执法性和专业性。

1. 职业性。监狱人民警察的职业化,是指监狱人民警察在工作过程中,所形成的独特的知识、技能、工作方法、生活方式以及专门的思维模式。监狱人民警察的职业化是在社会分工的基础上,对从事执法的监狱工作者所提出的综合要求,也是对监狱工作者素质的宏观要求。监狱人民警察职业化大体包括以下几方面的内容:

(1) 从事专门的工作,即以执行刑罚和矫正罪犯为职业。监狱人民警察的工作任务主要有两方面:一方面是执行刑罚,即对被经过法院判刑,需要在监狱服刑的罪犯实行看管,防止其脱逃,实现刑罚的惩罚功能;另一方面是矫正职能,即对服刑人员通过劳动、教育等方法进行矫正,使其成为守法公民和对社会的有用之才,实现刑罚的目的。只有通过刑罚执行,才能将国家的判决落到实处,把罪犯矫正成为守法的公民,实现刑罚的根本目的。这种特殊的执行刑罚和矫正功能,是监狱人民警察所特有的。

(2) 具有独特的知识、能力和实践思维,即监狱人民警察不仅具有理论素养和法律知识,而且还应当具有实践素养、矫正技能和经验,必须经过专门的技能训练和严格的考核考察。职业化不是固定的工作状态,也不是单一的专业知识背景。一个有职业的人不一定是具备职业素养的人。在执行刑罚的工作中,监狱人民警察不仅是刑罚执行的具体落实者,也是教育者,担负着行刑和教育矫正罪犯的工作任务;同时还是组织者,担负着组织罪犯劳动的工作任务,因此,监狱人民警察除了具备管理手段之外,还必须会使用法律手段、行政手段、经济手段、社会协调手段、教育手段等,只有充分运用多样化手段和综合治理手段管好监狱,才能奠定矫正罪犯的工作基础。而行使这些手段,不仅要求监狱人民警察掌握精湛的法律、监管知识,还要求监狱人民警察了解心理、矫正、教育、社会学等各方面知识,以此来指导实践,达到矫正罪犯的目的。

(3) 职业性还应当包括优秀的人品道德和高度的职业道德素质,即监狱人民警察必须具有高度正义感和社会责任感,能够刚正不阿,公正和有效率地进行执法活动和矫正活动。职业性是监狱管理人员的价值需求。职业性的精髓在于职业态度、职业精神、职业道德。真正的职业人应该具有执着的职业态度、独特的职业精神和优秀的道德品质,以及符合职业所要求的价值观。监狱人民警察职业性的要义就在于真正坚持监狱工作方针,树立依法治监的法治意识,全心全意为人民服务,遵守职业道德,遵守监狱工作的行为规范,履行法定义务,保障社会自由和公平正义;传承自由、平等、诚信、友善等普世价值观,注重人文教育、人性教育,做实践社会主义核心价值观的表率。

(4) 具有相对独立的地位,即依法独立行使国家行刑权的地位。我国的刑事诉讼活动包括立案、侦查、起诉、审判、执行五大程序。从刑事司法活动的目的来看,我国刑事司法活动的根本目的是预防和打击犯罪、执行刑罚、惩罚和矫正罪犯,监狱人民警察担负的刑罚执行工作任务尤为重要。因此,监狱人民警察必须独立执法,不受任何机关、团体干扰,由此才能做到公正执法,有效地执行刑罚,将罪犯矫正成为守法公民和对社会的有用之才。

2. 执法性。执法是指国家行政机关及其公职人员依照法定职权和程序,贯彻、执行法律的活动。执法有广义和狭义之分。广义执法不仅指国家行政机关的执法,也包括国家司法机关及其公职人员的执法。狭义执法仅指国家行政机关及其公职人员的执法,依据《中华人民共和国宪法》《中华人民共和国刑法》和《中华人民共和国刑事诉讼法》(以下均省略"中华人民共和国")的规定,监狱是我国的执法主体之一。监狱执法兼具司法与行政执法的双重属性。一方面,依据我国《宪法》《刑法》和《刑事诉讼法》的规定,监狱是国家刑罚执法机关,其执法是国家刑事司法的组成部分,负责执行刑事判决、裁定;另一方面,依据我国《宪法》和《监狱法》的规定,监狱执法是国家行政执法的组成部分,是通过依法管理和矫正,影响管理相对人——罪犯的权利和义务,行使职权和履行义务,实现刑罚目的的活动。

显然,监狱执法的司法和行政双重属性,决定了监狱执法与其他行政机关的执法不同。首先,执法是法的实施的重要组成部分和基本方式。监狱行政执法是刑事法律实施的重要组成部分和基本方式,其刑事司法属性是通过行政执法来体现和实现的,司法与行政的双重性,是其基本的属性;其次,监狱司法具体为对法院生效判决和裁定的执行,由此决定了其行政执法不是抽象行政行为;再次,监狱司法的对象的特定性,决定了其行政执法的相对人也同样具有特定性,即依法监禁的罪犯;最后,监狱司法的目的是实现刑罚及刑罚的内在价值,这决定了其行政执法具有特定的内容和目的,即通过管理、剥夺或限制罪犯的权利,依法保障罪犯权利,督促罪犯履行义务,实现刑罚的内容,通过矫正罪犯这一特定行政行为,实现刑罚内在的价值。

3. 专业性。监狱人民警察的专业性是实现监狱现代转型的必然选择。随着矫正理念对于监狱理论和监狱实践的影响，监狱工作人员所需的个体素质要求已经发生了明显的改变。监狱人民警察的专业性是监狱理念发展的必然结果。刑罚哲学的现代蜕变直接影响了监狱工作人员应当具备的素质类型要求。当监狱从惩罚之地逐渐转型为矫正之地时，具备实用矫正专业技能和明确职业属性的矫正者理所当然地成为监狱自身必需的构成要素。没有专业化的监狱人民警察和特定职业内涵的监狱人民警察，现代监狱的运作就难以从根本上摆脱报应主义刑罚哲学和功利主义刑罚哲学的历史纠缠。而我国目前的行刑模式主要建立在功利主义的刑罚哲学基础上。该种理论建立在人类趋利避害的基础上，认为我们的行为总是为了避免痛苦和寻求快乐。当犯罪人根据自己的自由意志进行判断时，为了避免痛苦和获得好处，其就有可能采取犯罪行为。因此，刑罚必须通过让人确信犯罪带来的痛苦大于犯罪带来的快乐，以此来防止犯罪。作为刑罚执行机关的我国监狱，其现实运行依据主要也是以此理论为基础的。在弥漫着功利主义刑罚观的监狱中，只要能够确保刑罚顺利兑现和罪犯依法羁押即可。监狱工作人员仅仅是一个刑罚执行者和罪犯行为监管者，而不是一个合格的矫正者。

学习任务二　新时代监狱人民警察的职能

一、监狱的哲学理论溯源

执行自由刑场所的监狱肇始于18世纪末期，是刑罚体系从以生命刑、肉刑为中心过渡到以自由刑为中心的时代产物。监狱职能的哲学溯源，从报应论到目的论再到综合论，是一个深刻而复杂的过程，它与哲学思想的发展紧密相连。首先是报应论，监狱的职能受制于报应论是刑事古典学派的主张，也称为绝对主义。这种学说有康德的等量报应论、黑格尔的等价报应论等不同学说的分野。在报应论中，监狱所担当的就是通过监禁剥夺罪犯的自由而达到惩罚罪犯目的的角色，其职能就是通过隔离、监禁和控制罪犯的行动和限制其权利，控制罪犯的时空关系而使之受到惩罚，以此实现社会正义。报应刑为刑罚提供了正当性基础，使刑罚的施加具有道德和正义的依据，但不能从根本上解决犯罪问题。因此，又出现了目的论。目的论又称为教育刑论、保护刑论或社会防卫论，是刑事社会学派的主张。它否定刑罚的合理根据在于报应的绝对性，而强调刑罚的合理根据在于预防犯罪、保护社会利益。龙勃罗梭较早地提出了社会防卫的思想，他的学生菲利又对此发扬光大。德国学者李斯特提出了系统的目的刑思想。李斯特认为，刑罚的本质具有社会性，国家成为刑罚的主体，这种适用是通过法律实现的。他在此基础上提出了刑罚个别化的理论见解，将犯罪人分为改善可能者和改善不可能者。对改善可能者可以进行改善，而对改善不可能者则使之不再具有危害。预防犯罪的目的分为一般预防和特殊预防。在一般预防中，监狱的功能是通过严厉的惩罚而威慑其他人使之不敢以身试法，以维持社会规范的尊严，保护社会秩序。在特殊预防中，重点在预防犯罪者本人，通过对犯罪者本人进行道德教化和宗教教化，或者通过治疗、矫正，使犯罪人改恶从善或重新习得社会所能接受的文化，使之重新融入社会。随着社会的发展,刑罚的目的不再仅仅是报复或预防。现代社会的多元化需求使得单一的刑罚目的理论无法满足实际需求。因此,在报应论和目的论的基础上,又出现了综合论。综合论则是报应论和目的论二者的结合,这种观点认为,刑罚的本质一方面是对犯罪的报应,同时又具有目的性或功利性,即刑罚具有改善犯罪人、预防犯罪的特性。在综合论中,迈耶提出的分配论很有特色。他认为,刑罚分为刑之制定、刑的量定及行刑三个阶段,刑罚运作的这三个阶段又分别具有报应、法的维持和目的刑的意义。在他看来,监狱等行刑机构依法对被判刑的犯罪人进行教育改造,使其回归社会,具有预防犯罪的意义。由此可见,在不同的惩罚哲学体系中,监狱所具有的职能也是有差异的,从而监狱人民警察所具有的职能也有所差异。根据《监狱法》的规定,我国监狱人民警察的职能主要体现在两个方面:惩罚与改造罪犯,具体为刑罚执行与矫正职能。

二、监狱警察的主要职能

1. 刑罚执行职能,是指监狱人民警察作为国家刑罚的执行者,对已判处有期徒刑、无期徒刑、死刑缓期二年执行的犯罪分子执行刑罚的职能,起到防止罪犯脱逃,确保罪犯服刑安全的作用。

设置监狱的目的,是对被判刑的人,在行刑过程中进行教育和矫正,通过教育和矫正,改变罪犯不适应社会的心理结构、行为方式,重塑其人格和社会适应体系,从而使他们重新适应社会,过上正常的社会生活。《规训与惩罚》的作者福柯认为,监狱的诞生作为一种规训的手段,显然仅仅是稍微有些强化性地模仿了社会中已有的各种机制,如兵营、医院和疯人院。但监狱不完全类似于社会其他的规训结构,它是一种更为彻底而严厉的规训机构:首先,与学校、工厂和军队不同,监狱必须对受规训者的所有方面全面负责,包括身体训练、劳动能力、日常行为、道德态度、精神状况;其次,监狱是一种封闭的规训,没有受到外界干扰,没有任何内部的断裂,直至目标实现,因此监狱是一种不停顿的规训;最后,监狱的规训对于罪犯实施的是一种几乎绝对的权力,它最大限度地强化了在其他规训机制中的各种做法,更为彻底和有效地实现规训的目标。可以认为,监狱的诞生是权力技术最为成熟、最为典型的体现,是规训权力的集大成者。犯罪是惩罚之因,惩罚是犯罪之果。刑罚的核心是对犯罪的反应,限制、剥夺罪犯的权利,使之感受服刑的痛苦。因此,监狱人民警察的首要职能便是对罪犯实施监控,通过对罪犯实施隔离、封闭、限制、管束,使罪犯真切地感知惩罚的痛苦,使他们不敢再犯罪,不愿再犯罪。

2. 矫正职能,矫正的基本含义是纠正和改正,主要作为医学专业用语使用,如矫正脊柱、矫正视力、矫正关节等。矫正被引入司法领域始于犯罪人类学派和犯罪社会学派。犯罪社会学派的代表人物菲利认为,不能将罪犯视为抽象的实体进行惩罚,而应将其作为具体的病态个体进行矫正;其拥护的学派的基本目标就是"从罪犯本身及其生活于其中的自然和社会环境方面研究罪犯的起源,以便针对各种各样的犯罪原因采取最有效的救治措施"。实证犯罪学对于刑罚思想最大的贡献就在于将治疗和更新的理念引入了现代监狱发展中。以美国为例,到了20世纪中期,人们已经开始认为监狱不仅是监禁罪犯的地方,而且是教育和矫正罪犯的场所。监狱工作人员也承担起了教育和矫正罪犯的责任。1954年，美国监狱协会更名为美国矫正协会，更是反映了现代国家对犯罪人的立场转变。罪犯从过去的需要接受惩罚的客体变为了能够进行自我修复的主体。监狱工作人员也不再是监管罪犯的"看守"，而成为更为积极活跃的"矫正官员"。可见，"矫正"术语的出现不是简单的名称更替，而是代表了一种思想和立场在监狱学领域的兴起。即使所谓的"矫正模式"曾在美国遭到"马丁森炸弹"的质疑，但矫正因子早已作为现代人权理念的重要因素注入了当代监狱发展中。

"惩罚与改造相结合，以改造人为宗旨"，这是监狱工作的宗旨和目的，也是监狱存在的价值基础。现代监狱的发展已经进入惩罚与矫正并重、以矫正为主的阶段。监狱不仅承担着执行刑罚的法律功能，而且也承担着矫正罪犯的社会功能。对罪犯进行惩罚不是根本目的，这只是一种手段和方式。最终目的是对罪犯进行矫正，转变罪犯的思想，促使其认罪悔罪，使其更快、更好的认识到自身的社会危害性，痛改前非，向守法公民转化。

学习任务三　新时代监狱人民警察的任务

监狱人民警察的任务，是由监狱人民警察的职能来体现的。同时，监狱人民警察的任务又以《监狱法》《人民警察法》等法律的形式加以规定，监狱人民警察应履行相应的法律义务，承担相应的法律责任。

1. 依法行刑。监狱人民警察作为国家刑罚的执行者，必须严格按照人民法院对罪犯作出的已生效的法律裁判，执行刑罚。监狱人民警察依法履行行刑职责的要求是：一是要具有强烈的法律意识和较高的执法水平，一切行刑活动都必须按照法律所确定的刑罚的内容和程序来实施；二是在处理与罪犯刑罚的执行相关的问题时，要以事实为根据，以法律为准绳；三是对罪犯实施的行政管理或刑事奖惩要重调查、重表现、重证据，严格依法办事，做到公平公正，不枉不纵。罪犯也是国家的公民，虽然他们被依法剥夺了自由，剥夺或限制了公民的部分权利，但是，他们仍然依法享有除被剥夺或限制的权利之外的基本的公民权利。因此，监狱人民警察应当不断增强保护罪犯人身权益与其他合法权益的观念。这是当今社会文明发展对各国监狱提出的普遍要求。我国是社会主义国家，其监狱制度具有历史进步性，在罪犯人身权益和其他合法权益的保护上更应当走在监狱文明发展的前列。

处于服刑中的罪犯是被惩罚、被矫正的对象。罪犯与监狱人民警察在法律关系中的地位是不平等的。罪犯对自己合法权益的保护或权利的行使必然受到主客观条件的限制。所以，监狱人民警察特别要注意保护罪犯在服刑期间仍然享有的权利和罪犯的人身权益，如人格权、申诉权、控告权、辩护权、检举权、人身财产权和安全权等。此外，监狱人民警察还要同社会有关方面进行协调与沟通，确保罪犯的各项权益都不受侵害。

2. 矫正罪犯。矫正罪犯是国家刑事法律所规定的监狱人民警察的任务，是我国社会主义监狱制度先进性的体现，也是减少重新犯罪率的根本所在。对于监狱人民警察来说，矫正罪犯的职责既神圣又艰巨。因此，监狱人民警察在履行这一职责时，必须做到：一是牢固树立监狱工作以"改造罪犯为宗旨"的指导思想，充分认识矫正罪犯的重要性和紧迫性。二是在实际工作中，要坚持一切以矫正罪犯为中心，各项工作都要服从、服务和有利于对罪犯的矫正。要正确处理惩罚与改造、教育与劳动的关系，确保对罪犯的矫正不受冲击和干扰。三是为了切实履行矫正罪犯的职责，实现矫正罪犯的目的，要刻苦学习业务，掌握管理、教育和矫正罪犯的科学的思想和工作方法，不断提高自己的业务水平和工作成效，不断提高罪犯矫正的质量。四是依法对罪犯进行思想教育、心理矫治、文化知识教育和职业技能的培训。同时，要坚持因人施教、分类教育、以理服人的原则。五是依法管理监狱和罪犯，维护监管秩序。要制定相关的制度，坚持依法管理、严格管理、科学管理、文明管理，防止脱逃、非正常死亡等重大、恶性事故的发生。

3. 维护监管安全。监狱人民警察的首要任务是维护监狱的安全。在现有的工作格局下，监管安全成为监狱警察工作的重心。这是由监管安全的特性所决定的。当前，自上而下评价监狱工作的绩效主要是以监管安全为标杆的。监狱是否安全，有无罪犯脱逃，有没有发生狱内案件成为监狱最为关注的问题。监管安全是监狱的立足之本，保障监管安全是其最基本的工作要求，离开了监管安全，监狱的一切工作都难以展开。因此，监管安全在监狱所有工作中起到标杆性的作用。这种标杆性的作用在实际工作中表现在全方位和全层面，不论监狱的任何一项工作，任何一个要素的配置，都必须围绕监狱的安全来进行。从司法实践看，经过多年的努力，也确实取得了明显的成效，而且随着工作的提升，监狱人民警察对监管安全内涵的认识越来越丰富，监管安全的措施、手段、方法更趋科学。特别是近几年，监管安全的效能明显提高，狱内犯罪率和罪犯脱逃率大幅度下降，监内秩序更为稳定。监狱人民警察牢固树立安全意识，切实履行维护监管安全的职责，对充分发挥监狱的功能，实现刑罚的目的，具有极为重要的意义。

🔍 思考练习

1. 简述监狱人民警察的内涵。
2. 新时代监狱人民警察的职能主要体现在哪些方面？
3. 新时代监狱人民警察有哪些任务？

🔍 思政园地

创新园地

拓展学习

"十四五"司法行政事业发展规划简介

2021年9月,司法部印发"十四五"司法行政事业发展规划(以下简称"规划")。这是党和国家机构改革后,立足司法行政新职能、新任务、新目标,编制的首部关于司法行政事业发展的整体性规划。规划坚持以习近平新时代中国特色社会主义思想为指导,科学谋划了"十四五"时期司法行政事业建设发展蓝图,明确了未来五年全国司法行政工作的指导思想、基本原则、主要目标和2035年远景目标,部署了9个方面具体举措,为推动全国司法行政事业高质量发展绘就了路线图和施工图。

"十四五"时期是我国乘势而上开启全面建设社会主义现代化国家新征程的第一个五年。司法部坚持将规划编制工作作为全面贯彻党的十九大和十九届二中、三中、四中、五中全会精神,深入学习贯彻习近平法治思想和习近平总书记"七一"重要讲话精神的重要举措,作为统筹谋划法治建设和司法行政工作的重要抓手,深入调查论证、广泛征求意见,着重突出三个方面主要考虑。一是战略性,牢牢把握学习贯彻习近平法治思想这一主线,全面贯彻党的十九届五中全会精神,切实把党中央关于法治中国建设、平安中国建设目标任务和相关要求落实到司法行政工作各方面,充分发挥司法行政在经济社会发展中的积极作用。二是前瞻性,围绕党和国家工作大局,立足准确把握新发展阶段,深入贯彻新发展理念,加快构建新发展格局,将短期目标和中长期目标相贯通,全面系统谋划未来五年甚至更长时期司法行政事业改革发展。三是指导性,坚持问题导向,明确今后一个时期司法行政事业发展的指导原则、目标定位和总体战略,研究提出切实可行、精准务实的政策措施、重点任务和重大工程项目,充分发挥规划指导引领司法行政事业高质量发展纲领性文件的重要作用。

规划明确,"十四五"时期司法行政工作必须遵循坚持党的全面领导、坚持以人民为中心、坚持新发展理念、坚持全面深化改革、坚持系统观念、坚持强基导向等基本原则。围绕2035年法治国家、法治政府、法治社会基本建成远景目标,研究提出司法行政事业2035年远景目标。着眼贯彻新发展理念、落实国家"十四五"规划目标任务,研究提出今后五年司法行政发展7个方面的主要目标:全面履行中央依法治国办职责、行政立法工作迈上新台阶、深化依法行政、全面提升刑事执行和强制隔离戒毒工作水平、构建完备的公共法律服务体系、大力提升保障能力和水平、切实加强党的建设和高素质专业化队伍建设。同时,按照目标可量化要求,研究提出27项"十四五"时期司法行政工作主要发展指标,更好发挥规划的战略导向作用。

规划围绕"十四五"时期司法行政事业主要发展目标,谋划部署了9个方面重大举措、重点任务。一是着力加强政治建设,坚持加强理论武装,坚决做到"两个维护",全面提高政治能力,坚定司法行政事业正确方向。二是统筹推进全面依法治国工作,深入学习宣传贯彻习近平法治思想,切实加强法治建设统筹协调,全面加强涉外法治工作战略布局,为推动高质量发展提供法治保障。三是全面加强行政立法,突出重点领域、新兴领域、涉外领域,推动行政立法工作加速提质增效,强化法规规章备案审查,加强地方行政立法,着力实现良法善治。四是深入推进依法行政,完善法治政府建设推进机制,持续推动政府提升依法履职能力,发挥行政复议化解行政争议主渠道作用,推动新时代法治政府建设再上新台阶。五是坚持统筹发展和安全,全面提高监狱工作水平,扎实推进社区矫正、司法行政戒毒和安置帮教工作,深入推进更高水平的平安中国建设。六是加强普法依法治理,全面实施"八五"普法规划,全面推进司法所工作,完善人民陪审员和人民监督员制度,进一步提升社会治理法治化水平。七是建设完备的公共法律服务体系,大力推动律师业发展,贯彻落实法律援助法,完善公证、司法鉴定、仲裁、调解、国家统一法律职业资格制度,推进法律服务队伍规范化建设,切实增进人民福祉。八是坚持深化改革创新,加快推进执法司法制约监督体系、责任体系改革和建设,加快"智慧法治"建设与应用,全面提升装备财务保障能力,大力提升司法行政事业发展新动能。九是建设高素质专业化司法行政队伍,深入推进革命化、正规化、专业化、职业化建设,强化组织保障和人才支撑。

同时,着眼于发挥重大工程项目的载体作用,研究部署了县(区)乡(镇)两级公共法律服务中心(工作站)、"智慧法治"信息化工程等重大工程项目,助推重大政策、重点任务、重要举措落实落地。

学习单元三 新时代监狱人民警察概论定位

习近平总书记为第六批全国干部学习培训教材作序,他强调:"中国式现代化是强国建设、民族复兴的康庄大道,开辟的是人类迈向现代化的新道路,开创的是人类文明新形态。对我们党而言,这既是光荣的历史使命,也是严峻的现实考验,迫切需要以理论武装推动全党团结、事业发展。"

一、知识目标
1. 识记:监狱人民警察概论建构的基本要求。
2. 领会:新时代监狱人民警察概论的内容体系和学习方法。

二、能力目标
1. 简单应用:新时代监狱人民警察概论的学科属性和研究价值。
2. 综合应用:监狱人民警察概论建构的内在逻辑和学科学习方法。

三、素养目标
1. 明晰知识框架,帮助学生形成层次清晰、逻辑严谨的知识结构。
2. 掌握合适的学科学习方法,提高学习效率,促进自我反思和学习能力的提升。

> 案例导入

庐江监狱"四化"锻造特警队尖刀队伍[1]

一是以"规范化"管理为载体,深入开展队伍建设,对队员每日政治理论学习及工作训练情况进行量化打分,提高队员工作学习的主动性和积极性。

二是以"专业化"发展为支撑,统一规划调配警力,合理制定训练学习计划,明确训练时间、科目、参训人员,严格考勤考核。

三是以"标准化"运行为目标,建立"学习班"制度,打造特色化考评体系。

四是以"特色化"创建为抓手,加大软硬件投入,打造特色文化精品。

学习任务一　新时代监狱人民警察概论建构

新时代监狱人民警察概论建构服务于新时代监狱人民警察建设的基本要求,其核心内容是围绕革命化、正规化、专业化、职业化建设,以思想政治更加忠诚、职业认同更加坚定、岗位技能更加过硬、纪律养成更加严实为具体目标,打造素质优良的服务社会主义现代化监狱事业的人才队伍。

一、新时代监狱人民警察的革命化

监狱人民警察革命化建设主要是指用习近平新时代中国特色社会主义思想武装头脑,增强执行党的路线、方针、政策的自觉性和坚定性,牢记根本宗旨,确保政治上合格。这要求监狱人民警察队伍具备高度的政治觉悟和思想意识,始终保持对党忠诚的政治本色。为了实现监狱人民警察革命化建设的目标,可以采取以下措施:

1. 加强政治理论学习。组织监狱人民警察深入学习党的理论、路线、方针、政策,特别是习近平新时代中国特色社会主义思想等重要理论,引导监狱人民警察牢固树立共产主义理想信念,增强"四个意识",坚定"四个自信",做到"两个维护",始终保持清醒的政治头脑和坚定的政治立场,确保他们在思想上、政治上同党中央保持高度一致。

2. 加强党性修养。通过开展党性教育、警示教育等活动,引导监狱人民警察增强党性观念,严守党的纪律和规矩,做到公正执法、廉洁自律。监狱人民警察加强党性修养是确保司法公正、维护社会稳定、推动监狱工作发展的重要保证。面对复杂多变的社会环境和监管任务,监狱人民警察必须始终保持清醒的头脑,坚定的信念,高尚的品德及扎实的业务水平,以更好地履行职责,维护监狱安全稳定。

3. 强化组织纪律性。组织纪律是指各党组和党员必须遵守和维护的行为准则。对于监狱人民警察而言,应严格遵守相关的法律法规、规章制度和职业道德准则,严格遵守组织纪律和工作纪律,确保监狱人民警察在执法过程中依法、公正、文明地履行

---

[1]《庐江监狱"四化"锻造特警队尖刀队伍》,载 https://jyj.ah.gov.cn/xxfb/jcdt/40693383.html,最后访问日期:2024年3月1日。

职责。

4. 提高职业道德。职业道德作为监狱人民警察必备的素质，在专业化建设中占有重要地位。要加强对监狱人民警察职业道德的教育和培训，引导监狱人民警察坚持正义、公正，远离不良职业行为；着眼于提高监狱人民警察的服务意识和公众形象，打造出让人信任和依赖的专业化队伍。

二、新时代监狱人民警察的正规化

监狱人民警察正规化建设是指通过一系列的制度、规章、流程和标准，对监狱人民警察队伍进行规范化管理，确保监狱人民警察队伍在组织结构、管理制度、执法程序等方面符合法律法规的要求，提高监狱工作的法治化水平。正规化建设的主要内容包括：

1. 建立规范的准入制度。监狱人民警察准入制度旨在选拔具备良好政治素质、专业能力、身体素质和心理素质的人才，以确保监狱工作的顺利开展和国家的安全稳定。通过选拔任用、教育培训、考核评价等方式，不断提高监狱人民警察队伍的整体素质和能力水平，确保他们具备监狱工作所需的专业素质和职业素养。

2. 科学划分岗位职能。根据监狱工作的实际需要，科学划分监狱人民警察的职能和职责，明确各级、各岗位的工作职责和权限，形成层次分明、职责清晰的组织结构。这有助于提高工作效率，确保各项工作的顺利开展。

3. 优化队伍结构。通过优化队伍结构，合理配置人力资源，确保监狱人民警察队伍在年龄、学历、专业等方面的平衡和协调发展。同时，加强队伍的动态管理，根据工作需要和人员变化及时调整队伍结构，保持队伍的活力和战斗力。

4. 专业特长培养。针对监狱工作的特点和需求，培养监狱人民警察的专业特长和专业技能，如心理矫治、教育改造、危机处理等。通过专业特长的培养和应用，提高监狱人民警察应对复杂情况和处理突发事件的能力。

三、新时代监狱人民警察的专业化

监狱人民警察专业化建设是指通过一系列的培训、教育和管理措施，提高监狱人民警察的专业素养和职业技能，使其具备从事监狱管理工作的专业知识和能力，从而更好地履行职责，维护监狱安全和稳定。要实现监狱人民警察专业化建设，可以从以下几个方面入手：

1. 进行专业知识培训。针对监狱管理工作的特点和需求，开展专业知识培训，包括法律法规、心理学、教育学、社会学等方面的知识。通过培训，使监狱人民警察具备扎实的专业理论基础和实操能力，能够熟练运用专业知识解决实际问题。

2. 提升职业技能。通过模拟演练、案例分析、实践操作等方式，提高监狱人民警察的职业技能水平。重点培养监狱人民警察的观察能力、分析能力、判断能力、协调能力等，使其能够熟练掌握监狱管理工作的各项技能。

3. 开展职业道德教育。加强监狱人民警察的职业道德教育，培养其良好的职业操守和道德风尚。通过制定和执行严格的职业道德规范，引导监狱人民警察树立正确的职业观念和价值观，做到公正执法、廉洁自律。

4. 强化执法规范化。加强监区管理、严格罪犯考核、规范罪犯教育改造等方面的工作。通过强化日常基础工作，确保监狱内部秩序井然，同时，加强内部监督和外部监督，建立健全廉洁执法机制，对执法过程进行全面监督和管理，确保执法行为的合法性和规范性。

5. 科技创新应用。积极引进和应用先进的科技手段和设备，提高监狱管理的科技含量和智能化水平。通过科技手段的应用，提高监狱人民警察的工作效率和质量，提高监狱人民警察的专业化水平。

四、新时代监狱人民警察的职业化

监狱人民警察的职业化是指将监狱人民警察这一职业作为一个专门的、独立的职业领域进行发展和建设，使其具备独特的职业特征、职业标准和职业要求。职业化的核心在于提高监狱人民警察的职业素养和专业水平，以确保他们能够有效地履行职责，维护监狱的安全稳定，同时也为他们的个人发展提供支持和保障。要实现监狱人民警察的职业化，可以在以下几个方面努力：

1. 制定完善的职业标准和规范。制定和实施职业标准和规范是职业化的重要内容之一。这些标准和规范可以包括职业素养、专业技能、职业道德、行为规范等方面，以确保监狱人民警察具备职业素养和工作能力。

2. 加强职业培训和教育。职业培训和教育是提高监狱人民警察职业素养和专业水平的重要手段。通过定期的职业培训、技能提升、知识更新等措施，可以使监狱人民警察不断提高自己的专业素养和工作能力，适应不断变化的工作环境和要求。

3. 建立科学的考核和激励机制。科学的考核和激励机制是激发监狱人民警察工作热情和促进其职业发展的重要保障。通过建立科学的考核标准、激励机制和晋升机制，可以激发监狱人民警察的工作积极性和创造力，促进他们的个人成长和职业发展。

4. 加强职业保障和支持。职业保障和支持是确保监狱人民警察职业稳定和健康发展的重要因素。这包括提供良好的工作环境、合理的工作待遇、完善的职业保障措施等，以确保监狱人民警察能够全身心地投入工作中，为监狱的安全稳定做出积极贡献。

"加快推进政法队伍革命化、正规化、专业化、职业化建设""努力打造一支党中央放心、人民群众满意的高素质政法队伍"，习近平总书记在2019年中央政法工作会议上发表重要讲话，对建设过硬政法队伍提出了明确要求。2020年11月6日，中共司法部党组关于十九届中央第四轮巡视整改进展情况的通报中指出，司法部党组全面贯彻新时代党的组织路线，进一步规范和改进党组工作，加强所属单位领导班子建设，突出基层党组织政治功能，坚持正确选人用人导向，完善干部担当作为激励机制，大力推进司法行政队伍"四化"建设，努力打造让党中央放心、让人民群众满意的司法行政"铁军"。

学习任务二　新时代监狱人民警察概论的内容体系

本书旨在对监狱人民警察这个特定主体进行系统化研究，这一研究是在对监狱人民警察实证调查的基础上进行的，其研究的价值在于不仅能够对监狱人民警察队伍建设提出丰富的建议，从而进一步提升监狱人民警察队伍的素质，全面提高罪犯的改造质量，而且可以从理论上进一步完善监狱人民警察的研究，有助于从不同的层面、不同的领域对监狱人民警察的内涵、特征以及发展与完善开展研究，全面提升对监狱人民警察这个特定主体的认识，并把对监狱人民警察的研究置于监狱改革发展的大背景下，在监狱职能定位清晰的前提下，以全新的视角，借鉴国际矫正罪犯的经验，来研究我国监狱人民警察。

  监狱人民警察研究的复杂性取决于其内涵的丰富性。本书是对监狱人民警察的一个全卷式研究，既对监狱人民警察的现实问题展开分析，又对其发展态势进行研究，全书分为五个学习模块，即绪论、新时代监狱人民警察警务模式、监狱人民警察职业规范与素养、监狱人民警察管理体制和监狱人民警察执法监督与违法追究，同时辅之以监狱人民警察资格获取作为拓展学习模块。内容涉及新时代监狱发展，监狱人民警察内涵、职责、使命、职权、纪律、义务、职业道德、职业能力以及监狱人民警察警务模式等，以及对有关监狱人民警察实证性问题的研究，并且对现实工作具有更大的指导性，包括监狱人民警察资格、监狱人民警察职位与专业化建设、监狱人民警察培训、监狱人民警察绩效评价、监狱人民警察危机处置、监狱人民警察执法监督、监狱人民警察警务保障等。

  对监狱人民警察基本问题的研究是监狱人民警察概论研究的基础性要求。本书从多个视角和不同内容对监狱人民警察进行了诠释，论述了监狱人民警察的内涵、本质特征、任务和职能等，力求科学揭示监狱人民警察的基本属性。监狱人民警察职权与职业道德则从文化的视角，对警察职权的谱系、范式、向度等进行深刻的剖析，描述了警察这个权力主体行使职权的内涵。这些内涵都是由警察这个特定的职业所决定，并为警察行使权力而服务。警察作为一支纪律部队，其纪律要求也是监狱研究的一个基本问题。本书对监狱人民警察的纪律内涵、特征和要求进行了分析。在监狱人民警察基本问题的研究中，最有新意和特色的是对监狱人民警察警务模式的研究。通过对现代警务模式发展类型的分析，就建立监狱人民警察警务模式的原则、特征、类型提出了新的理论观点，现代监狱人民警察警务模式决定着监狱人民警察队伍创新发展的方向，在提高监狱管理水平和罪犯的改造质量方面发挥着主导性的作用，因而，在国内对监狱人民警察警务模式研究尚处于空白的状态下，对警察队伍建设特别有现实指导意义。

  对监狱人民警察实证问题的研究也是本书关注的重点，本书分别从不同的侧面对监狱人民警察队伍的建设与发展进行研究，以期提高监狱人民警察队伍的整体素质，实现监狱工作的飞跃。在实证性研究中，涉及的内容也比较全面。监狱人民警察资格和职位研究是通过对监狱人民警察的任职条件与任职要求的分析，建立监狱人民警察资格的标准化范式，并在此基础上，通过监狱人民警察职位的科学配置与分工，实现监狱人民警察队伍建设的专业化，以满足矫正与监管罪犯的需要。监狱人民警察任务的艰巨是由不断变化的罪犯的构成所决定的，因而加强对监狱人民警察在职培训，是提高监狱人民警察素质的关键之举。监狱人民警察培训部分通过对知识培训、技能训练、能力拓展的论述，全面揭示了监狱人民警察培训的模式、内容和方法，助力培训效果的稳步提升。监狱工作作为一项重要的执法工作，监狱人民警察的一切行为都应该在法律的框架内开展，加强监狱人民警察的执法监督能力就显得非常重要，通过对监狱人民警察执法监督现状分析，从而进一步探求监狱人民警察执法监督的内容、路径以及未来发展的要求，以提高监狱人民警察执法的自觉性和规范性。监狱人民警察的一切职权行为都是在一定的条件下实施的，对现代监狱人民警察警务保障的研究也是现代警察研究的一个重要内容。监狱人民警察警务保障就是通过对警务保障的内涵、功能的分析，从理论层面回答如何实现监狱人民警察警务保障的现代化、专业化，从而全面提升保障的能力和水平，为实现监狱整体工作的突破提供基础和条件。

学习任务三　新时代监狱人民警察概论的研究方法

一、新时代监狱人民警察概论研究的方法论原则

新时代监狱人民警察概论中的方法论原则，是指在利用具体方法从事新时代监狱人民警察概论研究的过程中应当遵循的基本准则。新时代监狱人民警察概论研究要以辩证唯物主义和历史唯物主义为基本指导思想，坚持以下方法论原则：

1. 系统论的原则。系统论是按照事物本身的系统性把研究对象作为具有一定组织、结构和功能的整体加以对待的理论。在新时代监狱人民警察概论研究中要树立整体性、层次性、互动性和动态性的观点，认识到新时代监狱人民警察概论是整个刑事司法活动的一个子系统，它们之间相互联系、相互影响并且处于不断的变化之中。

2. 思辨与实证相结合的原则。思辨依靠直觉、洞察和逻辑推理来获取知识，是我国一种实用、传统和经典的研究方法。思辨方法的显著特点就是过分关注个人直观感觉和已经存在的学说观点，更多地利用逻辑推演来获得具体的认识，如运用不当会产生脱离实际情况、不重视调查研究的弊端。实证研究方法是西方思想启蒙运动以来社会科学的基本研究方法之一，它重视经验资料的来源、获取和对经验资料进行调查、分析和归纳，进而从中获得结论。在监狱法学研究中，要将这两种方法有机结合起来加以使用。一方面，研究者整理自己的思路，分析已有的理论观点，提出自己的研究假设和研究方案；另一方面，通过实证方法获取可靠的事实材料，验证自己的研究假设，从而提出有事实根据的理论观点。

3. 定性与定量相结合的原则。典型的定性研究方法包括实地调查法、文献研究法、案例分析法、资料分析法、事实归纳法、不涉及数据资料的事实比较法等。典型的定量研究方法包括统计方法、实验方法、测量方法、问卷调查方法和数据比较方法等。定性研究方法是定量研究方法的基础，定量研究方法是定性研究方法的精确化，这两种方法各有优缺点，实践中也在不断地相互渗透和融合。在新时代监狱人民警察理论研究中要恰当地将两类方法结合使用，在研究的设计与规划、研究方向的确立、研究对象的选择、解读研究资料、提出研究结论等方面，要更多地依靠定性研究方法；在对研究对象的精确认识、研究资料的收集、对不同事物或现象之间数量关系的认识方面，要更多地依靠定量研究方法。

4. 理论与实践相结合的原则。新时代监狱人民警察概论研究者既要进行理论方面的探索和研究，建立属于新时代监狱人民警察概论的一套理论学说和概念体系，也必

须关注丰富、生动的监狱行刑实践，尊重基层的首创精神和智慧，将理论研究和实际应用有机结合起来。

二、常用的几种研究方法

新时代监狱人民警察概论的具体研究方法有很多，几乎所有在社会科学中使用的方法都可以运用到新时代监狱人民警察概论的研究之中。新时代监狱人民警察概论研究一般很少会只使用一种方法，往往要综合使用多种方法。常用的研究方法有以下几种：

1. 文献研究法。文献研究法是一种调查研究方法，对收集的资料或公开发表的成果进行新的分析和研究，从而发现新的研究信息或得出新的研究结论。新时代监狱人民警察概论研究中的文献按持有主体分为：个人文献，如警察和罪犯的日记、自传、书信、回忆录等；官方文献，如法律法规与文件、罪犯档案、警察档案、监狱工作报告、监狱史志、公文函件、报表和统计资料等；大众传播资料，如关于监狱的影视作品、报告文学、小说、史料、新闻采访、活动报道等。

2. 比较研究法。一种是纵向比较研究法，即对同一研究对象在不同时间阶段的具体特点进行比较，例如可以对比我国监狱人民警察在不同历史时期的职权、特征等；对我国监狱工作和法律制度的历史进行梳理，寻找发展规律。另一种是横向比较研究法，即对同一时期存在的不同现象进行比较研究，例如可以比较不同国家、不同地区的监狱警察制度等，从而发现可以借鉴和吸收的成分。

3. 调查研究法。调查研究法是借助问卷等工具收集一定数量调查对象的相关资料，包括问卷法、电话访谈法、面谈法、邮寄调查法、量表测试法、模拟实验法等。在新时代监狱人民警察概论研究中，这种方法可以适用较大样本的研究，如监狱人民警察满意度调查、对监狱警务活动的意见建议等。

4. 个案研究法。新时代监狱人民警察概论中的个案研究是对某一特定的监狱人民警察制度进行深入调查研究。一般要选择具有典型性的研究对象，即研究对象具有所属类别的基本特征，而不是极端的、奇异的，这样，个案研究的结论才具有推广使用的价值。个案研究法强调研究的深度，以全方位、多角度、深层次地认识研究对象。对监狱人民警察的绩效管理、监狱人民警察的执法监督、监狱人民警察的警务保障等的研究都属于个案研究。

5. 观察法。观察法是研究人员通过自己的感官或者借助工具收集资料和查明事实的方法。科学的观察具有以下特点：①有一定的研究目的或者研究方向；②预先有一定的理论准备和较系统的观察计划；③有较系统的观察或者测量记录；④观察结果可以被重复验证；⑤观察者受过一定的专业训练。新时代监狱人民警察概论研究中的具体观察方法有参与式和非参与式两种。参与式观察法指研究人员置身于研究对象的环境和活动之中进行观察，包括作为观察者的观察和作为完全参与者的观察。非参与式观察法指观察者以局外人的身份和态度，利用自己的感官，对在自然状态下的研究对象进行观察，如通过音视频系统观察罪犯的言行举止，研究其行为特征。

🔍 思考练习

1. 简述新时代监狱人民警察概论建构的核心内容。

2. 新时代监狱人民警察学主要有哪些研究方法？

思政园地

创新园地

拓展学习

系统理论的提出者是贝塔朗菲（Luduig Von Bertalanffy）。贝塔朗菲在20世纪40年代创立了一般系统论（简称系统论），旨在研究不同学科领域中研究的各种不同系统所服从的共同原理与规律——一般系统原理与规律。系统论与控制论、信息论一起被誉为"三论"，对现代科学技术的发展产生了深远的影响。半个多世纪来，系统论一直是一个引人注目的研究领域，国内外许多优秀的科学家为发展系统论进行了不懈的努力，旨在把系统论发展到具有精确的理论内容并且能够有效解决实际系统问题的高度。

学习模块二

新时代监狱人民警察警务模式

学习单元一　监狱人民警察警务模式

> 习近平对政法工作作出重要指示:"政法战线要全面贯彻落实党的二十大和二十届二中全会精神,坚持党的绝对领导,忠诚履职、担当作为,以政法工作现代化支撑和服务中国式现代化,为全面推进强国建设、民族复兴伟业提供坚强安全保障。"
>
> **一、知识目标**
> 1. 识记:警务、警务模式、监狱人民警察警务模式的概念;国外沿革的五种警务模式名称。
> 2. 领会:我国监狱人民警察警务模式的现状。
>
> **二、能力目标**
> 1. 简单应用:警务模式的沿革、传承与借鉴。
> 2. 综合应用:在新形势下,如何借鉴西方警务模式,以促进我国监狱人民警察警务模式的发展。
>
> **三、素养目标**
> 1. 以史为鉴,培养与时俱进的变革和创新精神。
> 2. 在警务活动的发展历程中,培养历史思维,强化历史担当。

🔍 案例导入

融实战 创智慧
数据赋能推动安徽监狱工作高质量发展[1]

2022年以来,安徽监狱以"智慧法治"总体框架为指引,围绕《智慧监狱 技术规范》,按照"大平台共享、大系统共治、大数据慧治"的建设理念,充分运用云计算、

---

[1]《融实战 创智慧 数据赋能推动安徽监狱工作高质量发展》,载 https://www.moj.gov.cn/pub/sfbgw/jgsz/jgszjgtj/jgtjjyglj/jygljtjxw/202206/t20220607456747.html,最后访问日期:2024年12月26日。

大数据、物联网等手段，深入推进执法执勤大平台建设应用，着力在业务深度融合、资源高度共享、数据广度应用上下功夫，坚持"四化一体"，强化数据赋能，为提升监狱治理能力现代化起到了积极的助推作用。

一是警务运行标准化，民警执勤由"粗放管理"向"精细管理"转变。执法执勤大平台将监狱管理的各项制度规范细化为各层级民警岗位执勤流程和执法标准，形成基于全员、全流程应用的标准化运行体系。罪犯收工出工、工间点名、监区活动、重点部位检查等日常执勤事务以清单化方式向当班民警的桌面端推送。同时，按照"一人采集、全域共享"的要求，通过系统自动抓取数据，生成电子台账，对民警执勤行为进行全过程数字化留痕，确保各项工作按规范要求落到实处。目前，全省监狱民警日执勤事务线上完成率达99.5%以上，执勤数据月增长量保持在130万条，民警执勤记录本、教育日志、卫生日志等40本纸质台账全面实现电子化运行，以数据减负提效、驱动管理的现代警务模式成效明显。

二是执法管理规范化，案件办理由"线下制管"向"线上智管"转变。平台以新修订的《监狱计分考核罪犯工作规定》为标准，按照日记载、周评议、月考核的方式，将计分考核从线下登记转向线上审批流转，奖惩考核同步进行线上办理。同时，为规范罪犯减刑、假释、暂予监外执行（以下简称"减假暂"）等标准，平台根据罪犯的罪名、刑期、减刑间隔期、奖惩情况等设置智能摸排规则，对符合条件的罪犯自动筛选，确保报减等执法环节程序规范、标准一致、衔接严密。在此基础上，平台与"刑事案件智能审判系统"无缝对接，通过电子签章互认系统，实现"减假暂"案件办理在检察院、法院的全数字流转和全业务协同，强化案件办理全流程监督、可追溯。2022年以来，平台先后办理各类"减假暂"案件3500余件，用数据重塑业务，推动监狱执法规范化、阳光化运行，并不断强化执法监督的效果。

三是云端服务一体化，警务模式由"传统警务"向"指尖警务"转变。平台基于云架构建设，依托监狱专有云，在实现桌面端运行的同时，围绕一线民警实战实用需要，搭建移动警务应用市场，打通平台应用的"最后一公里"，实现"指尖警务"新模式。个别谈话一键上传、隐患排查即拍立查、智慧巡更全程留痕、视讯会议内外共享，民警只需要动动手指就能够快速完成日常执勤任务，基层定制版APP让"云-端"数据得以"落地生根"，极大提高一线民警工作效率。同时，移动警务一键报警功能，实时定位民警位置信息，实现在岗警力一体联动，更加符合监狱实战工作需要。目前，平台移动端日数据汇聚量超20G，"一屏两端"的数据采集方式助推监狱警务运行模式全面提档升级。

四是情报研判智能化，数据应用由"经验比对"向"精准识别"转变。按照"一切业务数据化、一切数据业务化"的要求，平台打破条块分割的信息孤岛现状，成为各类系统数据集成的中心，罪犯一卡通、亲情电话、远程视频会见、医疗、狱内消费等系统的数据在平台端实时汇聚，基于数据归集、整合、共享全生命周期的数据治理在平台端实时融合，罪犯改造案例库、危险性评估、个体多维分析、监狱安全态势等数据模型在平台端实时生成，再通过可视化技术将抽象数据以直观、生动的图形、图表展示出来。目前，平台已集成8大类36项主题应用模型，让数据"慧"说话，用数据指导实践成为平台融合实战需求、创新警务模式的发展方向。

学习任务一　警务与监狱人民警察警务模式

警务模式指导着警察工作的方式方法。在中华人民共和国成立70多年的历史发展过程中，我国监狱工作也走过了极不平凡的发展道路，其工作运行模式伴随着政治、经济形势的发展发生过多种不同的变化。随着现代信息技术的发展，监狱警务模式也有必要进行改革和优化，以提升监狱警务效能、优化监狱资源配置、提升监狱人民警察战斗力。

一、警务概述

（一）警务的概念

警务，英文为"Policing"，译为警察工作，指全部警察行为的总和。1829年英国人罗伯特·比尔建立伦敦大都市警察，正式宣告现代警察的诞生。此后，世界各国纷纷效仿，逐步形成一种世界通行的警察制度。虽然现代警察制度存世不足200年，但警察及其衍生的警务随着国家的产生而产生，至今已有几千年的历史。警务有着极其丰富的内涵与外延，其结构和模式随着政治、经济、社会的变革而不断的调整和演化。

在我国警察科学理论研究中，警务可作狭义和广义两种解释。狭义的警务，是指法律规定的警察机关及警务人员代表国家行使警察权力，履行治安行政管理和刑事司法职能，维护国家安全和社会治安秩序的警察事务。这部分警务属于警察机关调整社会关系的警务范围，属于警察机关的外部行为。广义的警务，不仅包括警察机关的外部行为，还包括警察机关内部的人民警察管理和队伍建设。它由两部分构成：一是代表国家行使警察权力，履行治安行政管理和刑事司法职能的事务；二是依法从严治警，加强人民警察管理和队伍建设事务。本书中的"警务"采用广义的含义。

（二）警务的分类

在警务的发展历程中，存在着不同的类型。按照不同的标准可作如下分类：

1. 正式警务与非正式警务。根据警务活动的主体不同，可以划分为正式警务和非正式警务。由行使政府职权的警察组织提供的警务为正式警务，由社会组织或团体等非正式社会控制力量提供的警务为非正式警务。非正式警务是人类警务活动的最初形式，通过无形的社会控制、传统的观念、习俗等来控制犯罪。中国古代的保甲制度就是典型的非正式警务。早期的英国社会十户联保制、太兴制也是非正式警务代表。非正式警务论是西方警务专家进行警务改革的理论基础，是社区警务、邻里守望制等新型警务实践的理论出发点。

2. 公共警务和私域警务。从警务服务的目的、对象和范围来看，可以划分为公共警务和私域警务。公共警务指以公共领域为活动空间，由政府授权的组织从事的警务活动。私域警务指在私人领域内的安全管理活动，如财产押运、住宅小区的交通管理、停车场管理等。为防止私域警务活动侵犯公民的合法权益，应对其严格监管。

3. 无形警务、惩罚警务、反应警务、镇压警务、主动提前警务和社区警务。按照警务风格不同，约翰·安德逊在他的《警务论》中把世界历史上出现的警务风格概括为6种，即无形警务、惩罚警务、反应警务、镇压警务、主动提前警务和社区警务。无形警务又称"非正式警务"，是一种凭宗教、习俗等方式实现社会治安控制的警务方式。惩罚警务指通过严酷的刑罚来惩罚犯罪行为人，通过"即将到来的恐惧"来抑制犯罪。该警务产生于17世纪前后，曾在西欧流行，目前仍有许多国家推崇惩罚警务。反应警务又称"救火式警务"，体现警务装备现代化，强调接报案之后警察的快速反应，以反应时间作为衡量警察效率的重要标志。这种模式兴起于20世纪30年代至60年代，在英、美等国流行。镇压警务是一种凭借武力镇压来维持统治的警务方式，警察行为以被动性事后处理为主要特征。主要存在于君主制国家和殖民地国家，历史上的法西斯国家实行的都是此种警务。主动提前警务又称作"先发式警务"，它以预防为主，强调社会力量的参与，从社会根源上减少犯罪。这种警务产生于20世纪60年代至70年代，在欧美曾经占据主流。社区警务是以调查犯罪现状和其他社会问题为先导，宣传、组织、教育公众预防犯罪，以公众为打击犯罪的主体。社区警务是当今全球警务改革的重要趋势之一。

二、监狱人民警察警务模式

"模式"的词义为"被研究对象在理论上的逻辑框架，是经验与理论之间的一种可操作性的知识系统，是再现现实的一种理论性的简化结构"，其本质是"解决某一类问题的方法论"，把解决某类问题的方法总结归纳到理论高度，就是模式。结合"警务"和"模式"的内涵，对"警务模式"和"监狱警务模式"分别做如下定义："警务模式"是指在一定的社会政治、经济条件和法律制度下，警察的力量建设、机构组成、工作方式的基本形式，及其相互联系并发挥作用的工作机制。根据《监狱法》，监狱工作的宗旨是"惩罚和改造罪犯、预防和减少犯罪"，监狱警务的根本目标也必然是"惩罚和改造罪犯、预防和减少犯罪"。因此，"监狱警务模式"是指在一定的社会政治、经济条件和法律制度下，为了惩罚和改造罪犯，预防和减少犯罪，提高警务效能，监狱警察的力量建设、机构组成、工作方式的基本形式，及其相互联系并发挥作用的工作机制。

学习任务二　国外警务模式沿革与借鉴

一、国外警务模式的沿革

警务改革是社会经济变迁的缩影，社会变革和转型必然对警务产生深刻影响。西方从1829年建立新警察体系以来，经历了四次警务改革，相继以制服化、专业化、现代化和社会化的警务理念，改变着警察行为。与这四次警务改革相对应，西方警务模式先后出现了"政治警务模式""合法警务模式""专业警务模式""反应式警务模式""服务与权变的警务模式"五个演变时期。每种模式都有它的优点，都有值得我们借鉴之处。

1. 政治警务模式。该模式是警察制度的原始状态，为政治服务是警察制度最初建立的目的，简而言之就是成为统治者有效控制公民的暴力机器。近代警察行政发端于西欧，最早的以1790年法国资产阶级共和国根据《人权宣言》建立的市政警察和1801

年拿破仑执政时建立的巴黎警察总局为代表，当时资产阶级的人权思想和法治观念、平等要求排斥古代的私刑制度，要求人身强制应统一地由国家的警察力量依法施行。因此，建立集中统一的、强大的、专门的国家警察行政力量成为历史的必然。同时，无产阶级反对资产阶级的阶级斗争不断高涨，资产阶级也需要加强对内的镇压力量，从最初创建的目的来看，"警"是作为"民"的对立面而诞生的，产生于专制时代的警察只能是暴力工具，"维纪""平乱""治罪"是它的原始职能，因此警察作为国家机器的一个重要组成部分决定了最初警务采取的是"政治警务模式"。警察在维护社会治安时是作为君主、皇帝、集权者和中央政府的代表，是政治的奴才而非人民公仆，以惩罚、恐惧来抑制犯罪，实现治安目的。

2. 合法警务模式。该模式产生于第一次警务革命时期（1829—1890年），发生在英国。英国资产阶级完成了工业革命后，城市化产生的阶级分化加深了社会矛盾，社会秩序混乱。1829年英国内政大臣罗伯特·比尔提出建立伦敦大都市警察。由于存在意大利和法国的警察作为国王镇压人民和异己的先例，英国公众一直担心这样一支警察队伍会打乱朝野均势，有利于政府而不利于人民，最终压制国民的自由。议会也担心警察会增强政府潜在的集权控制力。这两者恰好动摇了英国的基本信条：个人自由和地方自治。罗伯特·比尔承认这种疑虑有其价值，也肯定了这种潜在的危害，只是基于实用主义哲学，他争辩道，犯罪可恶，警察可恶，两害相比，取其轻。没有警察，城市犯罪将无法遏制，无辜的人将成为罪犯的牺牲品。最终，他成功地说服了国会，之所以能取得这场辩论的胜利是因为伦敦居民所经历的社会混乱和对犯罪的恐惧。他反复保证由地方政府控制的警察一定要做到"警察就是大众，大众就是警察"，并且提出《伦敦大都市警察法》，规范警察机构的设立和警察行为。英国的建警原则对世界各国警察的发展具有深远的影响，它标志着现代职业制服警察的产生，是新旧警察体系的分水岭。

3. 专业警务模式。该模式产生于第二次警务革命时期（1890—1930年），以20世纪初期发生在美国的警察专业化运动为主要标志。在这之前，美国警察效率低下，缺乏训练、腐化成风。时任国际警长协会主席职务的理查德·西尔威斯特积极倡导进行警务改革，并率先在美国开展了警察专业化运动。其核心理念包括：①控制犯罪是重要目标；②组织机构的职能化和层级化；③对现代化技术和警察培训的大量投入；④排除政治干扰，提高警察的地位和独立性；⑤消除警察的自由裁量权导致的暴力执法，强调依法办事。警察专业化运动的首要目标是"把政治从警察中清除出去，把警察从政治中解脱出来"，其实质是通过专业化，摆脱地方政治势力对警察组织的控制，使警察成为一支独立的、高效率的队伍。警察组织的领导班子首先得到了改革，许多退役军人和企业管理人士走上警察机构的领导岗位，他们带来了先进的管理理念和经验，以及精明强干的工作作风。其次是提高警察的专业水平。在这方面，加利福尼亚州警察厅厅长奥古斯特·沃尔摩做出了贡献。沃尔摩特别强调警察接受高等教育的必要性，因此首先从大学毕业生里挑选警务人员。1916年，他又在加州大学设立了警察学专业课程，从而使警察业务作为一门正规的学科走进了美国高等教育的殿堂。警察专业化运动的另一项内容是建立和发展警察的专业化部门。20世纪以前，警察只是简单地分为巡逻警察和便衣警察两部分,但到20世纪初,美国警察的分工已经进一步细化,出现了治安警察、交通警察等专业性警种。这次警务革命标志新警察的独立和成熟。

4. 反应式警务模式。该模式发生于第三次警务革命时期(1930—1980年),诞生在欧美各国。由于现代化科学技术的产生,犯罪与经济同步增长,成为严重的社会问题。为提高警察对付犯罪快速反应的效能,推动警察现代化运动,内容包括大规模增加警察编制;大幅提高警察经费开支和扩大警察权力;由汽车巡逻代替徒步巡逻,以提高快速反应能力;加强通信器材的现代化和通信网络建设;建立警用计算机信息系统,如指纹识别系统、犯罪情报系统、人像合成系统、交通控制指挥系统等,大大提高了警察对信息的分析处理、储存、应用的能力。这次警务革命标志着警察作为打击犯罪的战士的概念走向鼎盛。机械化的巡逻成为常规,这种巡逻覆盖面广、速度快、受不良气候影响小,可以全天候工作,配合"以事件为中心的治安策略"。但这种警务模式产生了两个意想不到的结果:一是机械化巡逻引发了警察亚文化的发展,二是机械化的巡逻恶化了警察与公众的关系。

5. 服务与权变的警务模式。该模式产生于第四次警务革命时期(1980年至今),20世纪70年代发端于英、美、加、澳等国家,随后又先后被德、法、日、新加坡等国家借鉴创新而兴起的一种以治本为主,治标为辅的警务发展战略。这次改革即多数警学研究者所称道的社区导向警务战略,或简称社区警务。它的基本理论是产生犯罪的根源在社会,抑制犯罪的根本力量也在社会。它的基本方法是警察与社会建立密切联系,通过双方的努力,再造社会和谐。它的工作范围是以地区自治为主导,以社区为基本单位。它的工作目的不单纯地指向犯罪,而是整个社会与广义的安定与安宁。

二、西方国家警务模式对我国监狱人民警察警务模式的借鉴意义

通过对西方警务模式发展历程的分析,可以清楚地看出,警务改革发展与社会经济、政治生态及科学技术紧密相连。通过这种联系,可以从宏观上把握我国监狱人民警察警务改革的趋势方向及其改革重点。

1. 应大力推动监狱警务工作的社会化。我国以前的监狱人民警察警务模式,将确保监狱安全放在第一位,将监狱警察作为维护监狱安全的主要力量,不断扩大警察队伍,不断提高警察的装备水平,不断提高警察处置狱内突发事件的能力。但监狱工作的实践证明,罪犯的改造质量没有得到明显提高,狱内罪犯违规再犯罪并没有得到十分有效的控制,罪犯的重新犯罪率并没有显著降低。监狱人民警察警务工作只有与社会帮教力量有机结合起来,让社会力量积极参与对罪犯的教育和矫正,才能切实地提高罪犯的改造质量,并降低罪犯的重新犯罪率。

2. 应大力推动监狱人民警察警务工作的公开化。当前,监狱实施狱务公开,公开罪犯减刑、假释的程序和条件等信息,得到了罪犯家属和社会公众的支持,也符合现代行刑的理念。在狱务公开的基础上,监狱应当继续加大警务公开的力度,使公开的项目更多,内容更具体,使社会公众知晓罪犯从计分考核、行政奖励到减刑假释的整个过程,获悉更多的信息,从而更好地实现对罪犯教育矫正的双向互动,从外围帮助警察对罪犯实施教育,使监狱制定的矫正方案更加具有针对性,切实提高罪犯的改造质量。

3. 应大力推动监狱警务工作的信息化。随着科学技术的快速发展，西方社区警务模式广泛应用信息化技术，警务效能得到了很大的提高。当今时代，随着大数据、云计算、人工智能、物联网等技术和产品的研发与应用，"互联网+"模式正不断渗透和普及监狱工作各个方面。监狱必须与时俱进，推进信息化建设，把强化监狱信息化支撑作为现代监狱建设的大战略、大引擎，为建设现代监狱提供重要技术保障。将现代信息技术手段与传统监狱管理相结合，不仅能够推动监狱管理模式的创新，更对监狱公正执法、维护公平正义具有强大的促进作用。监狱人民警察警务工作的信息化将成为实现监狱治理能力现代化的必由之路。

学习任务三　我国监狱人民警察警务现状

近年来，我国监狱人民警察警务工作坚持"惩罚与改造相结合、以改造人为宗旨"的监狱工作方针，坚持依法治监，严格依法做好刑罚执行工作，大力加强罪犯教育改造，持续保持监狱场所安全稳定，深入推进监狱体制改革，积极推进监狱信息化建设，大力加强监狱人民警察队伍建设，为维护国家安全和社会稳定作出了积极贡献。当前，国际国内形势错综复杂，对监狱工作提出了新的更高的要求。与面临的新形势新任务相比，当前监狱工作仍然存在一些困难和问题，监狱人民警察警务工作有待进一步完善。

一、监狱安全稳定的高风险

一是对于安全的要求提高。监狱的安全工作目标已从维护监狱自身安全向着维护和促进社会和谐稳定大局拓展；安全工作内容已从监管、生产的安全向着监管、生产、社区等全面安全延伸；监狱安全稳定成效已变为基本底线要求，甚至上升到法律问责红线。二是安全工作面临的挑战加大。安全稳定工作在面对传统安全威胁的同时，又面临非传统安全因素的挑战。特别是境内外敌对势力渗透破坏活动加剧，暴力恐怖活动现实威胁加大等社会治安形势的新动向，给监狱带来了新考验。三是安全工作领域的隐患多。与安全稳定工作形势任务要求不相适应的是，安全工作的责任和制度落实还不到位，安全治理体系不完善，安全工作基础和条件不扎实，这些隐患时刻制约着监狱本质安全水平的提升。

二、公正文明执法的严要求

一是执法的标准更严。监狱执法更加注重法律效果与社会效果的统一，不仅要体现严格执法和法律权威，还要彰显文明和人文情怀；不仅要提升执法办案质量，还要提高便民利民水平。二是面对的监督更严格。当前，整个社会对行使监狱执法知情权、监督权的愿望十分强烈，上级机关对深化政务公开提出了明确要求，监狱机关必须依法公开执法依据、程序、流程、结果和相关法律文书，以罪犯及其亲属、社会公众能看见、看得全的方式执法，消除公众质疑，提升监狱的执法公信力。随着监狱政务公开的深化，执法活动将逐步全方位、全过程置于公众视野之中。随着司法体制改革的深入推进，减刑、假释、保外就医规范化实施，执法人员工作职责与流程、标准更加明确，对办案质量的终身负责制和错案责任倒查制，造成冤假错案惩戒力度进一步加大。

三、开放融合矫正的大格局

一是矫正领域进一步拓展。在推进社会和谐治理的背景下，监狱机关背负的责任更大，任务更重。这就要求教育改造工作既要攻心治本，确保监狱安全稳定，又要以回归社会为导向，以实现罪犯的再社会化为目标，实施从文化、思想、法律、道德到劳动技能等多个层面的教育，抓好重新犯罪危险性评估，更好维护社会和谐稳定。二是社会资源的深入利用。全面融入社会是教育改造规律的具体体现，目前仅仅依靠监狱自身力量的"内生性"教育已远远不能适应形势要求，必须坚持开放思维和社会发展方向，进一步加大对社会资源利用的深度和广度。三是矫正方法技术深度融合。面对在押犯结构的复杂变化，针对罪犯的多元化需求，教育改造工作既要用好个别教育，也要注意吸收和借鉴矫正先进理念和技术，将个别谈话教育、行为管理约束、社会帮教、心理矫治等多种改造措施综合利用。

四、信息化技术应用的大变革

信息化技术的广泛应用和信息的跨时空传播使得监狱各项工作面临一定的冲击。一方面，监狱各类工作要进行公示，特别是狱务公开；另一方面，关于程序和结果，涉及的相关细节要进行公示，不仅要包括内网网络线上方式，还包括公示板报、宣传栏等线下方式，方便相关主体和监狱警察等进行查阅。而目前我国监狱警务方面的信息化应用还存在诸多弊端，比如反应延迟、设备不足和效率低下等问题。在新形势下，需要有能适应新环境的警务模式，才能更好地发挥国家刑罚机关职能。

🔍 思考练习

1. 请简述国外警务模式的历史沿革。
2. 思考我国监狱人民警察警务的现状。
3. 思考国外的警务模式沿革对我国监狱人民警察警务有哪些借鉴作用？

🔍 思政园地

🔍 创新园地

> 拓展学习

世界上四次警务革命运动

第一次警务革命以英国的伦敦大都市警察机构的建立为标志。1829 年，英国依法创建了伦敦大都市警察局，历史上第一支着警装的、享受国家警俸的正规职业警察队伍产生，现代意义上的警察制度也正式诞生。第二次警务革命以美国的警察专业化为标志。19 世纪末到 20 世纪初，美国率先开展了警察独立执法运动，警察摆脱地方政治的控制，成为单独的执法力量，只对法律负责，成为一支独立的、高效率的专门化队伍。第三次警务革命以欧美各国警察现代化为标志。20 世纪 30 年代到 80 年代，西方国家逐步完成了警察的现代化，突出科技强警、更新警务装备，使警察成为"打击犯罪的战士"和"机械战警"。第四次警务革命以欧美国家社区警务改革为标志。20 世纪 80 年代以来，欧美国家推动警察与社区建立良好的合作关系，鼓励社区公众和团体参与警务活动，共同寻求解决社区隐患问题的途径，最大限度地预防、控制犯罪，建立了新的警务模式。当前学界还出现了第五次警务革命的概括，但在核心主题和内容上还存在分歧，主要有"情报信息主导警务""警务社会化或多样化""警察新专业运动"等。

学习单元二　现代监狱人民警察警务模式

> 习近平对政法工作作出重要指示强调："要全面贯彻落实党的二十大精神，坚持党对政法工作的绝对领导，提高政治站位和政治判断力、政治领悟力、政治执行力，坚持以人民为中心，坚持中国特色社会主义法治道路，坚持改革创新，坚持发扬斗争精神，奋力推进政法工作现代化，全力履行维护国家政治安全、确保社会大局稳定、促进社会公平正义、保障人民安居乐业的职责使命，为全面建设社会主义现代化国家、全面推进中华民族伟大复兴贡献力量。"
>
> 一、知识目标
> 1. 识记：现代监狱人民警察警务的概念；现代监狱人民警察警务模式构建原则。
> 2. 领会：现代监狱人民警察警务模式的内涵及构建现代监狱人民警察警务模式的管理架构与体系。
>
> 二、能力目标
> 1. 简单应用：现代监狱人民警察警务模式的内涵与特征。
> 2. 综合应用：构建现代监狱人民警察警务模式必须遵循的理念及基本路径。
>
> 三、素养目标
> 1. 立足当下，培养辩证思维和创新精神。
> 2. 根据现代监狱人民警察警务模式的构建要求，培养相应的警务素养。

案例导入

构建与数字化改革相适应的现代警务模式
——以浙江公安数字卷宗单轨制协同办案模式为视角[1]

新一轮科技革命正在蓬勃发展，司法理念和司法方式、司法理论和司法实践如果不能与时俱进，必将被时代所摈弃。面对这种现状，充分利用科技带来的红利，是推动现代警务模式更进一步发展的必要手段。浙江公安根据"公安大脑"建设总体规划，以政法一体化办案中最核心的数字卷宗为抓手，逐步形成具有辨识度的公安执法办案领域数字化改革成果，着力打造现代警务模式"浙江样板"。

一、现实背景

为贯彻落实中央政法会议的总体部署要求，2017年4月，浙江省委政法委牵头，公检法司协同配合，启动政法一体化办案系统建设。政法系统内各单位通过改造各自的办案系统，与在政法网搭建的一体化办案系统中心平台实现对接，最终目标是实现办案的"数据流、业务流、资产资金流、决策流"一体化。经历试点应用、全面推广、提质拓面等阶段，在2018年底前实现"三个全覆盖"，即覆盖全部案件、覆盖全部诉讼流程、覆盖全部办案单位。但随着平台推进，面临线上线下双轨制办案严重影响办案效率等问题，民警存在较大抵触情绪。因此在全面调研的基础上，2020年6月，省委政法委召开政法一体化单轨制协同办案推进会，决定在全省政法机关全面启动以数字卷宗为核心的单轨制协同办案模式（即不移送纸质卷宗）。政法协同办案的源头在公安机关，而最核心的就是卷宗，浙江公安从纸质卷宗到电子卷宗再到数字卷宗，近5年内经过了2次迭代，坚持走数字化的道路。

数字卷宗单轨制协同办案模式是指公检法司等政法机关在刑事侦查、逮捕起诉、审判、执行等刑事诉讼活动中，利用各自的办案系统和一体化办案系统，通过流程再造和规则重构，取消纸质卷宗材料财物等实物移交，通过数字化形式固定证据文书材料，网上进行业务协同办理，全过程记录刑事案件整个诉讼流程。通俗来讲就是以数字卷宗为核心，改变传统线下办案模式，实现无纸化、数字化、智能化的刑事诉讼网上办案模式。

二、数字卷宗单轨制协同办案模式初探

随着政法一体化办案深入，浙江公安以系统生成为主，以纸质扫描为辅，智能组装"数字卷宗"，"疫情"期间充分发挥优势，最大限度减少办案人员接触，有效保障了广大民警的生命安全和身体健康，至2022年全省单轨制协同办案率超95%。

1. 流程再造，提升办案协同效率。全省公安紧扣"提质拓面、融合智能"主题，传统移送纸质卷宗和视频资料、接收送达文书、办理换押手续等工作，通过政法一体化办案系统、大容量视音频系统实现网上单轨制协同办理，消息提醒、补充材料、涉

---

[1]《构建与数字化改革相适应的现代警务模式——以浙江公安数字卷宗单轨制协同办案模式为视角》，载 https://www.faanw.com/zhihuijingwu/14350.html，最后访问日期：2024年12月19日。

案财物等功能模块陆续上线，实现主要刑事诉讼流程全网协同，为实现公安机关内部和政法协同办案的"跑零次"目标提供坚实基础，应用效果得到实战的检验。

2. 数字转型，有效提升执法办案水平。逐步将一体化办案系统和执法办案系统进行业务和技术融合，实现全业务环节的智能办案，全案卷生命周期的辅助校验，全办案流程的监督管理，全执法过程的流程记录。办案系统95%的文书实现格式化、批量化、智能化开具；智能组卷模块根据公安部立卷规范，模拟人工分卷、串并案、人员排序、材料归类等操作，实现卷宗材料的快速、规范制作；公诉书、判决书等协同，进一步提升了民警办案水平。

3. 倒逼规范，难点堵点逐渐得以疏通。随着案件进入审查起诉阶段和审判阶段，通过一体化办案系统线上移交，管理权和处置权先后移送至检察院、法院，而物品始终存放于涉案财物管理中心内，实现涉案财物"一体化管理、换押式移交、规范化处置"；监察监督协同全面上线，规范检察监督和监督反馈业务，提升辅助决策能力；电子签名的推广应用，通过硬件倒逼民警规范执法，文书笔录电子签名率达到近80%。

4. 协同配合，机制体系运行更加完善。省级政法单位积极协同配合，共同出台《刑事案件数字卷宗管理办法》《刑事案件数字卷宗归档管理办法》等10余部文件，设备配置技术指引、电子签名捺印板功能参数和接口规范等5个技术标准，形成一整套标准规范体系，为单轨制协同办案提供了制度保障。

学习任务一　现代监狱人民警察警务形成

建设现代监狱，就必然需要推动现代监狱人民警察警务建设。现代监狱人民警察警务建设有助于我国监狱本质功能的有效发挥，而运行高效的警务管理体系和具有高素质能力的监狱人民警察队伍也必然对监狱工作效能产生积极作用。

一、现代监狱人民警察警务的内涵

现代监狱人民警察警务，既有现代警务的基本内涵，也要遵守监狱工作规律，形成现代监狱人民警察警务的独特属性。具体而言，包含以下几方面内容：

（一）以安全矫正为导向

社区警务是现代警务变革的重要趋势，社区警务关注的是社区安全。现代监狱人民警察警务重视的应是监狱"社区"安全。因此，现代监狱人民警察警务的建立和完善，其各种资源的有效配置必然围绕监狱工作宗旨——惩罚和改造罪犯服务，必须围绕监狱工作的主责主业——安全和矫正服务。当前，押犯结构的变化给监狱安全带来了严峻挑战，监狱安全的突发性、偶然性和处置的快速性，以及罪犯矫正的艰巨性、复杂性，都要求现代监狱人民警察警务必须适应形势发展的需要进行变革和有效整合，监狱人民警察警务工作应围绕两大任务开展并提供保障。因此，现代监狱人民警察警务已经不仅仅是简单的监狱人民警察事务的简称，它应在"安全为先、教育为本、创新为用"现代监狱工作理念引领下，满足监狱安全和矫正罪犯需要，突出实战引领、信息化。

（二）以有效服务为目的

由管理向服务转变，由领导向指导转变，由监督向协调转变，是当下行政机构改革的基本导向。在现代警务变革中，现代警务服务化是当下警政建设和警务工作的根本宗旨，它是对传统的管制型警政建设和警务工作的超越。在我国监狱管理工作中，长期以来形成的上对下封闭式的管理指挥体制，在一定程度上取得了较好的效果，但随着监管安全工作的日益复杂，罪犯矫正工作的难度加大，上对下的管理方式很难适应现代监狱人民警察警务管理需要，现代监狱人民警察警务需要由传统的管理监督型向管理服务型转变，更加注重为实战和监区工作提供服务和保障，这既是现代管理方式的转变，也是当下监狱机关提高警务运行效能的需要。这就要求监狱机关各职能部门必须转变工作角色和行为角色，即由单纯的管理者、指挥者向指导者、服务者、参与者、监督者转变，将服务监区、服务一线作为现代监狱人民警察警务工作的主要目的。专业化牵引，以追求监狱本职职能和运行效能提升为最大目的，建立指挥统一、配置合理、保障有力、人员专业、快速反应的现代监狱人民警察警务运行体系。

（三）以基层监区为阵地

现代警务一线阵地在社区，各种警力资源都是围绕社区安全提供全方位、多角度服务。现代监狱人民警察警务因现代监狱建设需要，将警务工作前移，牢固树立"监狱工作在一线，一线工作在监区"的理念，将日常警务管理工作前移到监区，按照"小机关、大监区"的设置原则，推动警力下沉、服务前置、工作前移。江苏监狱普遍实行扁平化管理，采取二级管理模式，有效地缩减执行链条，在监狱系统中确立"监狱局服务监狱、监狱服务监区"的思维，大力加强基层一线基础建设，将监区作为维护监狱安全稳定、罪犯教育矫正和劳动改造罪犯的第一线，推动现代监狱人民警察警务安全防范前置、信息支持前置、资源配置前置、协调指导前置，有效地实现惩罚和改造罪犯的宗旨，有效地提高罪犯改造质量，有效地履行监狱工作职责。

（四）以高效运行为标志

工业化之前，很少有正式组织，伴随着工业化，次级群体、正式组织变得非常普遍，科层制组织应运而生，由此社会工作的组织化程度越来越高。在科层制中，分层（包含上对下的任务传达和下对上的负责制）、劳动分工、成文的规章制度、公文传达与记录、非人格化，这五个特征有助于科层制达到其目标，也使其得以发展并持续运作。理想状态下，严密的科层制能够推动工作按规则高效运行，实现预期目标任务。但现实中，科层制发生了异化，等级分层过于细密，规章制度得不到严格执行，部门之间缺乏沟通，科层制成员无法胜任工作，高效运行变成了运行不畅。现代监狱人民警察警务的健全完善，在于其遵循了行政效益原则，最大限度地消除科层制的弊端，削减层级过多带来的递减效应，培养培训堪当重任的专业化队伍，严格执行管理制度，创建讲成本、讲效益的现代警务运行机制。

二、现代监狱人民警察警务的特征

现代监狱人民警察警务具有以下特征：

1. 实战化。"实战化"一词，常见于军队、公安机关。监狱承担着惩罚和改造罪犯的艰巨任务，在监狱这个社会矛盾的积聚区域里，具有突发性、实战性、高风险的职业特点，这与公安机关警务管理方式和警务运行模式等方面有相通之处。现代监狱人民警察警务，突出实战化的主要特征，在"一切面向实战，一切为了实战"的理念指导下，进一步构建适应监狱工作需要的实战运行体系，推动监狱警察队伍实战能力建设，才能打赢"押得下、关得住、改得好"的胜仗。

2. 主动性。主动，意味着积极进取、提前防范。社区警务突出的特点在于警力向社区集中，资源向社区倾斜，打击犯罪向犯罪预防转变。现代监狱警务因现代监狱需要，突出工作主动性、防范性、进攻性，"向监区要安全、向基层要效益"将成为现代监狱人民警察警务发展的必然趋势。在监狱组织体系中，监区是惩罚和改造罪犯的前沿阵地，是安全风险的隐患源，是监狱管理、罪犯矫正、劳动改造的着力点。监狱安全，事关监狱工作底线，在安全防范上，更应体现主动进攻、超前防范的警务工作理念，将资源、技术向监区集中，围绕预警、预测、预防警务安全方略，做到未雨绸缪、超前谋划，才能实现监管安全"零事故"，罪犯改造质量得到提高。

3. 效能化。现代监狱人民警察警务应打破传统的监狱警务管理，有效整合各类资源，削减管理环节，推动工作前移，由控制式管理转变为服务式管理，变单一式管理为二元式管理，管理与服务并重，寓管理于服务之中。深化监狱内部管理，其落脚点在于要推动监狱管理制度、运行机制创新，进一步优化监狱管理层级，建立适应实战需要的扁平化管理模式，推动机构、人员、设施、设备等要素的有机合成、高效运作。在当前警力"无增长改善"的情况下，要从根本上"去机关化"，就必须整合机构职能，以服务基层为优先，建立科学合理、符合实战需要的现代监狱人民警察警务运作体系，形成上下联动、内外联勤的应急响应机制，最大限度地减少层级管理过程中的功能衰减，从而实现现代监狱人民警察警务效能最大化。

4. 专业化。2017年1月，司法部印发了《2016—2020年监狱戒毒人民警察队伍建设规划纲要》，对监狱警察队伍专业化提出了明确的建设要求。警察队伍专业化建设是提高监狱工作质量的保证，也是现代监狱人民警察警务建设的基础性工作。一方面，通过整合、配置、利用、发挥现有警力资源、智力要素、专业素养，提高现代监狱人民警察警务运行质量和运行效能，提高警务实战能力；另一方面，通过现代监狱人民警察警务建设，促使监狱重视和加强警察队伍专业化建设，加强专业化实战人才的培养培训，进而为现代监狱人民警察警务运行提供组织保障、人才保障和智力保障。在现代监狱人民警察警务运行中，如现代矫正技术应用、监狱信息化技术应用等，都需要加强专业化训练和培养。

学习任务二　现代监狱人民警察警务模式构建

构建现代监狱人民警察警务模式，要求将"现代管理理念"引入警务管理活动，以此构成适应现代警务工作要求的管理架构和体系。构建现代监狱人民警察警务模式要求建立顺畅高效的组织机构，完善警察教育培训机构；要求建立科学的警察绩效考评制度，完善责权相统一的警力运行管理机制；要求加强警务保障的科学化建设，进一步推进警察装备的现代化建设。

一、构建完善的监狱内部管理监督体制

1. 健全日常工作全程责任考核制度。推行执法过程全程记录，加强执法证据保全。强化日常管理责任，健全警察考核、领导干部和领导班子考核评价机制。完善责任追究制度，强化考核结果运用，及时兑现奖惩，促进责任落实。规范工作标准程序、考核方法指标，形成科学规范、评价客观、导向正确的工作实绩量化考核评价体系。

2. 健全监狱警务督察制度。加强警务督察建设，严格规范警务督察工作，强化日常警务督察，加大监督力度，以"零容忍"态度查处警察违法违纪案件。

3. 完善刑罚执行办案质量终身负责制度。实行全员全岗全程责任追究，建立终身责任追究制度和责任倒查机制。每个岗位、每个责任主体的工作目标、要求、时限、成效明确清晰。实行重点工作项目化，重点项目专责制。以岗位目标责任制为原点，横向有限时办结制、首问责任制、过错责任追究制，纵向有领导干部问责制、责任倒逼制，建成上下有机结合、点线面全面覆盖的完整的责任坐标体系。事有专管人、人有明确责、责有限定期。

4. 完善检察机关依法监督制度。建立检察、法院、公安、监狱联席会议机制，定期通报监狱执法情况。明确检察机关对监狱执法监督的标准、条件、程序。对监狱各个执法环节实时监督，全程监督。强化对刑罚变更执行、关键要害岗位、重点执法监管环节的专项检察，形成对监狱执法工作全方位、多层面的监督机制。监狱应主动接受检察机关的法律监督，积极配合检察机关创新监督方式、提高监督效能。

5. 完善社会公开监督制度。可探索成立由人大、政协、政府和社会团体等共同组成的非监狱管理系统的监狱视察委员会，独立督察监狱。监狱要积极接受社会、媒体、舆论监督。

二、构建规范精细的监狱保障机制

1. 落实监狱经费全额保障机制。将监狱经费全部纳入财政保障，建立以省级财政为主，中央财政转移支付为辅的经费保障体制和动态增长机制，使监狱建设经费、运行经费、执法经费得到足额保障。全面实现监狱"全额保障、监企分开、收支分开、规范运行"。

2. 落实监狱硬件设施标准建设。全面落实《监狱建设标准》，全面落实司法部、武警总部联合印发的《司法部、武装警察部队关于进一步加强监管执勤工作 推进"四防一体化"建设的通知》（武司〔2009〕129号），筑牢物防屏障，全面落实监狱AB门、隔离网、武警监门哨、围墙、电网、照明等警戒执勤设施。达到布局合理、规模适度、分类科学、功能完善、投资结构合理、管理信息化的总体要求。

3. 落实监狱信息化建设。全面落实向科技要警力、要战斗力理念，完善监控、周界控制、智能报警等设施设备，加强对监门、监舍、围墙、监内通道以及监狱周边主要出入口的全面监控。坚持以信息化引领监狱工作，广泛运用信息化、物联网等科技手段，全面提高技防水平，全面提高监狱的科技化管理水平。

4. 落实规范化警力配备。实行监狱警察编制动态管理机制。优化警力资源配置，改革完善警务执勤值班模式，规范监狱正规化管理，形成与罪犯关押规模、戒备等级、监狱产业结构、教育改造类别相适应的警力合理布局，提高监狱安全保障能力。构建机构设置优化、结构形态扁平、组织规模适度的监狱组织结构。根据罪犯规模、戒备等级以及不同管理模式，科学核定编制配备和警力配置比例；配合编制部门，研究确定符合监狱工作实际的编制配备和警力配备标准；规范和严格政法专项编制管理办法；警力下沉，直接从事管理教育罪犯的一线警力达到警察总数的80%以上。警力配备符合工作要求，做到工作目标明确，职位分类健全，内设机构规范，定编定员合理，机构功能高效。

三、坚持科技共享，全面推进监狱工作信息化

（一）加强科技保障，坚持信息化牵引

1. 建立长效的信息化经费投入和使用机制。不断提高监狱人民警察信息化素质和应用技能。

2. 形成监狱信息化标准体系。坚持围绕整合资源力量，完善信息化标准体系，统一平台、统一接口，开启共享模式，推动监狱系统各类基础设施建设，推进各类数据集成应用，发挥最大效益。监狱信息网要努力做到一体设计、同步推进。通过监狱信息化标准体系建设，实现监狱信息最大限度地协同操作，信息资源共享、标准规范统一、应用功能完备，保障监狱信息化标准的可持续发展。

3. 全国监狱系统内部信息互联互通。要坚持智能化发展到什么程度，监狱安全管理建设就跟进到什么程度，建成覆盖全国监狱系统的统一信息化管理平台，司法部、司法部监狱管理局与各省区市司法厅、监狱管理局、各个监狱串联与贯通，实现跨省区、跨监狱纵横贯通的监狱系统内部网络互联、信息交换、资源共享，便于工作指导、工作交流、业务协同。

4. 监狱系统与相关部门协调联动管控风险。依托"互联网+"，加快监狱系统与公、检、法、武警部队、社区矫正、安置帮教等部门互联互通，共享信息，协调联动，创造性地运用现代科技最新成果破解公共安全难题，共同管控风险，预防和减少犯罪，维护社会安全稳定。

（二）完善硬件设施，建设数字监狱

1. 建设数字化监狱，完成网络硬件建设。建成监狱网络和硬件平台，信息化硬件、安防系统基础设施设备配备到位。搭建好监狱系统综合业务应用系统。按照司法部信息化建设的总体部署和要求，以需求为导向，以应用促发展，以实用、真用、管用为目标，面向全体工作人员，满足狱务、警务和日常事务管理的需求，达到流程规范、应用一体、视觉舒适、内容合理、服务一流。

2. 建立数字化证据保全系统，倡导"数字文化"理念。通过建立统一的电子证据管理平台，实现证据从收集、登记、存储到调取的全流程数字化。数字化证据保全系统能够对监狱内的各种活动进行实时记录，实现执法过程的全程留痕和可追溯，确保证据的真实性和完整性。数字化证据保全系统还可以通过数据分析，为监狱管理提供科学依据，推动监狱执法工作的规范化和标准化。

（三）软件系统应用完善

1. 集成优化监狱整体办公系统。与监狱业务工作相结合，控制和集成关乎监狱职

能的所有信息，实现狱内外信息的共享和利用，整合监狱资源，优化配置监狱人、财、物、信息等资源，实现监狱各种活动信息资源数字化、传输网络化、管理智能化。

2. 建立监狱安全防范和应急指挥系统。借助视频监控、语音监控、通信监控、智能感知、生物识别、无线定位、物联网等先进技术，建成现代化监狱的全方位、定制化的安全防控网络。

3. 健全监管及执法管理系统。实现监狱执法办案及监督网络化、信息化。"执法信息网上录入、执法流程网上管理、执法活动网上监督、执法培训网上进行、执法质量网上考核"，通过综合信息平台建设，设定各项工作的内容、流程、步骤，规范执法管理程序和权限；统一罪犯计分考核奖惩的类型、幅度、分值和依据等执法管理标准，减少执法行为的主观随意性，促进执法的标准化；自动记录警察执法管理活动情况，加强执法管理监督，促使警察积极作为，强化对监狱执法管理全过程的刚性制约、系统管理。

4. 逐步完善其他监狱管理系统。如决策支持系统、教育改造系统、生活保障及医疗卫生系统、生产管理与劳动改造系统、监狱建设与保障系统、狱务公开系统、警察管理系统、办公自动化系统、媒体网络舆论监测处置系统等应用系统。

四、坚持统筹协调，全面推进监狱人民警察队伍专业化建设

（一）始终坚定理想信念

要教育引导广大警察加强理论武装，坚定理想信念，严守党的政治纪律和政治规矩，做党和人民的忠诚卫士。党的工作最坚实的力量支撑在基层，最突出的矛盾和问题也出在基层。必须把抓基层打基础作为固本之举，增强基层党组织的凝聚力、创造力、战斗力，充分发挥党员先锋模范作用和广大干部的带头作用。要教育广大党员干部勤于理论学习，善于实践检验，用党的最新理论成果武装头脑，坚持"忠诚、为民、公正、廉洁"政法干警核心价值观，不断打牢高举旗帜、听党指挥、忠诚使命的思想基础，牢固树立忠诚、干净、担当、敬业的政治品格。始终在思想上政治上行动上同党中央保持高度一致。

（二）建设好坚强的领导班子

要优化领导班子知识结构和专业结构，注重培养选拔政治强、懂专业、善治理、敢担当、作风正的领导干部，提高专业化水平。对领导班子成员的素质和能力要提出明确指标和刚性约束，形成有利于监狱工作发展的目标体系、考核办法、奖惩机制。创新领导干部选拔制度，规范领导干部交流制度，定期开展监狱局领导、处长、监狱长、政委轮训，完善领导班子议事决策机制，建设好监狱各级领导班子。建成监狱长、监区长任职资格制度，严格准入标准；优化领导班子结构，使班子成员年龄形成梯次、经历性格互补、专业背景齐全，具有较强整体合力；坚持民主集中制，完善集体领导和个人分工，提高依法、科学、民主决策水平；健全领导班子监督制度，强化党风廉政建设。

（三）全面加强监狱人民警察队伍建设

1. 健全监狱人民警察分类管理制度。根据监狱机关人民警察的构成和职务特点设立职务序列和职称序列，划分专业、管理、辅助职能，规范执法、管理、教育、矫治、技能辅导、服务保障等岗位，完善警官、警员、警务技术人员职务序列及其管理办法；完善队伍管理、编制、经费及相关的工资、福利、医疗保障等制度。完善警衔管理办法。优化配置编制和警力资源，执法工作依法规范化、核心工作专业编制化、辅助工作外包社会化。构建科学、系统的监狱人民警察职业生涯规划。

2. 试点完成推广监狱矫治师制度。在监狱直接承担对罪犯进行教育矫治职责并具备一定任职资格条件的警察中设置矫治师，完善相关评定考核制度，给予相应的待遇，赋予相应的权责。培养一批高素质矫治专门人才，发挥矫治师在教育矫治工作中的骨干和示范引导作用，增强警察职业荣誉感和自豪感，引导一线警察安心基层、增强本领、提升素质、强化执法责任、提高教育矫治质量和水平。

（四）依法待警，强化监狱人民警察队伍保障

1. 要坚持从优待警，建立适合监狱特点的警察管理制度和保障机制。一是保障身份。明确监狱人民警察执法行为、执法程序。明确监狱人民警察行政奖惩的法定事由、法定程序，切实通过法律保障监狱人民警察的执法权益。二是保障执法。为监狱人民警察执法提供有力的法律、经费、设备、技术支持。三是保障职业。保障监狱人民警察依法享受国家规定的符合其职业特点的工资待遇、执勤岗位津贴等。严格落实国家规定的工时制度和休假制度。四是保险救济及警察死亡和伤残抚恤。建立警察职业风险保障体系，落实国家规定的保险制度，保障监狱人民警察在退休、患病、工伤、生育、失业等情况下获得帮助和补偿。五是保障福利。落实监狱人民警察体检、公休假制度。六是维护心理健康。重视提升监狱人民警察的心理健康水平和心理应对承受能力。

2. 健全监狱人民警察准入退出机制。建立刑罚执行活动执法主体准入标准和程序。改善队伍知识结构，加大法律、管理、教育、心理、信息、医学等核心专业人员的招录力度，使其保持在警察总数的70%以上。建立部级、省级高层次综合管理人才、专业人才库，充分发挥高层次人才的带头引领作用。完善退出条件和程序。

（五）构建队伍培训长效机制

监狱人民警察应当经过国家认可的政法院校、警察院校、专门培训机构培训并考试，考核合格，方可任职、晋升职务、授予警衔、晋升警衔。要建立培训经费动态增长机制，将警察培训经费单独立项，纳入当地财政预算；建立符合监狱工作特点的统一规划、分级管理、分类实施的教育培训体系。要制定上岗、初任、转岗、晋升晋级培训制度，做到凡进必训、凡晋必训、凡转必训、省级统考；重视实战，建立岗位练兵长效机制。定期开展业务技能、警体技能、应对突发事件等实战演练活动；打造精品教材、科学课程等专业培训体系。要设置专业培训基地，充分利用国家认可的政法院校、警察院校、专门院校和培训机构，打造院校、师资、场所、内容、考核等相配套的专业、权威、统一的培训基地，发挥主渠道作用。有效利用高等院校、社会培训机构等优质培训资源。要推广在线学习、网络培训和远程教育，推行全方位模块化培训，打造学习型监狱。

（六）加强监狱人民警察文化建设

一是要求真务实，坚持"三严三实"，夯实监狱文化建设的根基。二是要大力培育

监狱人民警察的核心价值观，形成监狱人民警察队伍的价值文化。增强监狱人民警察的归属感、责任感、荣誉感、自豪感。三是围绕核心价值观，突出监狱特色，加强物质设施和人力资源投入，建设优良的监狱环境设施。四是要突出警察职业特色，反映监狱的发展方向，尊重警察的主体地位，凸显监狱特有的管理理念、人文精神和运行机制。打造先进的制度文化和管理文化。五是围绕精神文明建设目标，融合地方文化资源，借鉴现代传媒手段，强化社团组织模式，丰富监狱文化内容，树立监狱文化品牌。六是打造良好的用人机制。创造有利于人才成长、才干施展的良好环境，使监狱人民警察各得其所、各展其才。七是重视监狱理论研究。积极推动团队学习、全员学习、终身学习，打造学习型监狱。八是高度重视廉政文化建设。突出反腐倡廉，切实加强监狱警务廉政教育，着力增强广大监狱人民警察的廉洁自律意识和拒腐防变能力。

五、坚持开放共享，全面推进监狱工作社会化

（一）合作共享确保监狱安全

1. 同心协力共保安全。监狱安全应当贯彻总体国家安全观。监狱安全事关国家安全，是社会治安管理的重要部分。监狱和当地政府应当将监狱工作与当地社会治安工作紧密结合起来，强化监狱安全底线思维，把安全稳定作为监狱工作的重中之重，提高共同防控风险的自觉性，共同承担保监狱安全的责任。

2. 创新协调联动机制。深化监狱与武警部队、公安机关、检察机关的共管、共建、共保安全活动，加强与监狱周边社区、乡镇、工矿企业的联防、联控，健全统一指挥、区域联动、部门协作、社会合作机制。在用好传统手段的同时，善于通过现代信息技术，把各种资源、力量、手段统筹起来，共同维护监狱及周边公共安全。

3. 完善多方应急反应协调机制。不断完善多部门协调配合的风险处置预案，完善狱内重大特大突发事故、重大自然社会灾害、公共卫生防疫、安全生产、突发性群体事件等处置预案，建立完善统一指挥、反应灵敏、协调有序、高效运转的监狱应急反应机制，提高处置越狱、暴狱、集体脱逃、劫持人质等突发事件和重大自然灾害的应急能力。

4. 增强智能安全警戒设施。健全人防、物防、技防、联防四位一体内部外部联动管控体系。充分运用现代科技手段，加快监狱安全管理的信息化、网络化、自动化和智能化。

（二）构建全方位的社会帮教体系

1. 建立社会帮教联席会议机制。监狱机关要简化社会帮教办事程序，方便和吸纳妇联、共青团、民盟、关工委等社会组织，法律专家、心理咨询师、爱国人士、社会志愿者等专业人士，以及罪犯亲属等进入监狱开展帮教活动。加强社会帮教志愿者队伍建设。推进帮教活动公开化、制度化、常态化。

2. 构建刑罚执行联席会议机制。全面推行监狱、公安、法院、检察、社矫、安置办信息联网、合作共享，完善合作机制，强化部门间的沟通协调和衔接配合。做好罪犯定罪入狱、服刑、保外、社矫、刑满释放各个环节的无缝衔接，维护社会治安，促进罪犯改造，巩固教育改造成果。

3. 打造罪犯刑释就业平台。积极争取各级政府和社会各界的支持，做好刑满释放前就业指导和职业推介工作，搭建服刑人员刑释就业信息管理库，广泛开展刑释人员就业推介活动，帮助刑释人员顺利回归社会。

4. 构建区域性的综合罪犯会见中心。将监狱会见楼、会见室打造成对外开放的窗口和宣传平台。与帮教部门、社矫中心联网，安装远程可视会见系统，做好罪犯亲情帮教工作。

5. 构建政府购买帮教服务机制。将帮教资金列入地方财政预算。吸收法律专家、心理治疗师、爱国人士、社会志愿者等专业力量，协助监狱做好教育矫治工作。

6. 落实帮教企业优惠政策。国家应以优惠政策鼓励引导热心于社会帮教事业的企事业单位、社会组织和个人参与社会帮教工作。

(三) 改革推进监狱教育改造社会化

1. 健全罪犯文化教育体制机制。建议从法律上着手，改革多年以来罪犯文化教育由监狱独立负责的现状。密切协调联系当地党委政府和教育主管部门，提倡将罪犯文化教育纳入国家教育规划和城乡义务教育经费保障范畴，由教育、财政、司法部门共同负责对罪犯的文化教育。强制和鼓励罪犯参加相关义务教育。将对罪犯的文化教育作为我国大力促进教育公平发展和质量提升、明显提高劳动改造人员受教育年限、实施教育脱贫规划的重要组成部分。

2. 健全罪犯职业技能培训机制。建议从法律上着手，改革多年以来对罪犯职业技能教育由监狱独自负责的现状。密切协调联系党委政府和人社、职教部门，提倡将罪犯职业技能教育培训纳入国家职业技能培训、国家脱贫规划、国家精准扶贫和精准脱贫攻坚战的工作范围。由人社、职教、财政、司法共同负责对服刑罪犯的职业技术教育，为其提供职业技术培训经费支持、就业扶持、职业指导等。

3. 健全罪犯医疗卫生工作机制。监狱卫生是公共卫生的一部分。建议修订《监狱法》等相关法律法规，改革多年以来由监狱部门单独负责罪犯医疗卫生工作的状况，提倡将罪犯医疗卫生工作纳入整个国家的医疗卫生工作规划体系，由卫生、司法、财政等行政部门共同负责罪犯的医疗卫生工作，由卫生行政部门负责监狱医务人员派驻和设备药品提供，负责预防诊疗，监狱管理部门负责对罪犯的监管和安全，财政部门提供经费保障，改善监狱医疗卫生环境，提高罪犯医疗卫生保障水平。

4. 健全罪犯社保医保机制。建议修订《中华人民共和国社会保险法》，明确保障罪犯相关权益。提供对已参保缴费的，继续参保缴费，享有相关社保医保；达到法定退休年龄或养老保险待遇领取年龄的，可按规定领取相应基本养老金；符合申领失业保险金条件的刑释人员，可按规定享受失业保险待遇。要积极引导符合条件的罪犯参加医保社保，做好刑释人员的医保社保关系的转移接续。多方筹措建立罪犯医疗保障基金，提高罪犯医疗保障水平。

5. 全面落实刑满释放人员社会救助措施。全力推动政府、企事业单位落实好《关于加强刑满释放人员救助管理工作的意见》，落实好社会救助措施，解决刑满释放人员实际困难，重点是要着力落实好"八项政策"，即落实最低生活保障政策、落实特困人员供养政策、落实医疗救助政策、落实教育救助政策、落实住房救助政策、落实临时救助政策、落实就业扶持政策、落实社会保险政策。要从多方面做好救助政策宣传和引导帮助工作。

思考练习

1. 请简述现代监狱人民警察警务模式应遵循哪些基本原则。
2. 思考从哪些方面构建现代监狱人民警察警务模式？
3. 思考如何推动监狱工作社会化？

思政园地

创新园地

拓展学习

监狱体制改革进展情况和成效

2003年1月，国务院印发了《国务院批转司法部关于监狱体制改革试点工作指导意见》，决定从2003年起，在黑龙江、重庆、上海、江西、湖北、陕西六省（市）进行监狱体制改革试点。司法部按国务院决定，2003年2月在北京召开了由试点六省（市）主要领导及相关部委负责同志参加的监狱体制改革试点工作会议。会议研究、部署了改革试点工作，各省和相关部委都表示全力配合改革。在首批试点取得较好成效的基础上，2004年9月，在辽宁、吉林、青海、宁夏、甘肃、湖南、广西、海南八省（区）进行扩大试点。为全面推进监狱体制改革工作，在认真总结五年来改革试点经验的基础上，国务院于2007年11月1日印发了《国务院批转司法部关于全面实行监狱体制改革指导意见的通知》，决定从2008年起，在全国全面实行监狱体制改革。司法部于2008年6月召开了全国监狱体制改革工作会议，2009年8月召开了监狱体制改革工作座谈会。会议围绕国务院文件要求，全面部署改革工作，狠抓工作落实，加快推进改革，要求2011年底基本完成监狱体制改革任务目标。目前，改革工作进展顺利，"全额保障"和"监企分开、收支分开、监社分开"等改革的主要任务已基本完成，具体体现在：

1. 建立了经费以省级财政为主、中央转移支付为辅的财政保障机制，实现了监狱经费按标准财政全额保障。各级财政部门继续加大投入，监狱经费保障政策逐年落实，财政拨款总额大幅度增加，监狱工作的总体保障能力显著提高，全国已经实现监狱经费按标准财政全额保障。监狱经费保障工作实现了历史性突破，为监狱改革和发展奠定了重要基础。

2. 监企分开基本完成，监管改造和生产经营两套管理体系初步形成。各地结合实际，积极推进监企分开，完善了监狱机构设置，组建了新的生产经营管理机构。绝大多数省份按照改革方案组建了监狱企业集团公司，完成了公司改制任务，监狱与监狱企业成功实现分离。各地围绕教育人、改造人的总目标，建立了党委统一领导下的监狱长和公司总经理分工负责制、联席会议协调机制等规章制度，保障了监狱与监狱企业规范有序运行。

3. 收支分开基本实现，监狱执法经费支出与监狱企业生产收入分开运行机制基本建立。按照2010年财政部与司法部联合下发的《监狱体制改革单位财务管理办法》（财行〔2010〕99号）要求，建立了监狱执法经费支出与监狱企业生产收入分开运行的机制，明确了两种不同性质经费适用的会计制度和资金运行渠道，实现了监狱和监狱企业财务分账核算与管理。

4. 监社分开主要任务基本完成。目前，全国监狱法庭已经移交地方政府或撤销，派出所、普通中小学校、普通医院、公共服务设施等已经移交地方政府。监社分开主要任务基本完成。

5. 改革配套政策进一步落实。监狱系统工人分类管理、监狱工人加入社会养老保险、监狱企业产品政府采购等一系列配套政策已经和正在得到落实，为监狱体制改革的顺利进行提供了保障。罪犯劳动项目的产业升级和技术改造得到加强，为加强罪犯技术教育培训、增强罪犯出狱后的就业能力提供了更好保障。

6. 规范新体制运行的制度体系初步形成。围绕强化刑罚执行职能，提高罪犯教育改造质量，不断加强制度建设，制定出台了《监狱罪犯劳动改造工作指导意见》《关于加强监狱生活卫生管理工作的若干规定》等配套的制度规定，初步建立了以改造人为中心任务，保障新体制规范运行的重大体制机制。监狱刑罚执行、狱政管理、教育改造、劳动改造、生活卫生和警察队伍管理等工作进入规范运行的轨道。

1+X 证书

单拓展学习模块　监狱人民警察资格获取

学习单元一　监狱人民警察资格概述

> 2015年第1期《求是》杂志刊登习近平总书记撰写的《加快建设社会主义法治国家》一文，文章指出："全面推进依法治国，建设一支德才兼备的高素质法治队伍至关重要。我国专门的法治队伍主要包括在人大和政府从事立法工作的人员，在行政机关从事执法工作的人员，在司法机关从事司法工作的人员。全面推进依法治国，首先要把这几支队伍建设好。"
>
> 一、知识目标
> 1. 识记：监狱人民警察资格的概念、特征。
> 2. 领会：监狱人民警察资格的特殊内涵。
> 二、能力目标
> 1. 简单应用：监狱人民警察资格的职业属性。
> 2. 综合应用：监狱人民警察的多重社会角色。
> 三、素养目标
> 1. 培养学生的自我认知能力和职业素养。
> 2. 培养学生警察角色意识，加强监狱人民警察的职业认同感。

案例导入

黑龙江省司法厅所属院校便捷入警政策全面落地[1]

2023年6月13日，黑龙江省委组织部、黑龙江省司法厅组织开展了首次省直司法行政机关面向所属院校司法行政警察类专业应届毕业生考试录用公务员选择职位工作。省司法厅党委委员、政治部主任司清，省委组织部有关领导到场巡视指导。

2020年4月，省委组织部等六部门联合颁布了《黑龙江省直司法行政机关面向所

---

[1]《黑龙江省司法厅所属院校便捷入警政策全面落地》，载 https://mp.weixin.qq.com/s/rC4twO7RDI5XN0eHmfxfWw，最后访问日期：2024年11月27日。

属院校招录培养人民警察工作实施办法》，规定自2020年起，省司法厅按照当年省直司法行政系统公务员招录计划数的30%~40%，面向当年中央司法警官学院和黑龙江司法警官职业学院的司法行政警察类专业应届毕业生进行招录。录用人员主要充实到基层执法勤务机构。省委组织部按照法定职责、法定程序组织实施招录工作。为切实做好2023年首次省直司法行政机关面向所属院校司法行政警察类专业应届毕业生考试录用公务员工作，省委组织部和省司法厅制定了《2023年度黑龙江省司法行政机关面向司法院校司法行政警察类专业毕业生考试录用公务员工作方案》，考录工作从2023年1月启动，283名应届毕业生经过资格确认、笔试、面试、体能测评、体检和考察等环节，有95名考生进入选择职位环节，按照笔试总成绩由高到低排名依次选择职位。拟招录人员经社会公示无异议后，将统一办理公务员录用手续。

近年来，省司法厅认真贯彻习近平总书记关于加强政法队伍建设的重要指示精神，全面落实司法行政机关人民警察队伍革命化、正规化、专业化、职业化建设要求，进一步健全司法行政机关人民警察招录机制，拓宽招录渠道，通过社会公开招录、面向所属院校便捷招录等方式，每年省直司法行政系统公开招录监狱戒毒人民警察500名左右，不断充实基层一线警力，切实加强司法行政机关人民警察队伍建设，为推动全省司法行政工作高质量发展提供了强有力的人才支撑。

学习任务一　监狱人民警察资格的内涵

资格是指参加某种工作或活动所应具备的条件或身份。任何一个职业岗位，都要求从事这一职业的个人具备特定的条件，如教育程度、专业知识与技能水平、体质状况、个人气质及思想品质等。监狱人民警察资格概括为受过专门的警察业务教育、符合法定条件、通过国家公务员考试取得可以从事惩罚和改造罪犯工作的一种身份。

监狱人民警察职业是指受过专门的警察教育、具备预先规定的任职条件、取得国家规定的任职资格而专门从事行刑和改造工作的一种社会角色。首先，它是一种公共职业。近现代以来，随着经济市场化的发展，社会分工的规模迅速扩大，速度明显加快。社会从业者逐渐被分为公共职业者和私人职业者。前者从业的目标是实现社会公益，后者从业的目标是实现个人自利。公共职业者更多地肩负着社会使命。监狱人民警察职业是一种公共职业，这种职业要对整个社会负责。其次，它是一种专门职业。专门职业是相对于开放职业而言，前者是指只有经过专门训练并拥有某种专门知识的人才能胜任的职业类型，后者则是指向任何人都开放、任何人都可能胜任的职业类型。不同的专门职业需要不同的知识和技能训练。监狱工作是一门重要的、理论和实践结合性极强的社会工作，需要多学科知识的支撑，同时，由于监狱特殊的工作环境，监狱人民警察职业者从业的道德要求应该更为严格。最后，监狱人民警察职业功能特殊。其功能特殊性表现在：一是监狱人民警察是国家的一支重要刑事执法力量。相对于其他警种，监狱人民警察具有多重角色，在执行刑罚的工作中，他们不仅是刑罚执行的具体落实者，也是教育者，担负着教育改造罪犯的行刑教育工作任务，同时还是组织者，担负着组织罪犯劳动的行刑劳动组织工作。二是任务艰巨性。监狱人民警察在执行刑罚惩罚、改造罪犯的工作中，把罪犯改造成为守法公民的过程是非常复杂与艰巨的，这是由工作对象所决定的。监狱人民警察面对的是危害社会的特殊群体——罪犯，他们不仅犯罪性质复杂、犯罪手段多样，而且有过犯罪体验，思想意识及行为习惯都具有一定的反社会性。监狱人民警察不仅长年累月同罪犯打交道，而且要改造他们，这是所有工作中最艰难的。三是环境特定性。监狱人民警察执行刑罚惩罚、改造罪犯的工作是在监狱环境内完成的，高墙、电网、特殊设施和特殊的犯罪群体，构成了一个独特的封闭的工作环境。

学习任务二　监狱人民警察资格的特征

监狱人民警察资格的特征可以概括为：

一、规范性

这个特性意味着监狱人民警察的执法行为不得与现行法律法规相抵触，必须"中规中矩"。根据《监狱法》和《人民警察法》规定，监狱是正确执行刑罚，惩罚和改造罪犯，预防和减少犯罪的国家刑罚执行机关；人民警察的任务是维护国家安全，维护社会治安秩序，保护公民的人身安全、人身自由和合法财产，保护公共财产，预防、制止和惩治违法犯罪活动。监狱人民警察必须以宪法和相关法律为活动准则，忠于职守，清正廉洁，纪律严明，服从命令，严格执法。

二、权威性

监狱人民警察的权威是监狱人民警察对罪犯进行矫正时、与罪犯在互动过程中的控制力和影响力。监狱人民警察角色权威包括强制性权威和非强制性权威。强制性权威是法律赋予的，《监狱法》第12条第2款规定，监狱的管理人员是人民警察。第4条、第5条规定：监狱对罪犯应当依法监管，根据改造罪犯的需要，组织罪犯从事生产劳动，对罪犯进行思想教育、文化教育、技术教育。监狱的人民警察依法管理监狱、执行刑罚、对罪犯进行教育改造等活动。这些法的规定性，具有鲜明的强制性和权威性，明确了监狱人民警察的地位、身份和职权。这种权威性是监狱得以正常运行的有机组成部分，是监狱得以存在的基石和前提，是监狱人民警察职业资格的属性之一。只要监狱存在，这种权威性永远不会消解、改变和消失。

三、保障性

作为执法主体的监狱人民警察，其合法行为受到法律保护，这一点在现阶段尤为突出。监狱人民警察的权力来源于国家刑罚的强制力，是政治权力所支配的制度资源在警察部门的再分配。公众对警察认可的首要原因在于他们是政治权力的代表，对其执法的认同和遵守则主要基于政治权力的合法性。从这个意义上说，监狱人民警察职业具有保障性，它被赋予了法律的保障。

四、专业性

《联合国囚犯最低限度标准规则》规定，管理官员中应该尽可能设有足够人数的精神医生、心理专家、社会工作者、教员和手艺教员等专家。监狱工作是项专业性非常强的工作,这不仅仅是因为人的复杂性,而且在于监狱学作为一门社会科学、新兴科学,具有边缘性和交叉性的特点。当前,押犯构成和狱情形势复杂严峻,重刑犯、暴力犯、惯累犯、团伙犯、涉毒、涉黑、涉恶等罪犯比例明显上升,任务急、难度大、危险系数高的各类危、难、急、重、险等现实问题日益突出,第一责任、首要标准的高标杆工作要求迫使监狱人民警察走向专业化的发展方向。司法部《2006—2010年监狱劳教人民警察队伍建设规划纲要》提出,监狱民警的专业、知识结构更加合理,法律、监(所)管理、教育学、心理学、信息工作、医学等核心专业人员比例达到70%,其中心理学专业不低于8%,正是监狱人民警察资格专业性特征的必然要求。

五、多样性

监狱人民警察的多样性特征体现了其角色从"单一监管者"向"综合管理者"的转变。这种多样性的特征要求监狱人民警察具备多方面的能力和素质,他们既是执法者、教育者,也是管理者和协调者,肩负着维护法律尊严、促进罪犯改造、保障监狱安全和社会稳定的重要使命。随着智慧监狱建设的推进和监管职责的专业化、精细化发展,监狱人民警察还将成为刑罚理论与矫正技术的研究者、创新者和开发者。

🔍 思考练习

1. 请简述监狱人民警察职业的内涵。
2. 监狱人民警察职业有哪些特征?

🔍 思政园地

🔍 创新园地

🔍 拓展学习

学习单元二　获取监狱人民警察资格的条件与内容

> 习近平在中央政法工作会议上讲话指出："政法队伍尤其要敢于担当。俗话说'养兵千日，用兵一时'，对政法队伍来说则是'养兵千日，用兵千日'，面对重大政治考验，必须旗帜鲜明、挺身而出，绝不能当'骑墙派'；面对歪风邪气，必须敢于亮剑、坚决斗争，绝不能听之任之；面对急难险重任务，必须豁得出来、顶得上去，绝不能畏缩不前。要敢于在对敌斗争最前沿、维护稳定第一线去迎接挑战，到条件艰苦、情况复杂、矛盾集中的地方去破解难题，在奋斗和奉献中实现人生价值，赢得人民群众信任和支持。"
>
> 一、知识目标
> 1. 识记：获取监狱人民警察资格的条件、内容。
> 2. 领会：监狱人民警察资格的取得方式。
>
> 二、能力目标
> 1. 简单应用：获取监狱人民警察资格的程序。
> 2. 综合应用：我国监狱人民警察资格的内容和标准。
>
> 三、素养目标
> 1. 明确大学学习规划，做好专业学习准备。
> 2. 明确职业目标，铸魂育警。

案例导入

新警入列！遵义监狱 2024 年新录用民警岗前培训开班[1]

为帮助新录用民警扣好入警"第一粒扣子"，强化身份意识、法纪意识、规矩意识，着力提升新录用民警的政治素养、业务能力和职业素养，为打造一支忠诚、干净、有担当的监狱人民警察队伍注入新的活力，遵义监狱举办2024年新录用民警岗前培训开班仪式。

使命呼唤担当，奋斗成就未来。新录用民警纷纷表示将服从命令、听从指挥、强化训练、夯实基础、提升能力，牢记使命任务、忠诚履职尽责，以奋斗姿态书写监狱事业的青春篇章。

据悉，此次新录用民警岗前培训为期6个月，即集中封闭培训2个月，综合部门实地跟班学习2个月，分配到具体岗位实操锻炼2个月，涵盖政治理论、党纪法规、监狱基础业务、基础警务技能等课程，通过系统全面的培训，提升新录用民警的思想

---

[1]　节选自《新警入列！遵义监狱2024年新录用民警 岗前培训开班》，载 https://jyglj.guizhou.gov.cn/zy/dwjs/202408/t20240826_85476760.html，最后访问日期：2024年10月25日。

认识、职业素养、专业能力，使新录用民警快速熟悉适应环境，激发他们热爱监狱工作的热情，锻造一支"召之即来、来之能战、战之必胜"的监狱人民警察队伍，为实现"西部一流、全国领先"奋斗目标提供坚强队伍保障。

学习任务一　监狱人民警察资格取得的条件

监狱人民警察资格取得的条件与内容，是取得监狱人民警察职业资格的前提。世界各国监狱警察资格取得的条件与内容各不相同，我国在不同时期也有不同的条件与内容。随着国家公务员制度的建立，监狱人民警察成为国家公务员的组成部分，特别是《人民警察法》和《监狱法》的颁布，对建立监狱人民警察岗位准入制度提出了要求。《人民警察法》对担任人民警察的条件作出了具体的规定。

根据《人民警察法》第26条和《中华人民共和国公务员法》（以下简称《公务员法》）第13条，担任监狱人民警察必须符合下列任职条件：

1. 政治条件。录用新的监狱人民警察应首先把握政治条件。根据《人民警察法》第26条，这些政治条件包括：拥护中华人民共和国宪法；有良好的政治、业务素质和良好的品行；自愿从事人民警察工作。为了能更好地完成党和国家交给的执行刑罚和改造的任务，维护社会安定，要求未来的监狱人民警察必须具备政治敏锐性和坚定性，始终坚持党的领导，在政治上同党中央保持高度一致，坚决执行党的路线、方针和政策，自愿奉献监狱事业。

《人民警察法》第26条同时规定，有下列情形之一者不能录用为人民警察：①曾因犯罪受过刑事处罚的；②曾被开除公职的。随着近几年人民警察招录工作的实施，出现了很多补充性的规定，有下列情形之一的，也不得报考人民警察：①受过刑事处罚、少年管教的；②有犯罪嫌疑尚未查清的；③曾被辞退或者开除公职的；④道德败坏，有流氓、偷窃等不良行为的；⑤直系血亲和对本人有重大影响的旁系血亲中有被判处死刑或者正在服刑的；⑥直系血亲和对本人有重大影响的旁系血亲在境内外进行颠覆我国政权活动的。

2. 文化条件。监狱人民警察是一个特殊的警种，其职业本身的特殊性要求监狱人民警察应该具有比较宽泛的知识面和比较扎实的理论功底。根据《人民警察法》要求，监狱人民警察必须具备高中毕业以上的文化程度。但在最近的监狱人民警察招录过程中，为了适应监管改造工作的需要，其操作规定多是要求为大专以上的文化程度，并且对所学专业也有约束和限定，要求具备监狱学、法律和刑事执行方面的专业知识。

3. 身体条件。主要指年龄和身体状况。《人民警察法》第26条规定，招录人员为18岁以上的公民。在实际操作中，多以18~35岁为宜，对应届的大专、本科毕业生和警校毕业生，大多要求为25岁下。特殊的工作岗或出于工作岗位的特殊需要，可适当放宽年龄的限制。同时，身体要求健康，体形端正、无残疾、无口吃、无重听、无色盲，单侧裸眼视力在4.8以上。男性身高在170厘米以上，女性身高在160厘米以上（南方部分地区由省、自治区、直辖市司法厅、局录用主管机关同意可适当放宽）。

4. 资格条件。报考人民警察，除了必须具备人民警察录用基本条件之外，还需具备基本能力条件,即公务员资格条件。这种条件一般通过考试取得,必须通过国家人事部门统一组织的国家公务员资格考试,考试包括申论、行政职业能力测验、公安机关人民警察职位专业科目笔试三门,考试合格者即取得国家公务员资格。

5. 职位条件。警察录用的基本条件和资格条件仍然属于一般性的条件规定,这就使得对录用对象的把握缺乏针对性。《公务员法》第25条第1款规定,录用公务员还应当具备拟任职位所要求的资格条件。所以,在监狱人民警察的录用工作中,应根据各监狱、各部门的实际情况,作出针对具体职位任职条件的规定,以增强录用工作的实效性。录用的任职条件就是在具体职位上任职所应具备的条件,这种条件应与职位分类相联系,并由职位说明书明确规定。

学习任务二　监狱人民警察资格的内容

监狱人民警察资格的内容包括资格获取和资格丧失。其资格获取是指监狱人民警察的录用程序;资格丧失主要指辞职、辞退和开除三种情形。

一、监狱人民警察录用的程序

监狱人民警察录用的程序,是指监狱机关在确定录用人选是否具有从事某种职务的资格时而采用的方法和步骤。根据《公务员法》和《人民警察法》的有关规定,吸收录用监狱人民警察一般按照下列程序进行:

1. 编制录警计划。警察的录用,首先要依据国家核定的编制名额和批准的增员指标,在工作职位、人员编制以及发展需要的职位实缺基础上,编制录用计划。录用计划是录用工作的基础和依据。录用计划要明确录用数量、职位名称、所需资格条件,以及招录的对象范围和测试方法等。录用计划由监狱机关人事部门向同级政府人事部门申报,人事部门综合平衡各用人部门申报的录用计划,根据国家下达的编制定员制订统一录警计划。

2. 发布招录公告及报名事项。主管录用考试的机关根据录用计划发布招录公告,招录公告的内容一般包括:招录部门及所在地区;拟录用人员的类别、数量、资格条件;报名时间、地点和报名手续;考试科目、程序、时间、地点以及需要说明的其他事项。招录公告一般应在考前一定时间,通过新闻媒介向社会发布,符合录用条件的人员按报名时间、地点办理报名手续,并填写资格审查表。

3. 对报考人员进行资格审查。资格审查是保证未来所录用监狱人民警察素质的第一道关口。资格审查主要是了解报考者是否符合法律规定的警察任职条件,符合规定条件者方可发给准考证,许参加考试。对不合格者给予淘汰。资格审查工作由监狱机关的政工人事部门负责。

4. 考试。通过公开考试,分数竞争,优录人才。考试的目的是测试报考者的文化基础知识和专业知识水平,以及适应职位要求的素质和工作能力。考试主要采取笔试和面试两种方式。笔试是让报考者用文字解答有关问题,以测量其文化知识、专业知识、思维能力等。在考试内容上,监狱警察职位列入行政执法类,与综合管理类的职位有所不同。对于具体考试内容，各省市因公务员招考政策的差异而略有不同。例如，在江苏省，监狱警察职位考试类别为 B 类，考试科目为公共基础知识（B）和行政职业能力测验（B）两科；在上海，监狱警察职位考试类别为政法类，考试科目除了公共考试科目申论和行政职业能力测验外，还需进行专业科目考试，专业科目考试分为政法、综合管理、经济管理、财务管理、信息管理、城市建设管理、农村建设管理七大类，考监狱警察需要参加政法专业科目考试。

笔试合格者作为预选人参加面试。面试是以主考官提问等形式，面对面地直接观察和测评预选人的语言表达能力、应变能力、协调能力和仪表等，全面了解和核实预选人的社会经历、兴趣爱好、性格等情况，大体对预选人作出正确评价。面试工作一般由监狱人民警察机关人事部门负责组织实施。

5. 对考试合格者进行全面考核。考核是在考试的基础上，对考试合格者的德才素质、身体状况和有关表现给予恰当的综合评价。考核必须遵循客观、公正、民主、公开的原则，实行领导询问与群众专访，平时表现与定期考察相结合，进行全面的调查了解，权衡比较预选对象各方面的情况，选择出符合监狱人民警察条件、适宜于监狱人民警察工作职位所需的人才。

考核一般包括政审、体能测试和体检。政审即政治审查，是对考生本人主要家庭关系、政治立场、思想品德、遵纪守法情况、学习工作表现、生活作风、特长爱好等所做的综合审查。政审工作一般由用人单位的政治人事部门负责，视情况可以派工作人员前去考生所在学校或单位实地调查，也可以发函请有关单位的组织部门协助调查。有些政审工作，由于情况特殊，也可以由上级人事部门统一组织实施。政审的内容和范围，在不同的历史时期应有不同的要求。体能测试是基于监狱人民警察职业对身体素质和警务技能的特殊要求，对考生进行的若干体育运动项目测试。所测试的项目，各省根据实际情况有所区别，一般包括 10 米×4 往返跑、1000 米（800 米）跑、纵跳摸高、俯卧撑（仰卧起坐）、引体向上等。体检就是在指定医疗单位对拟录用的考生进行身体检查。目前，录用监狱人民警察的体检项目和标准按照《公务员录用体检特殊标准（试行）》执行。如在体检过程中发现参加体检人员有重大健康问题，则取消其录用资格，根据总成绩和各岗位实际需要在其他进入考核的人员中递补。

6. 提出拟录人名单。根据综合考核结果和拟任职位要求，确定录取人员名单，并让拟录取人员填写录警审批表，报有关部门审批。审批机关批准后，用人单位张榜公布录取名单，并发录用通知书，办理录用手续。

7. 试用。新录用的监狱人民警察，要实行试用淘汰制。应届毕业大学生、研究生除特殊专业外，试用期一般为 1 年；从在职人员中录用的人员，试用期一般不少于 3 个月。在试用期内，应接受警察院校的教育培训和工作实习。用人单位要认真掌握其思想品质、政治表现、业务能力、工作表现以及身体素质和适应工作的能力等情况。试用期满合格的，予以正式任职使用；不合格的，取消录用资格予以淘汰。

除了纳入公务员统一招考之外，监狱人民警察的录用还可以从国家公务员、退伍军转系列、事业单位工作人员中通过遴选方式进行。遴选的资格条件要求和程序与公务员统一招考类似。我国自 2008 年起，根据《中共中央转发〈中央政法委员会关于深化司法体制和工作机制改革若干问题的意见〉的通知》文件精神，开始实施监狱人民警察政法民警招录培养试点工作。符合条件的考生参加由国家人力资源和社会保障部组织的政法民警招录考试，录取后到指定警察院校深造两年，毕业后直接获得公务员编制并到报考监狱岗位工作。随着司法体制改革的推进，人社部等六部门于2018年3月印发了《关于进一步加强司法行政机关人民警察招录培养工作的意见》，正式建立司法警校便捷入警机制，对司法警察院校的特定专业毕业生实施按需招生、定向招录的"入学即入警"政策。被纳入便捷入警机制的司法警察院校一共有16所，其中1所为本科院校，即中央司法警官学院；15所专科院校，分别是山东司法警官职业学院、河南司法警官职业学院、江西司法警官职业学院、吉林司法警官职业学院、河北司法警官职业学院、黑龙江司法警官职业学院、广东司法警官职业学院、湖南司法警官职业学院、四川司法警官职业学院、云南司法警官职业学院、山西警官职业学院、浙江警官职业学院、安徽警官职业学院、武汉警官职业学院、新疆政法学院。随着司法警校便捷入警机制的建立，监狱人民警察政法干警招录培养体制逐渐退出了历史舞台。

二、监狱人民警察资格的丧失

1. 辞职。监狱人民警察的辞职，是指监狱人民警察依照法律法规，申请终止与监狱机关的任用关系。辞职包括辞去担任的领导职务和辞去公职两种形式。辞职必须符合下列条件：首先，辞职人主观上完全自愿，并在形式上提出书面申请。这是辞职与辞退、免职的主要区别，同时又是辞职的重要条件。其次，没有出现客观上的限制情形。监狱人民警察辞职还须具备没有出现《公务员法》第86条所规定的限制情形的条件，即未满国家规定的最低服务年限的；在涉及国家秘密等特殊职位任职或者离开上述职位不满国家规定的脱密期限的；重要公务尚未处理完毕，且须由本人继续处理的；正在接受审计、纪律审查、监察调查，或者涉嫌犯罪，司法程序尚未终结的。辞职还应当遵循下列程序：①由本人向所在单位提出书面辞职申请，并填写辞职申请表；②所在单位提出意见，按照管理权限报任免机关；③任免机关人事部门进行审核；④任免机关审批后，将审批结果以书面形式通知呈报单位及申请辞职的监狱人民警察。另外，对监狱人民警察的辞职，任免机关应当在接到申请表后的3个月内予以审批。逾期未批复的则视为同意，任免机关应当予以办理辞职手续。监狱人民警察在辞职审批期间不得擅自离职，否则将给予开除处分，并不准重新录用到国家行政机关工作。

2. 辞退。监狱人民警察的辞退，是指监狱机关依照法律对不适宜在本单位工作的监狱人民警察解除全部职务关系。监狱人民警察有《公务员法》第88条规定的五种情形之一的，监狱机关可以辞退。但是，监狱人民警察有下列情形之一的，监狱机关不得辞退：①因公致残并被确认丧失或部分丧失工作能力的；②患病或负伤，在规定的医疗期内的；③女性公务员在孕期、产期、哺乳期内的。监狱人民警察的辞退需要履行下列程序：①根据单位在核准事实的基础上，经领导集体研究提出建议，填写辞退审批表，按照管理权限报任免机关审批；②任免机关人事部门进行审核；③任免机关审批。任免机关做出辞退决定的应以书面形式通知呈报单位和被辞退的监狱人民警察，同时抄送同级政府人事部门备案。

3. 开除。监狱人民警察因触犯刑法受到刑事处分的，或者严重违法违纪的受到开除行政处分的，即丧失监狱人民警察资格。

思考练习

1. 请简述具备监狱人民警察资格必须具备哪些条件。
2. 监狱人民警察资格的丧失有哪几种方式？

思政园地

创新园地

拓展学习

湖北省司法行政机关监狱戒毒系统2023年度考试录用公务员体能测评项目和标准（暂行）

（一）男子组

项目	标准	
	30岁（含）以下	31岁（含）以上
10米×4往返跑	≤13″1	≤13″4
1000米跑	≤4′25″	≤4′35″
纵跳摸高	≥265厘米	

（二）女子组

项目	标准	
	30岁（含）以下	31岁（含）以上
10米×4往返跑	≤14″1	≤14″4
800米跑	≤4′20″	≤4′30″
纵跳摸高	≥230厘米	

学习单元三　监狱人民警察资格标准与取得方式

一、知识目标
1. 识记：监狱人民警察资格的标准。
2. 领会：监狱人民警察资格的取得方式。
二、能力目标
1. 简单应用：如何获取监狱人民警察资格。
2. 综合应用：在新形势下，如何创新我国监狱人民警察资格的取得方式。
三、素养目标
1. 树立正确的职业理想，激励学生为职业目标奋发进取。
2. 在创新监狱警察资格的取得方式上，培养创新思维和能力。

案例导入

普定监狱召开职级晋升民警任前集体谈话会[1]

为推动民警坚定政治立场，严明纪律要求，提升廉洁从政、担当作为的意识，2024年4月24日下午，普定监狱召开2024年上半年晋升三级、四级高级警长职级民警集体谈话会。17名新晋升职级民警参加谈话会。会上宣读了2024年上半年晋升三级、四级高级警长任职文件。

会议强调，要加强学习、提高修养，严于律己、守住底线，要常修为政之德、常思贪欲之害、常怀律己之心，时刻绷紧纪律规矩弦，牢记党纪国法红线不可逾越，时刻反省检视自身，切实做到干干净净做事，清清白白做人。

会议要求，一是要提高政治站位，永葆忠诚本色。时刻做到旗帜鲜明讲政治，在大是大非和原则性问题上做到头脑清醒、立场坚定、辨明界限，敢于举旗亮剑。二是要履职尽责，当好表率。在自己的岗位上恪尽职守，甘于奉献，用认真负责的工作态度，把本职工作做好做细，积极担当作为、干事创业，为全监民警做好表率，当好榜样。三是要锚定目标，奋力拼搏。围绕局领导提出"一年打基础，两年上台阶，三年见成效"的要求，结合监狱"人要精神，物要整洁，环境优美，管理规范"的治理目标，以积极奋进的精神状态干好各项工作，为监狱高质发展做出新的更大贡献。

晋升职级民警在会上逐一表态发言，大家纷纷表示，将会以此次职级晋升为起点，以更高的标准要求自己，廉洁自律、履职尽责，用实干实绩回馈组织的信任和嘱托。

---

〔1〕《普定监狱召开职级晋升民警任前集体谈话会》，载http://jyglj.guizhou.gov.cn/pd/dwjs/ghgz/202404/t20240428_84364039.html，最后访问日期：2024年12月11日。

学习任务一　监狱人民警察资格的标准

职业资格是对从事某一职业所必备的学识、技术和能力的基本要求。习近平总书记在中央政法工作会议上对建设过硬的政法队伍提出了明确要求："加快推进政法队伍革命化、正规化、专业化、职业化建设""努力打造一支党中央放心、人民群众满意的高素质政法队伍"。根据政法队伍"四化"建设的要求，现行的警察队伍建设无可回避地面临着前所未有的挑战和机遇。只有明确监狱警察岗位体系及岗位资格标准，才能为实施岗位资格制度提供科学依据。监狱人民警察的资格标准，主要有以下几点：

一、较高的政治素质

政治素质是指监狱人民警察应具备的政治立场、理想观念、道德情操等方面的水平或状况。监狱是国家机器的重要组成部分，是刑罚执行机关。监狱人民警察担负着惩罚与改造罪犯，将罪犯改造为守法公民的重任，因此必须要有较高的政治素质。要忠于党、忠于人民、忠于法律、坚持四项基本原则，具有坚定的政治立场和正确的政治方向，有崇高的共产主义理想和坚定的社会主义信念；要有较高的政治理论水平和政策水平，毫不动摇的坚持党的基本路线、方针、政策；要树立正确的世界观、人生观、价值观，牢固树立并自觉践行依法治国、执法为民、公平正义、服务大局、党的领导理念，坚持党的事业至上、人民利益至上、宪法法律至上，党在心中、人民在心中、法律在心中、正义在心中，做中国特色社会主义事业的建设者和捍卫者。

二、良好的职业道德

职业道德是指监狱人民警察在依法履行本职工作过程中应当遵循的具有警察职业特征的道德准则和道德规范。监狱人民警察作为矫正者，其任务不仅在于矫正罪犯、使罪犯逐渐具备正确认知和一定技能，更在于培养有德性无危害的人。矫正活动的内涵不仅在于传授知识、训练技能，更在于两个主体之间围绕知识、情感、价值、德行伦理而展开的教育性互动，以及在这种互动基础上建构起人的世界观、价值观、人生观。监狱人民警察是教育人、改造人的特殊职业，必须加强道德修养，具备忠诚、敬业、严明、廉洁的职业道德。因此，监狱人民警察要忠于职守、公正执法，严明纪律、服从指挥，诚实守信、廉洁自律，始终做到为警清廉，一身正气。

三、丰富的专业知识

监狱工作的社会性决定了监狱人民警察需要具备综合性知识，而其专业化程度的不断提高又需要监狱人民警察具备专门化的知识。一方面监狱人民警察要有管理学、法学、教育学、心理学等相关的业务知识，要求每个岗位都要具备人际沟通技巧，这样才能更好地体现"以人为本"的服务理念；另一方面监狱人民警察要具备对罪犯服刑全过程的掌握和控制能力、教育罪犯的能力、组织管理罪犯的能力、狱内侦查能力、对罪犯进行心理咨询与矫治的能力、处置突发事件能力、应用写作和口头表达等能力，否则难当此任，甚至可能在管理和教育罪犯的过程中陷入被动的局面。

四、强健的身体素质

强健的身体素质是新形势下监狱人民警察职业活动的必备条件之一，是监狱人民警察所有素质要求中的重要组成部分。监狱人民警察尤其是基层一线警察，守的是"火山口"、看的是"炸药库"，可谓责任重大、使命光荣。加之直接面对罪犯，改造与反改造的斗争还长期存在，罪犯对抗管教、袭警、越狱、劫持人质、群体性斗殴等事件时有发生。因此，监狱人民警察如若没有较强的身体素质，将难以胜任监狱工作。监狱人民警察的身体素质主要包括健康的体格、全面发展的身体耐力和对特定职务活动的适应性，具体包括体力、运动速度、耐力、灵活性、敏捷性等方面。

五、较强的精神意志

监狱人民警察一是要具有良好的观察力、记忆力、注意力、思维能力，二是要有稳定的情感和顽强的意志，三是要有宽广的胸怀、合作的气度和对事物发展变化的较强的心理承受能力。由于监狱人民警察的工作常常涉及失范状态下的各种领域，要经受形形色色的诱惑和考验，因此为了维护法治、道德以及自身职业的尊严和权威，就必须做到"富贵不能淫、威武不能屈、贫贱不能移"。可以说，现代社会的监狱人民警察在很大程度上注定是一个"孤独的圣徒"，他们是文明道德的塑造者，法治规则的信守者，正当秩序的维护者，权力运行的护航者和社会正义的完善者，必须具有较强的精神意志和品质。这是职业制度的要求，更是有序的社会生活对警察职业者的要求。

学习任务二　监狱人民警察资格的取得方式

世界各国监狱警察资格的取得方式各不相同，我国在不同时期也有不同的条件与内容。通过对警察资格取得方式的分析，可以完善我国监狱人民警察的准入制度，提升我国监狱人民警察的整体素质。

一、国外监狱管理人员职业资格取得的方式

目前，国外监狱管理人员配置模式呈现多元化的特点，主要有以下几种方式：

1. 社会配置模式。监狱的警察、矫正官员、医生教师等，由社会不同渠道配置，这在西方国家的监狱较为盛行。其特点是职业配置社会化、多元化。1993年，在美国50个州的矫正机构中，有279名精神病专家，1446名心理学专家，1006名社会工作者，2773名个案工作者，793名娱乐专家，3090名监狱顾问。上述人员很多是从社会上招聘的。这种资格的取得方式有利于整合社会资源，形成专家治理结构。

2. 能力资格配置模式。以美国为典型，监狱职业分类精细、规范。20世纪70年代，美国监狱职业化以削减政治影响、提高技术标准、开发专业部门、引进职业专家作为行动纲领。经实施后，重新犯罪率下降10%。同时，强化监狱职业分类管理，将监狱职业分成5大类、53小类，如对辅助人员分成28小类。在分类基础上，严格准入标准、准入程序，对职业岗位设定具体的专业资质说明，规定人员的交流只能在相应技术能力岗位交流，不能违反人才技术准入模式中的对应技术交流；规定"就低不就高"原则，即岗位交流只能在同等技术水平，或者向下水平交流。这种模式采取标准化管理，有利于提高警察岗位履职能力。

3. 行业辅助配置模式。由于社会制度的差别，欧美国家普遍重视行业协会作用。如美国成立美国警察协会，下设国际警察局长协会、全美行政司法局长协会、全美黑人执法官组织和警察行政研究论坛四个行业组织。1979年美国警察成立机构资格评定委员会，制定警察机构的行业标准和资格评定程序，美国警察中的所有专业人员在教育培训后都要经过行业协会登记、审定。此外，美国监狱还有监狱矫正官协会、监狱志愿者协会等非政府组织。这种模式有利于行业发展的动态维护和进步。

4. 长官任命配置模式。欧美国家的监狱管理人员任命，普遍采用长官任命模式。如美国的矫正局官员由司法部长或者州长任命，监狱警察由监狱长任命。西方国家以及日本、韩国的监狱警察岗位相对稳定，很少作交流换岗，更没有类似我国监狱警察的任期规定。另外，国外监狱管理人员配置采取按岗定薪的激励办法，利益分配极差很大。以美国为例，监狱长年薪为4万~5.8万美元，医生年薪高达6万~9万美元，娱乐管理人员年薪为2万~3万美元，狱警最高年薪为3.8万美元。国外监狱管理人员配置很强，美国警囚比为1∶3，法国为1∶3，英国为1∶4，日本为1∶3.3，苏格兰为1∶1.6，而我国约为1∶13。这种配置模式有助于克服官员短期行为，但也易因用人不当而滋生腐败。

二、我国监狱人民警察资格取得的方式

人民警察作为一种职业，其取得资格的方式有着特殊的时代背景，有其历史的必然性与合理性。在中华人民共和国成立之初的监狱工作创建时期，监狱人民警察主要是由转业军人、机关内部转入和吸收工人队伍中的优秀分子而来，较少从大中专院校录用。20世纪80年代以后，大中专院校毕业生大量充实到监狱警察队伍，警察资格条件与内容均发生了变化，监狱人民警察队伍素质有了明显改善。目前，监狱人民警察主要来源有以下几种形式：一是从通过警官职业学院训练并通过国家公务员考试的毕业生中择优录用；二是向社会公开招考国家公务员招收录用，这种形式已成为一种主要的招录形式；三是定向招录培养；四是由外系统国家公务员转任而来；五是军队转业干部转任监狱人民警察。目前，我国尚未形成统一规范的监狱人民警察职业资格准入制度，其中主要模式是按照国家公务员管理方式进行。

学习任务三　创新监狱人民警察资格获得方式

随着我国监狱体制改革的逐步深入，监狱行刑方式的进一步完善，对监狱人民警察的职业素质要求必将越来越高。面向社会公开招录监狱人民警察，对进一步提高监狱人民警察队伍素质，加强监狱人民警察职业化建设有积极的推动作用。但仅仅通过公务员招考就进入警察队伍，显然无法满足监狱人民警察的职业素质要求和特殊能力要求。监狱人民警察是一种特殊的职业，没有职业准备，缺乏必备的职业心理和职业技能、体能，是无法胜任这项工作的，而这些却是现行公务员招考制度无法解决的。结合监狱人民警察的职业分类，监狱系统在招录监狱人民警察时，应建立和完善以下制度：

一、完善职业资格准入方式

目前，许多国家都已建立监狱工作人员职业训练学院和相关的职业训练制度，监狱工作人员在任职前一般要经过1年~2年的岗位训练，取得相应资格后才能正式上

岗。我国监狱人民警察，如果继续沿用从高等院校毕业生中，通过省级公务员统一招考方式进行录用，虽然可以改善警察队伍文化结构，但没有一定的专业知识和业务技能，是难以符合监狱工作职业要求的。鉴于此类招录方式的明显不足，为培养政治业务素质高、实战能力强的应用型、复合型政法人才，随着司法体制改革的推进，人社部等六部门于 2018 年 3 月印发了《关于进一步加强司法行政机关人民警察招录培养工作的意见》，正式建立司法警校便捷入警机制，对司法警察院校的特定专业毕业生实施按需招生、定向招录的"入学即入警"政策。这种准入模式，是对现行准入模式改革的一种新的尝试，有利于从根本上提升监狱人民警察的身体素质和技能水平。今后，监狱人民警察的招录方式，应以此类定向招录培养方式为主，少用或弃用通过省级公务员统一招考的方式。

二、提高职业资格准入标准

欧美国家警察资格准入程序非常严格。如美国监狱警察，报考者需自荐申请，参加笔试、面试、测试器测试、背景调查、心理测试、身体检查，合格者方可被录用。其中，背景调查要求报考者提供过去 15 年或自 15 岁开始的履历，并咨询可供查问背景的人，包括学校品德记录、无吸毒记录、无犯罪倾向或恶习、驾驶记录等；身体检查既有全面检查和心脏血管检查，又有敏捷测量。只有这样，方可在一定程度上保障监狱警察的执法素质和能力。近几年，我国公安系统招录警察已增加体能和心理素质等测试项目。但监狱系统警察招录，仍沿用与党政机关招录公务员一样的程序，即凡通过笔试、面试、体检、政审合格者，就可以就进入警察队伍。没有考虑监狱人民警察的职业素质要求和特殊能力要求，也没有进行必备的职业心理测试、职业技能测试和体能测试。这种资格准入门槛低的问题，应尽快予以改进。应借鉴公安系统招录警察的做法，增加心理、体能、智力等方面专门测试，真正将能胜任监狱工作的人员招录进来。

三、实行特殊职位定向招录

从近几年监狱系统公务员招录情况看，一些急需、紧缺的专业，如教育心理学、临床医学、服装设计与加工等职位，常因无人报考或报考人数不足开考比例，导致职位虚设。究其因，主要是这些专业本身对实务技能要求高，而通过全省统一的公务员笔试、面试，难以突出各个职位专业技能的要求。要解决此问题，必须调整现行招录方式，对一些监狱急需的专业性强的职位，采取定向招录。具体方式，至少有以下 4 种可借鉴。一是参照法院书记员招录办法，增加专业技能测试科目，扩大参加专业技能测试人选的比例，并适度提高专业技能测试在总成绩中的比重，确保特殊职位招得到人。二是参照深圳的做法，对专业性较强的职位和辅助性职位实行聘任制，按照聘任合同，享受不低于同级别委任制公务员工资、福利、保险待遇。三是参照上海浦东等地采用政府雇员等方式专才专用，按市场标准付给工资，雇员不入公务员编制，不实施终身制。四是采用人事代理的方式，实现特殊职位人员使用与人事关系管理分离。

四、推行职业资格论证制度

职业资格论证，即确认警察是否具备监狱工作所需的专业资格。社会工作人才培养和专业服务开展较早较好的国家，都建立了社会工作论证制度或执照制度。如英国成立职业发展中心，对监狱从事罪犯直接管理工作的狱官升迁进行知识测试和技能评估，内容包括狱官的沟通技巧、人际关系处理、问题处理、决策、说服、应对压力能力等。据统计，我国已在 23 个行业建立了职业资格证书制度，劳动部门明确规定了 90 个必须持职业资格证书就业的岗位，如律师、教师、法官、检察官等。而且，随着社会分工越来越细，今后我国将在更多专业领域实施职业资格制度，并逐步与世界各国进行职业资格互认，建立与国际接轨的完整的职业资格制度体系。监狱人民警察作为一个特殊职业，也须顺应这种趋势，建立健全职业资格论证制度。为此，要加强《监狱法》的实施细则研究，为建立监狱人民警察资格制度提供法律依据；要加强职业分类和职业资格标准研究，形成有利于基层警察职业规划和职业发展的职位分类制度；要加强职业教育和在职训练管理的研究，建立以职业资格为导向，注重实战、贴近实际的教育培训模式；要加强职业资格评价体系建设研究，构建以"考核评价、鉴定论证、交流配置"为主体功能的支持系统。

思考练习

1. 请简述我国监狱人民警察资格的取得方式。
2. 谈谈应从哪些方面创新监狱人民警察的资格取得方式。

思政园地

从此，你就多了一个名字：监狱人民警察！[1]

仲夏时节，贵州监狱系统迎来了 2024 年新招录民警，他们是监狱警察队伍的新生力量，阳光自信、朝气蓬勃、意气风发，迈着坚定的步伐走进警营，带着一腔热血踏上了他们的从警之路。

为帮助新警尽快了解和熟悉监狱工作，以最好状态、最佳风貌、最优表现投入监狱工作中去，各监狱组织新警开展岗前培训。

理论大练兵 筑牢思想基础

"祝贺大家成为一名监狱人民警察，从现在起，你们的一言一行，一举一动，都代表着人民警察的形象，大家必须要牢固树立警察责任意识和集体荣誉感，快速转变角色，进入工作状态……"

在岗前业务知识培训中，海安监狱对新警开展授课，帮助新警筑牢信仰之基，补足精神之钙，把稳思想之舵，为做好监狱工作打下坚实的思想基础。

系好从警第一扣 增强职业认同感

为增强新警的责任感、使命感，第二女子监狱、金西监狱、福泉监狱组织新民警召开座谈会，举行岗前培训开班仪式，向新警介绍监狱发展历程、监狱工作的性质、监狱人民警察的职责，组织新警学习一系列工作管理条例规定等。

---

[1]《从此，你就多了一个名字：监狱人民警察!》，载 https://sft.guizhou.gov.cn/ywgz97/jyjd/202407/t20247128 5091798. html，最后访问日期：2024 年 12 月 21 日。

树牢纪律规矩意识 走稳从警第一步

监狱人民警察是一支纪律部队，新警们刚刚踏入工作岗位，在纪律意识、作风习惯等方面还需进一步加强。黔北监狱组织新警开展纪律作风专题教育培训，并签订《岗前培训承诺书》，要求新警牢固树立身份意识，做到严守党规党纪、法律法规和监狱各项规章制度，确保从警之路的第一步走得正、走得稳。

锤炼意志品质 提升业务技能

"稍息！立正！"

"敬礼！礼毕！"

"齐步——走！"

为快速提升新警的履职能力和实战本领，兴义监狱、羊艾监狱、清镇监狱对新警开展队列、体能、应急处突、警械具使用、战场救护知识学习等科目训练，锤炼新警的意志品质和职业素养。

创新园地

拓展学习

当前司法警校便捷入警的基本模式

司法警校便捷入警政策已经落地实施，从院校范围来看，全国共有16所司法警校被纳入司法警校便捷入警机制中，包含一所部属本科院校（中央司法警官学院）和15所省属专科院校。从专业层次上来看，分为三个层次。研究生专业只有1个，即中央司法警官学院的法律硕士（仅限监所管理与罪犯矫正方向）。本科专业4个，即中央司法警官学院的侦查学、监狱学、禁毒学（新增）、司法警察学（新增）。专科专业6个，即行政执行、刑事执行、刑事侦查技术、戒毒矫治技术、罪犯心理测量与矫正技术、司法信息安全。《关于进一步加强司法行政机关人民警察招录培养工作的意见》指出，司法警校便捷入警的招录工作由省级公务员主管部门负责，统一组织实施，该意见将司法警校便捷入警的权限交由地方公务员主管部门负责。在具体实施中呈现出两种模式：第一种模式，中央司法警官学院参与公安司法联考，各省司法厅单独给本省生源并且是纳入便捷入警专业的毕业生提供岗位选择，成绩公布后考生按照笔试成绩选择岗位，和公安联考的选岗基本类似，入警率较高，几乎达到了一人一岗；第二种模式，参加省公务员考试，目前落地实施便捷入警的省份，几乎都是按照当年便捷入警专业毕业生的数量设置一定比例的岗位，仅允许便捷入警专业的应届毕业生报考，设置岗位专业和院校限制。

学习模块三

监狱人民警察职业规范与素养

学习单元一　监狱人民警察职权

> 习近平向中国人民警察队伍授旗并致训词强调:"我国人民警察是国家重要的治安行政和刑事司法力量,主要任务是维护国家安全,维护社会治安秩序,保护公民人身安全、人身自由、合法财产,保护公共财产,预防、制止、惩治违法犯罪。"
>
> 一、知识目标
> 1. 识记:监狱人民警察职权的涵义、特征和主要内容。
> 2. 领会:监狱人民警察职权在刑罚执行过程中的具体落实。
> 二、能力目标
> 1. 简单应用:监狱人民警察职权的具体内容。
> 2. 综合应用:明确职权范围,实行权力清单管理。
> 三、素养目标
> 1. 理论联系实际,强化职权法定意识。
> 2. 培养学生的法治意识和法治观念。

案例导入

通往彼岸的救赎,开启他们的第二次人生[1]

作为福建省关押男性罪犯人数最多的监狱,在泉州监狱关押的罪犯中,判处死缓、无期徒刑的重刑犯占比 30%。如何将这些罔顾法纪、恶习缠身的罪犯改造成为守法公民,不致再危害社会?泉州监狱教育改造科在罪犯教育改造中进行了长期的探索。

《中华人民共和国监狱法》第 3 条规定,监狱对罪犯实行惩罚和改造相结合、教育和劳动相结合的原则,将罪犯改造成为守法公民。

---

[1] 《通往彼岸的救赎,开启他们的第二次人生》,载 http://jyj.sft.fujian.gov.cn/ywbd/202210/t20221014_6016370.htm,最后访问日期:2024 年 11 月 27 日。

"将罪犯从罪恶、绝望中唤醒，使他们逐步拥有自强的精神、自立的能力和自律的意识，使他们回归社会时能够更好地融入，做个守法公民，这便是罪犯教育改造的深刻意义。"泉州监狱教育改造科科长黄振龙接受记者采访时感慨地说。

世界上最难的事，就是把思想装进别人的脑袋

"在外人看来，监狱民警的主要职责是看押罪犯，但实际上，教育改造才是监狱的主责主业，这是一项系统性的工程。在泉州教育改造科的民警中，有公职律师，有心理咨询师，不少都有教育学、心理学、医学专业背景，我们一心致力于教育改造工作的科学性、专业性，在狱中以科学的手段逐步转变罪犯的三观，帮助他们重获新生。"2000年入警的教育改造科副科长刘富强，毕业于福建中医药大学，入警后参加了司法部为期一年的罪犯心理矫正技术培训，2004年参加国家技能考试获得心理咨询师资格。

"你说什么？你要离婚？"罪犯黎某被判死缓，漫长的刑期加上妻子提出的离婚要求，让他觉得一切都被摧毁了，绝望笼罩着他。刘富强运用心理学知识，先和黎某产生共情共鸣，让其觉得自己是有人理解的，从而建立起咨询辅导关系；再按照"否定、愤怒、讨价还价、沮丧、接受"五部曲，帮助黎某完成了艰难的心理疗伤过程。最终，黎某在亲情电话中平静地与妻子做了告别，但刘富强对他的心理矫治并没有到此为止，而是进一步引导他参加团体心理辅导活动。

团体辅导是一种解决共性问题的高效心理辅导方式，刘富强介绍："对因为刑期长而感到生活没有希望的罪犯群体，民警邀请成功减刑并在监内表现良好的改造典型罪犯作交流分享，这些活生生的案例比民警的鼓励更有影响力。同时，让作分享的罪犯体会到帮助他人的满足感。"

民警们会在团体辅导活动中讲述精心撰写的故事，通过反问罪犯"主人公的做法是否正确？应该怎么做？你觉得他是个什么样的人？"带领罪犯从最初的听故事，到描述主人公的行为，再到思考主人公的问题，最终从故事中找到自己的身影，学会换位思考，反思自我。

黄振龙表示，分析犯罪原因，法律知识缺失及认知偏差是主要因素。监狱民警要做的，就是转化罪犯的错误思想，但这件事说起来容易，做起来很难。都说世界上最难的事就是把思想装进别人的脑袋。

年轻气盛的赖某怎么也想不到，自己会为了争夺儿子的抚养权，亲手捅死了结婚多年的妻子，被判处了无期徒刑。交谈中，赖某告诉教育改造科的心理咨询师徐钻能，入监以来，他感到内疚、自责、沮丧，一想到孩子，更是悔恨交加、夜不能寐，时常有自杀的想法，他感到非常害怕。

找到病因，徐钻能着手对赖某进行了三个阶段的矫治：倾听、陪伴、共情，通过无条件接纳等心理会谈，建立良好的矫治关系；识别负面情绪、错误想法，记录和监控动态思维，对其错误观念进行干预；制订行动计划，进行行为试验，寻找检验替代核心信念，发展成替代性、适应性的信念。

24次的认知行为治疗，徐钻能把赖某"我一文不值""我很差劲"的核心信念转变为"我是有价值的""犯了错误没关系，我可以从中学习"的思想观念。现在的赖某，情绪和精神面貌都有了很大改善，抑郁、内疚、恐惧情绪大大减少，开始主动与

家人联系,了解孩子的近况并尝试和孩子沟通。

一次不行,那就一百次,只要坚持一定会改变

早在 2006 年就成为泉州监狱第一位公职律师的黄振龙坚信,法治是最好的改造手段。2022 年 8 月,黄振龙当选福建省律师协会理事,他认为,这正是对泉州监狱教育改造科长期推行法治教育的肯定和鼓励。在他的带领下,泉州监狱由 11 名公职律师组成的民警法治讲师团一直致力于为罪犯这一"法治落后生"群体补课。

一场场考试、一次次宣誓、一遍遍重读,就是对法治信仰的重塑,"一次不行,那就一百次,他们总会听进去,坚持就一定会有改变。"教育改造科民警毛晓江说。

泉州监狱长期实行罪犯法律知识合格考试制度,学法微课堂、出入监宣誓、法治文化节、普法栏目剧、普法微动漫等多种形式的法治教育在润物无声中增强着罪犯对法律的敬畏和认同。

在一次"重读判决书"活动中,重刑犯陈某声泪俱下:"当年法院的判决书一下来,我就把它撕了。这次我重新看到自己的判决书,认真读完犯罪事实后,我为自己犯下的罪行感到不齿和深切的懊悔。"

此外,泉州监狱教育改造科积极探索以监狱为主导的恢复性司法模式,力所能及地修复罪犯受损的社会关系。

"年少的我,一时冲动,将你们的儿子杀死。我知道你们不会原谅我,但我要用一生来向你们尽孝忏悔,我活着,就是为了赎罪。"七监区罪犯王某在民警的指导下,用 2 个月时间,十易其稿,给因其故意伤害致死的受害者父母写了一封万言忏悔信。从 2020 年开始,他每月将劳动报酬寄给受害者父母,被退一次,就拜托民警再寄一次,2022 年初,王某终于收到受害者妹妹的谅解信,信中只有一行字:"我们原谅你了!"看到那短短一行字,王某抱头痛哭,心中的石头落地了。

近 3 年来,监狱通过组织罪犯向被害人书写忏悔信、履行财产刑、拍摄忏悔视频等方式,生动直观地唤醒罪犯的良知,1237 名罪犯向被害人赔偿损失,1529 名罪犯自发向武汉火神山医院捐款抗击疫情,3125 名罪犯主动参加"中华慈善日"公益募捐活动……

法外有德,德中有法,这是一对孪生兄弟

"法律是成文的道德,道德是内心的法律。"近年来,泉州监狱结合闽南地域特色,将非物质文化遗产传承与罪犯教育改造相结合,以文化艺术为载体,引导罪犯重塑"健康人格"。

在泉州监狱,一些被大家拍手叫绝的非遗绝活,已悄然生根发芽,别有一番气象。巨龙在空中舞动,"旗阵""腰鼓"整齐划一,"拍胸舞""二十四节气鼓"大气磅礴,"掌中木偶""妆糕人"活灵活现,还有逗趣生动的"火鼎公婆",耳畔空灵的南音……这些非遗技艺使人仿佛置身于泉州的大街小巷、寺庙祠堂,让罪犯们感受着泉州非遗的沁润。

2013 年,舞龙和南音等 8 个非遗项目作为首批引入项目,在泉州监狱扎下了根。开通专属电视频道、组建国学兴趣小组、开设非遗技艺培训班,教育改造科把传统文化融入罪犯改造生活,许多罪犯在学习"非遗"技艺的过程中找到了"出路"。

"爸爸，我也想捏泥人！我要那个孙悟空！""捏泥人20元一位，现场教，也可以买材料，回家自己动手！"在孩子们七嘴八舌的声音中，泥人摊的摊主招呼他们坐在简易课桌边。

摊主林某是"妆糕人"非遗传承人，这门手艺是他在泉州监狱服刑时学会的，"我原本在监内学习泥雕，2016年监区成立了'妆糕人'非遗制作技艺兴趣小组，聘请师傅进监指导。我因为有泥雕基础，成为第一批学员。"2022年3月刑满释放后，他回到老家后在广场摆起了摊，"这里的人不知道什么是'妆糕人'，为了方便，我就改叫'泥人摊'了。"现在，林某除了现场教学、卖成品和材料包外，还立了一个牌子，免费为学校上公益课。

从每天两三个小时的摆摊，到为七八个学校上公益课，再到成立自己的非遗工作室，林某在这门传统技艺上找到了出路和希望。"这些技艺都是老一辈传下来的，丢掉很可惜。"受疫情影响，林某无法进入校园授课，他另辟蹊径，在抖音和微信上做起了推广，"发一些作品和教程，但最近没空录新视频了，我得先忙结婚的事。"林某开心地说。

如今，泉州监狱各项非遗技艺培训开展得有声有色，已实现"一监区一特色一品牌"的目标。据赖世潭副监狱长介绍，目前监狱引进"非遗"项目18个，聘请12名民间非遗传承大师进监开班收徒，培养监内传承人近900名。疫情期间，监狱"停课不停学"，通过视频教学、以老带新等方式持续开展培训，定期举办达人秀、作品展，营造热烈的学习氛围。开展"罪犯就业推荐会"，搭建罪犯回归社会之路"最后一公里"，实现非遗保护和人才培养的双丰收和双促进。

晋水江畔的"高墙摆渡人"

泉州监狱教育改造科在罪犯教育改造中，立足于"培养身心健康、遵纪守法、有一定文化素养的新人"的改造目标，根据春夏秋冬四季节令、气候变化的规律，设置了文化、心理、体育、法律四季教育主题，形成周而复始、动态调整的主题教育模式，让罪犯的服刑改造之路始终沐浴在充满阳光的正向教育里。

一套便服、一个背景，"亲情通"视频通话系统和留言系统，用"亲情钥匙"打开罪犯"心锁"，迅速让监狱教育改造工作"升温"。罪犯林某见证儿子的结婚现场，"喝"到了"儿媳茶"；罪犯陈某看到了疫情期间出生的孩子；罪犯张某视频连线在女子监狱服刑的妻子；罪犯蔡某在民警的帮助下营造了工作"假象"，细心维护孩子幼小的心灵……

满眼风波多闪烁，看山恰似走来迎。泉州监狱教育改造科的"高墙摆渡人"，帮助罪犯摆脱过去的迷途，渡过心灵的黑暗，重塑对法治的信仰，相关事例先后被《法治日报》、中国长安网、微信公众号"中央政法委长安剑"等媒体报道，11篇教育矫治案例入选司法部司法行政案例库，先后获评全国"中华魂"主题教育先进集体、福建教育援助协会"最佳援助中心"等荣誉称号。

学习任务一　监狱人民警察职权的涵义

职权是职务范围内的权力。监狱人民警察职权即在依法从事监狱管理、执行刑罚、改造罪犯工作过程中依法拥有的实施相关警务活动的资格和权能，它是国家意志和人民意志的体现，具有法律性、强制性、限制性、人民性等特征。监狱人民警察行使职权受到威胁时，可以采取强制的方法和手段，制裁、惩罚对方，因此在行使职权过程中，必须明确具体严格的纪律规定，严格规范职权行使，并认真履行法律责任，避免滥用或徇私枉法。

一、监狱人民警察职权的涵义

在现代法治社会中，职权是国家宪法和法律明文规定的，是国家为了保证某职能主体完成其职责而赋予的相应的权力。《人民警察法》第18条规定："国家安全机关、监狱、劳动教养管理机关的人民警察和人民法院、人民检察院的司法警察，分别依照有关法律、行政法规的规定履行职权。"监狱人民警察职权是指依据监狱所承担的责任和完成的任务，国家通过法律规定的，为保证监狱人民警察履行职责而应享有的相关权力。它是监狱人民警察实施警务活动的资格和权能，是国家意志和人民意志的体现，是国家权力的重要组成部分。国家为了保障监狱人民警察合法有效地执行职务，实现监狱行刑宗旨，顺利履行管理监狱、执行刑罚和教育改造罪犯的职责，必须赋予监狱人民警察相应的权力。对于监狱人民警察来说，只有法律规定的权力，他们才能行使；法律没有规定的职权，就不得逾越。关于监狱人民警察职权的内容，《监狱法》有具体的规定。《监狱法》第5条规定："监狱的人民警察依法管理监狱、执行刑罚、对罪犯进行教育改造等活动，受法律保护。"这是监狱人民警察职权的概括性规定，它高度概括了监狱人民警察具有管理监狱、执行刑罚、对罪犯进行教育改造的职权。

二、监狱人民警察职权的特征

监狱人民警察行使管理监狱、执行刑罚以及惩罚改造罪犯职权，具有如下特征：

（一）法律性

法律性是监狱人民警察职权的基本特征，主要是指监狱人民警察的职权是由国家赋予的，是基于国家法律法规的授权而存在的，其权力的行使必须有法律法规上的依据，行使权力的范围、内容和程序都必须符合法律条文的有关规定，并受法律保护。只有国家权力机关遵照一定的法律程序，用法律的形式确定监狱人民警察的职权，才是具有法律效力的合法的职权。其他非国家权力机关与政府部门，都无权规定监狱人民警察的职权。监狱人民警察依法行使职权并受法律保护。监狱人民警察必须严格遵守法律，在法律规定的职权范围内正确的行使职权。

（二）强制性

强制性主要是指监狱人民警察所行使的职权是国家专政机关权利与法律意识的具体体现，以国家权力为后盾，受法律保护，具有强制力、政权力与法律意志的特点。它是监狱人民警察顺利、有效地行使职权的保障。监狱人民警察必须忠于职权、服从职权、维护职权，并自觉行使职权。任何机关、团体或个人都不得干涉、侵犯监狱人民警察的职权。当监狱人民警察行使权力、执行公务受到威胁时，可以采取强制的方法和手段，制裁、惩罚对方，排除干扰。作为受惩罚和接受教育改造的罪犯，必须自觉地接受监狱人民警察对其行使的职权，不得阻挠、影响和违抗，否则将要受到监规和法律的制裁。监狱人民警察职权的行使，不管罪犯是否愿意，是否合作，都要依法执行，并产生相应的法律效力。罪犯只有服从的义务，没有讨价还价的权利。如果罪犯不服从管理，不遵守监狱的规定和纪律，不接受惩罚和劳动改造，监狱人民警察就可以强制罪犯服从。只有在这种强制力的作用下，监狱人民警察才能更好地执行刑罚，惩罚与改造罪犯，从而使监狱起到应有的专政工具作用。

（三）限制性

限制性主要是指监狱人民警察对法律所赋予的职权，不能自由处置，是受限制的。监狱人民警察的职权，主要是依法律形式来确定的，是一种客观存在。它不以个人的意志为转移，也不以领导和人事制度的变化而变更，更不会随着领导人的离任而消失。监狱人民警察无权决定行使或不行使职权或行使哪些职权。在具体行使职权的过程中，根据监狱工作任务的实际需要，在全国范围内设置各级管理机关和职能部门，配备相应的监狱人民警察，制定职务序列，划分不同的职权范围，分层次行使职权。监狱人民警察在行使职权时，不能超越法定职权，同时也不得非法将职权交给他人行使。

（四）人民性

人民性是监狱人民警察职权的本质特征，是其行使权力的基础和准则，主要是指监狱人民警察的职权是人民赋予的，是人民意志的具体体现。国家代表人民，通过权力机关将人民的意志上升为法律，以法律的形式表现出来，使其规范化，并赋予监狱人民警察。监狱人民警察在行使权力时，一定要牢记人民给的权力是为人民服务的，是为人民谋利益的，是要让监狱人民警察通过手中的权力惩罚和教育改造罪犯，减少和预防犯罪，保障社会安定和秩序稳定，维护人民不受犯罪行为的侵害。

学习任务二　监狱人民警察职权的内容

根据我国《人民警察法》《监狱法》等规定，结合相关的规章制度，监狱人民警察的职权可以概括为以下主要内容：

一、刑罚执行权

执行刑罚是监狱的一项重要职能，是对罪犯实施改造的前提条件。我国《监狱法》赋予监狱对被判处死刑缓期二年执行、无期徒刑、有期徒刑的罪犯执行刑罚方面的职责，主要包括：对罪犯依法予以监禁，限制其人身自由；实行严格的军事管制，实施武装看押，限制其活动范围；对有行凶、脱逃等危险行为的罪犯使用戒具；对违反法律、法规、监规纪律的罪犯予以警告、记过、关押禁闭等。因此，针对监狱人民警察的任务和职责，监狱人民警察被赋予了相应的职权，以上关于刑罚执行方面的职权，是监狱人民警察职权中最根本的、核心的权力，是实现监狱行刑目的、完成监管改造任务的基本权力。

刑罚执行权又称为"行刑权"或"刑罚权"，它的内容广泛，涉及罪犯收监，罪犯的申诉、检举和控告，以及监狱执行减刑、假释和刑满释放等刑罚执行的全过程。具体内容包括：

1. 收监权。收监权是监狱人民警察独有的权力，是监狱人民警察对人民法院交付执行的、符合法定条件和手续的罪犯执行收监的权力。

2. 对罪犯身体的检查权。监狱人民警察对交付执行刑罚的罪犯检查身体，确认其是否具备收监条件，是验证是否符合法定收监身体状况的一个必需的过程。

3. 物品检查权和没收权。罪犯收监时，监狱人民警察有权检查罪犯所携带的物品，并按法律规定作相应的处理。如对于罪犯的非生活必需品，必须由监狱代为保管或者征得罪犯的明确同意之后，退回其家属；对于违禁品一律依法予以没收。监狱人民警察行使对罪犯的物品检查权和没收权的目的，是为了防止罪犯将违禁品带入监狱，造成逃跑、暴乱、破坏、行凶、自杀等恶性事件的发生。监狱人民警察必须严肃认真地行使这一职权，否则，将会造成无法挽回的重大伤害和损失。

4. 罪犯申诉、控告、检举的处理权。监狱人民警察对罪犯的申诉、控告、检举材料有及时转递的处理权；罪犯可通过意见箱、口头方式或信件方式，行使申诉、控告和检举的权利，监狱人民警察应该保障和维护其权利的实现，按照有关法律条文的规定及时正确地处理。

5. 罪犯暂予监外执行的批准权。对于被判处有期徒刑的正在监内服刑的罪犯，符合《刑事诉讼法》第265条和《监狱法》第25条规定的监外执行条件的，即有严重疾病需要保外就医的，怀孕或者正在哺乳自己婴儿的妇女，生活不能自理，适用暂予监外执行不致危害社会的，监狱人民警察有权批准暂予监外执行。监狱人民警察应该严格按照保外就医、生活不能自理的法定条件，依法履行报批手续，自觉接受人民检察院的监督。

6. 对罪犯减刑、假释的建议权。监狱人民警察对符合法定条件的被判处无期徒刑、有期徒刑的罪犯，根据考核结果，依照法定程序，向人民法院提出减刑的建议。《刑法》第78条规定，罪犯在服刑期间，认真遵守监规，接受教育改造，确有悔改或者立功表现的，可根据监狱考核的结果建议减刑；有重大立功表现的应当减刑。

7. 对罪犯的释放权。释放权既是监狱人民警察的一项职权，也是其应尽的职责。对于符合法定释放条件的罪犯，监狱人民警察在其具备释放事由的情况下，应按照法律规定的程序，依法恢复罪犯自由，恢复其公民权利。

二、依法管理监狱权

依法管理监狱权是法律规定监狱人民警察的基本职权之一。它是维护监狱监管改造秩序，正确执行刑罚，有效改造罪犯的基本前提，也是监狱工作中一项日常的基础性工作。为了保证监狱人民警察充分全面履行这一职责，《监狱法》赋予了监狱人民警察依法管理监狱的各项职权。主要包括：

1. 对罪犯实行分押分管权。监狱人民警察按性别、年龄对成年男犯、成年女犯和未成年犯实行分开关押，并有权在此基础上，根据罪犯的犯罪类型、刑罚种类、刑期和改造表现等情况，对罪犯实行分别关押，采取不同方式管理。

2. 警戒权。监狱人民警察根据监管需要，有权设立警戒设施。内管、外警和社区联防是监狱的三大安全防线,内管即监狱人民警察对监狱安全的警戒,这是监狱人民警察保卫监狱的自我手段。通过他们的警戒活动,震慑、预防、制止和惩戒发生在监狱内部或外部的各种违法现象。外警指派出所的治安管理人员。社区联防,全称为社区治安联防,是指社区居民与治安管理部门共同参与维护社区治安的一种形式。

3. 对脱逃罪犯的抓捕权。监狱人民警察发现在押罪犯脱逃,有权及时将其抓获,不能及时抓获的,应当立即通知公安机关负责追捕,监狱人民警察要密切配合。即使不能及时将罪犯捕获,监狱人民警察也要定时、定点、定向实行控制,不能随意放弃抓获权,直到将脱逃的罪犯抓获。

4. 对罪犯来往信件的检查权和扣留权。监狱人民警察对罪犯在服刑期间与他人的来往信件有权实施检查。如果发现有碍罪犯改造内容的信件,监狱人民警察有权扣留。但是罪犯写给监狱的上级机关和司法机关的信件,监狱人民警察未经授权不得检查和扣留。

5. 对罪犯接受财物的批准、检查权。监狱人民警察对罪犯收受的物品和钱款,有批准、检查的权力。对于符合法律规定、有利于罪犯生活和改造的物品和钱款,监狱人民警察应当批准罪犯收受。这项职权既适用于罪犯会见亲属、监护人时接受的探视物品和钱款,也适用于罪犯通过邮电等部门接受物品和钱款的情况。

6. 对罪犯的考核权。监狱人民警察依照法定的标准和程序,对服刑罪犯一定时期内的服刑表现进行综合考查与评价。罪犯的考核结果可以作为对罪犯奖励和处罚的依据,也可以作为对服刑罪犯实行分级处遇的依据,还可以是罪犯提请减刑或假释的法定依据。所以说,对罪犯考核是监狱人民警察的重要职权之一,该考核必须由监狱人民警察直接进行,并保证公正公平地行使此项权力。

7. 对罪犯的行政奖惩权。监狱人民警察有权根据罪犯的改造表现对在押罪犯实施一定的行政奖惩。

8. 狱内侦查权。监狱人民警察有权对罪犯在监狱内犯罪的案件进行侦查。侦查终结后,写出起诉意见书或者免予起诉意见书,连同案卷材料、证据一并移送人民检察院。

9. 对狱政设施的管理、使用、维护权。监狱人民警察负责监狱的监门、围墙电网、监舍、水电气暖、电教设施、周界报警装置、监视监控设备、监狱内外围安全设施等设施设备的日常管理、使用、维护。

10. 对罪犯劳动改造过程的管理权。监狱人民警察对罪犯劳动改造过程中的安全生产、消防、环保、劳动保护、职业卫生防护有检查、督导等管理权。

11. 对罪犯生活卫生的管理权。监狱人民警察负责对罪犯狱内服刑期间日常的衣、食、住、医、卫生防疫等予以安排、落实、管理。

12. 对监狱所属国有资产的管理权。监狱人民警察负责对土地、矿山、房产等监狱所属国有资产进行管理。

13. 对监狱所属企业管理权。监狱人民警察有对为罪犯劳动改造而成立的监狱所属企业、公司的管理权、经营权,以及对其中"三类"岗位职工用工分配管理、教育、培训等权力。

三、教育改造权

教育改造权是监狱人民警察从改造人、造就人的目的出发，根据行刑目的、行刑制度和罪犯的实际情况，结合生产劳动，对罪犯依法实施的转变思想、心理矫治、矫正恶习、传授文化知识和劳动技能的各项权力的总称。监狱人民警察对罪犯的教育改造权是监狱人民警察的一项重要权力，它包括以下内容：

1. 对罪犯的思想教育权。监狱人民警察有权按照法律规定，根据罪犯的思想转化规律，有组织、有计划地对罪犯进行政治常识教育，法制与认罪服法教育，道德、人生观教育，形势、政策、理想信念、前途教育等内容的思想教育。通过对罪犯的思想教育，促进罪犯转化犯罪思想，消除他们错误的思想观念和意识，消除行为恶习。监狱人民警察必须紧紧抓住"思想改造"这一中心环节，突出社会主义核心价值观和中华优秀传统文化等方面的内容，采取多种有效方法和手段，强化对服刑人员的心理矫治，加强对罪犯的思想改造。

2. 对罪犯的文化教育权。监狱人民警察有权根据不同情况，有组织、有计划、有目的地对罪犯进行扫盲教育、初等教育和中等教育等文化教育。对罪犯进行文化教育是培养罪犯文化素养，提高知识水平，增强认识问题、分析问题、解决问题的能力，使其摆脱愚昧无知的有效方法和手段。

3. 对罪犯的职业技术教育权。监狱人民警察有权根据监狱生产和罪犯释放后就业的需要，对罪犯进行各种职业技术教育。在现代社会，职业技能是罪犯回归社会后能否找到工作，能否适应正常社会生活的关键因素。因此，监狱人民警察必须转变观念，加强对罪犯的职业技术培训和教育，使其掌握一技之长，获得谋生手段。否则，罪犯在刑满释放回归社会后有可能会重新犯罪。

4. 对罪犯的劳动改造权。劳动改造是我国监狱在执行刑罚的过程中，通过组织罪犯参加劳动生产，达到教育改造罪犯目的的一种基本手段。监狱人民警察有权根据罪犯的个人情况和改造的需要，合理组织罪犯劳动。劳动改造可以矫正罪犯好逸恶劳、贪图享受等恶习，磨炼罪犯的意志品质，培养其热爱劳动、习惯劳动的思想，养成劳动习惯，学会生产技能，并为释放后就业创造条件。

监狱人民警察在行使对罪犯的劳动改造这一职权时，要注意科学、适度、合理地安排、组织罪犯生产劳动，要依法保护罪犯在劳动中应有的合法权益，如劳动时间、劳动强度、劳动保险和劳动报酬等，不能滥用职权，违反我国社会主义监狱制度的人道主义精神。

5. 对未成年犯的教育改造权。监狱人民警察有权对未成年犯执行刑罚。执行刑罚时，应根据未成年人的特点，以教育改造、心理疏导为主，以学习文化和生产技能为主，采取相应的手段和方式对未成年犯进行教育改造。未成年犯由于正处于生长、发育的关键时期，思想活跃、精力充沛、辨别是非和自控能力差、可塑性强等是他们的主要特点。此外，由于他们各方面尚不成熟，容易受到外界的影响和伤害，因此，需要加以特别的关心和保护。监狱人民警察在行使对未成年犯的执行刑罚权和教育改造权时，应当针对未成年犯的生理、心理、思想特点进行，坚持"教育为主，处罚为辅"的原则，在管理、劳动、待遇、教育改造、心理疏导等方面区别于成年犯人，使未成年犯能够健康地成长。

四、监狱人民警察使用警械和武器权

监狱人民警察在履行职责、执行任务的过程中，依法有权使用武器和警械。这是监狱人民警察的一项特殊职权，监狱人民警察应当正确行使。

《中华人民共和国人民警察使用警械和武器条例》第 8 条规定，人民警察依法执行下列任务，遇有违法犯罪分子可能脱逃、行凶、自杀、自伤或者有其他危险行为的，可以使用手铐、脚镣、警绳等约束性警械；抓获违法犯罪分子或者犯罪重大嫌疑人的；执行逮捕、拘留、看押、押解、审讯、拘传、强制传唤的；法律、行政法规规定可以使用警械的其他情形。

《监狱法》第 45 条规定，监狱遇有下列情形之一的，可以使用戒具：罪犯有脱逃行为的；罪犯有使用暴力行为的；罪犯正在押解途中的；罪犯有其他危险行为需要采取防范措施的。《监狱法》第 46 条规定，人民警察和人民武装警察部队的执勤人员遇有下列情形之一，非使用武器不能制止的，按照国家有关规定，可以使用武器：罪犯聚众骚乱、暴乱的；罪犯脱逃或者拒捕的；罪犯持有凶器或者其他危险物，正在行凶或者破坏，危及他人生命、财产安全的；劫夺罪犯的；罪犯抢夺武器的。

监狱人民警察使用武器是很严肃很特殊的行为，使用过程也必须严格依法进行。只有符合以上情形之一而且是非使用武器不能制止的情形时，监狱人民警察的执勤人员才能够使用警械和武器；使用警械和武器时，一般应该先口头警告或者鸣枪警告，开枪时应该避免射击罪犯的要害部位，不得故意造成人身伤害，应当以制止违法犯罪行为为限度；当违法犯罪行为得到制止时，应当立即停止使用。如果警械、武器的使用条件和使用过程有不符合法律规定的，就是违法乱纪，要受到党纪、政纪处分，后果严重的，还要追究刑事责任。

🔍 思考练习

1. 监狱人民警察的职权有哪些特征？
2. 监狱人民警察的职权主要有哪几项？

🔍 思政园地

全面推进监狱工作高质量发展[1]

党的二十大报告提出，全面推进科学立法、严格执法、公正司法、全民守法，全面推进国家各方面工作法治化。这不仅为加快推进法治中国建设指明了前进方向，也为监狱工作高质量发展提供了行动指南。内蒙古自治区监狱管理系统将深入学习贯彻党的二十大精神，进一步创新完善监狱发展思路，全面科学把握新时代监狱工作高质量发展的实质内涵，为新时代监狱工作高质量发展不懈奋斗。

---

[1] 王辉：《全面推进监狱工作高质量发展》，载《法治日报》2023 年 2 月 6 日，第 4 版。

一、坚持党对监狱工作的绝对领导，坚定不移走中国特色社会主义法治道路。

监狱是国家机器的重要组成部分，是国家的刑罚执行机关。作为政治机关，加强党对监狱工作的绝对领导，就要进一步加强各级党委对监狱政治工作的领导，坚持监狱系统各级党委领导本单位的政治工作，贯彻落实党中央和上级党委有关决策部署，确保监狱工作始终沿着正确政治方向前进。

全力推进法治监狱建设。积极推动有关监狱工作的地方性法规的研究制定工作，健全完善监狱管理法律体系；建立完善岗位、人员、工作制度体系，构建监狱内部治理法治格局；深化监狱执法与管理责任制综合配套改革，完善监督制约工作体系；健全狱警职业保障制度体系；探索建立监狱民警容错纠错机制，减轻、消除民警不敢担当、逃避责任、不作为的内在心理因素，完善追责和免责相辅相成的制度体系。

二、坚持以人民安全为宗旨，推进监狱安全体系和治理能力现代化。

当前，国际形势不稳定、不确定、不安全因素增多，给监狱管理工作带来了一些挑战。我们要清醒认识当前监狱管理工作面临的严峻考验，坚定维护国家政权安全、制度安全、意识形态安全，加强重点领域安全能力建设。坚持贯彻监狱工作情况底数清、耳目反应灵、掌握甄别准、控防能力强等要求。全力推进监狱安全体系和治理能力现代化，建设平安监狱。

要持续稳步推进监狱布局优化调整和基础设施建设，建立全区监狱系统狱政设施、安防设施建设项目库，为管理和改造升级提供翔实的基础资料。全面推行警务通执法终端软件与民警值勤规范、罪犯改造规范智能化衔接，使之成为民警深监下组、清查违禁品、整治隐患、化解罪犯矛盾等基础性工作有效落实的智能载体。

三、坚持惩罚与改造相结合，努力把罪犯改造成新时代合格公民。

党的二十大报告强调，坚持依法治国和以德治国相结合，把社会主义核心价值观融入法治建设、融入社会发展、融入日常生活。我们要坚持把社会主义核心价值观融入改造罪犯的全过程各环节，努力把罪犯改造成新时代合格公民。

运用传统手段和创新思维完成改造罪犯中心任务。发挥惩罚改造强制作用，通过落实罪犯改造规范，强化罪犯认罪悔罪意识、服刑意识、遵守监规纪律意识，促使罪犯规范行为养成，自觉接受改造，整肃改造秩序，维护刑罚执行的严肃性和权威性。坚持宽严相济刑事政策，推行严管宽管相结合的动态管理模式，集中教育惩治严重违规违纪罪犯，震慑和引导罪犯自觉遵守监规纪律、自觉接受监管改造，消除再犯罪动机，实现刑罚功能。

加强劳动技能教育、岗位技能培训和职业技术教育，使罪犯掌握一技之长，提高自食其力能力。充分发挥亲情感化作用，用足用好罪犯离监和特许离监政策，激发罪犯自觉改造的信心和动力。

四、坚持守正创新，在创新中不断突破。

守正才能不迷失方向、不犯颠覆性错误，创新才能把握时代、引领时代。内蒙古监狱管理系统工作创新要突出抓好运行机制、队伍建设和罪犯文化教育改造等重点难点问题，努力在创新突破中实现新发展。

创新文化教育改造载体，发挥文化矫治功能，进一步发挥物态文化改造作用。要强化震慑感,通过加强围墙、电网、照明、安检等安防设施建设,强调国家机器的震慑力。要淡化视觉监禁感,内部环境建设要重视环境的美化、绿化、软化,营造整洁卫生、安全和谐、接近社会的环境,减少和消除罪犯戒备与抵触心理。要突出布局功能感,监狱各个职能单元的建设布局应与其功能相匹配,比如会见室要温馨、食堂要整洁卫生、课堂要有学习氛围等。

进一步挖掘行为文化改造潜能。发挥行为规范的约束和引导功能,调动罪犯遵守制度、接受教育内驱力,形成良好的行为习惯、正确的价值取向。开展健康向上的文化娱乐活动,培育适宜罪犯改造的氛围,调整负面情绪,净化罪犯灵魂,减少或避免抗拒改造的思想和行为。

五、坚持文明交流互鉴,进一步深化狱务公开。

党的二十大报告提出,讲好中国故事、传播好中国声音,展现可信、可爱、可敬的中国形象。这要求新时代监狱工作应进一步坚持文明交流互鉴,进一步深化狱务公开。

内蒙古监狱管理系统要积极通过"窗口单位"等途径搞好对内开放合作,讲好教育改造故事。通过设置狱务中心,接待律师、政法纪检监察人员、罪犯近亲属以及社会组织,畅通监狱与社会衔接通道。采取"开放日"活动形式,主动邀请罪犯近亲属代表参观监狱,开展亲情帮教活动,共同促进罪犯的教育改造工作。

研究探索对外开放新途径。探索对外开放,推动文明交流互鉴,有利于宣传我国监狱教育改造罪犯的政策和社会主义制度的优越性。主动探索建立与周边国家以及与外籍犯较多国家和地区的交流交往机制,实现教化方法、矫治途径、管控路径等监狱管理经验的交流互通。

创新园地

拓展学习

香港惩教署

"香港惩教署"是中华人民共和国香港特别行政区政府保安局辖下部门,专责香港特别行政区的羁管和更生服务。香港特别行政区施行"一国两制"基本国策,其行政制度与内地有着千差万别,关于司法行政方面,也与内地有所差异。其中,香港的监狱管理者并不能被称为狱警,因为他们的身份并不属于警察序列,而是属于独立发展的身份体系——"惩教署职员"(香港特区政府公务员)。

为什么香港的监狱被叫做"惩教署"? 其实最早1841年香港第一所监狱设立,直到1982年香港的监所都称为监狱。1982年"监狱署"正式更名为"惩教署",其主要目的是以此来反映香港社会重视犯人康复和更生。不过，在这之前的监狱仍延续"监狱"的叫法，之后设立的监狱和其它监所就开始命名为"惩教署"。

"惩教署"，顾名思义，"惩罚"和"教育"是其主要职能，在对待服刑人员时提倡"惩"与"教"双重实施的理念。例如，服刑人员收入监所后，在入监训练阶段（相当于内地的入监监狱或入监监区），主要以体能、队列训练为主，目的就是让囚犯感到畏惧，这一阶段就是以惩罚为主。当然，这并不属于体罚，是让服刑人员形成肌肉记忆，加强纪律性的培养。入监训练结束后，在"惩教所"里主要以教育为主。在羁管过程中，对不服从管理的囚犯也会予以相应的惩罚，主要是戒具、个人禁闭、束缚以及延加刑期等处罚。这与内地监狱坚持"惩罚与改造相结合，以改造人为宗旨"的方针在理念上是相同的。

"惩教署"旨在成为国际推崇的惩教机构，使香港成为全球最安全的都会之一。

惩教署的任务是为保障公众安全和防止罪案发生，以缔造美好香港，致力于确保羁管环境稳妥、安全、人道、合适和健康；与各界持份者携手创造更生机会；通过社区教育提倡守法和共融观念。

"惩教署"的价值观：①秉持诚信：持守高度诚信及正直的标准，秉承惩教精神，勇于承担责任，以服务社会为荣；②专业精神：全力以赴，善用资源，提供成效卓越的惩教服务，以维护社会安全和推展更生工作；③以人为本：重视每个人的尊严，以公正持平及体谅的态度处事待人；④严守纪律：恪守法治，重视秩序，崇尚和谐；⑤坚毅不屈：以坚毅无畏的精神面对挑战，时刻紧守岗位，履行服务社会的承诺。

学习单元二　监狱人民警察纪律

> 习近平在中央政法工作会议上强调："要坚持从严治警，严守党的政治纪律和组织纪律，坚决反对公器私用、司法腐败，着力维护社会大局稳定、促进社会公平正义、保障人民安居乐业。"
>
> 一、知识目标
> 1. 识记：监狱人民警察的纪律涵义和要求。
> 2. 领会：监狱人民警察纪律在刑罚执行过程中的具体落实。
> 二、能力目标
> 1. 简单应用：学会在刑罚执行工作中规范用权，坚决不碰纪律红线。
> 2. 综合应用：学习警察纪律作风知识，掌握相关法律法规和规范要求。
> 三、素养目标
> 1. 学习警察队伍的纪律要求和规范，提高自身纪律作风。
> 2. 严守纪律、遵纪守法，树立正确的权力观和行为操守。

🔍 **案例导入**

张某民违纪违法案[1]

张某民，男，汉族，焦作市监狱三监区一级警员。2021年1月，张某民收受罪犯张某亲属手机微信转账，给罪犯购买物品并于封闭期间传递给罪犯，2021年2月，张某民在监区值班室门口，为罪犯张某传递食品及生活用品，后又将手机带入生产区厂房门外，用手机拍摄了罪犯照片和信件传送给罪犯母亲。

张某民作为监狱人民警察，违反监狱有关规定，私自为罪犯传递物品，违规携带使用手机，违反国家法律法规和监狱管理有关规定，应当承担纪律责任。张某民在政法队伍教育整顿期间，主动向组织报告自身存在的违纪违法问题，在审查调查期间，积极配合调查审查，能够正确认识自己的违纪违法问题，如实讲清问题，主动承认错误，态度诚恳。依据相关规定及政法队伍教育整顿期间"自查从宽、被查从严"相关政策，给予张某民同志警告处分。

学习任务一　监狱人民警察纪律的涵义

一、监狱人民警察纪律的涵义

（一）概念

纪律，一是指纲纪法律；二是指社会的各种组织（如政党、政府机关、军队、团体、企业事业单位、学校等）规定其所属人员共同遵守的行为准则。纪律属于不作为的义务，它是有约束力的，具有强制性，对违反者可实行制裁。

监狱人民警察的纪律，是指国家以法律、法规或规章的形式规定监狱人民警察在履行职务时不得作出某些行为的约束与强制，是每位监狱人民警察必须遵守的、不得违背的行为准则、规范。

监狱人民警察纪律与监狱人民警察职权是紧密联系、相互规定的。国家在赋予监狱人民警察广泛权力的同时，为防止出现他们滥用权力、以权谋私等不法行为，以法律形式规定了监狱人民警察的纪律，以保证他们在合法的范围内行使自己的权力。《监狱法》用禁止性规范规定了监狱人民警察的纪律，即严禁监狱人民警察作出一定的行为，其目的是通过抑制某些行为来防止监狱人民警察权力滥用。因此，本学习单元中所说的监狱人民警察的纪律，其实就是法定的禁止性行为规范，是具有法定义务性质的"禁止作为"的行为规范。

法律规定监狱人民警察的纪律，反映了我国民主法治建设的发展和建设社会主义法治国家的必然要求，体现了我国监狱制度的文明与进步。这有利于提高监狱人民警察的职业责任感，有利于监狱人民警察的队伍建设。严明监狱人民警察的纪律，不仅

---

[1] 节选自《焦作公开曝光四起不当执法司法行为典型案例》，载 https://www.163.com/dy/article/GD-DLQNTH0550NKHY.html，最后访问日期：2021年6月26日。

是对监狱人民警察的关心和爱护，同时也是树立监狱人民警察良好形象、提高队伍战斗力的重要保证，是监狱人民警察依法行使职权，不断提高执法水平、管理水平和教育水平的需要。

（二）监狱人民警察纪律与义务的关系

监狱人民警察纪律与义务是两个相近的概念，它们之间的联系在于：监狱人民警察的纪律与义务都是由国家法律、法规和有关规章规定的，都是监狱人民警察行为的规范、要求，都具有强制性和约束作用，要求得到全面履行和普遍遵守；纪律的作用不仅在于它是监狱人民警察履行职责的保障，而且也是监狱人民警察履行义务的基础，没有纪律保障，职责和义务的实施就会受到影响和破坏；监狱人民警察不履行法定义务与违反纪律，所应承担的法律责任是相同的，轻则给予行政处分，重则追究刑事责任。

两者之间的区别在于：①法律、法规和规章对监狱人民警察义务规定得比较宽泛，而对纪律规定得比较具体。②侧重点有所不同。监狱人民警察义务着重强调监狱人民警察应有的行为，要求监狱人民警察应该做什么，而监狱人民警察纪律则强调监狱人民警察的不应有行为，杜绝监狱人民警察可能出现的违法违纪行为。因此，监狱人民警察不履行义务主要是通过不作为方式进行的，而违反纪律则主要是通过作为方式进行的。③监狱人民警察义务的范围大于纪律，标准高于纪律。监狱人民警察纪律主要是对监狱人民警察在执行公务时的法律要求，监狱人民警察义务则是在任何时候都必须履行的。

二、监狱人民警察纪律的特点

监狱人民警察的纪律是国家为了维护监狱秩序、保证惩罚和改造工作正常进行而制定的要求每个监狱人民警察必须遵守的规章、条文，是监狱人民警察在履行职务时必须严格禁止的行为规范，它具有法律强制性、内容特定性、等级从属性等特点。

（一）法律强制性

人民警察是一支纪律队伍，其纪律不同于其他组织的纪律，也不同于一般的组织纪律，而是具有法律法规属性的纪律，是以国家法律的形式加以规定的，因而监狱人民警察的纪律高于一般公民纪律的要求，具有更明确、更强烈的强制性和约束作用，具有必须遵守和必须服从的性质。监狱人民警察在履行职务中必须严格遵守法定的纪律，不得违反，否则就要受到行政处分。构成犯罪的，要被追究刑事责任。

（二）内容特定性

《人民警察法》《监狱法》对纪律的内容都有明文规定。《人民警察法》第 22 条规定了人民警察的 12 项不得有的行为，第 23 条规定了人民警察着装、佩带人民警察标志、保持警容方面的纪律。鉴于监狱人民警察职权和工作的特殊性，《监狱法》第 14 条第 1 款又为监狱人民警察设定了特定的纪律，即监狱人民警察不得有的 9 个行为。

（三）等级从属性

监狱人民警察纪律的等级从属性，是指监狱人民警察应当尊重上级领导，服从上级的指示、命令。监狱人民警察之间在政治上是平等的，不论职位高低和权力大小，都是人民的勤务员。所以监狱人民警察必须紧密团结，互相尊重，密切配合。但是，就警察机关内部而言，监狱人民警察由于职务上的分工，构成了上级和下级以及同级的关系。上级要爱护和关心下级；下级要尊重上级，服从领导，执行命令；同级之间要互相支持，密切配合。上级下达指示、命令，必须从实际出发，及时检查执行情况；下级应该经常、及时向上级反映报告情况，正确执行上级的指示、命令。

学习任务二　监狱人民警察纪律的内容

一、《监狱法》中的纪律规定

1. 不得索要、收受、侵占罪犯及其亲属的财物。索要、收受、侵占罪犯及其亲属的财物，是指利用职务或执行公务之便，伸手向罪犯及其亲属索要财物，接受罪犯及其亲属的馈赠或贿赂，以及强行将罪犯及其亲属的财物据为己有的不正当行为。

权钱交易、行贿索贿都为广大人民深恶痛绝。监狱人民警察拥有法律赋予的特殊权力，正确行使职权，保持清正廉洁，这是长期以来监狱人民警察队伍的优良传统。但近些年来，少数监狱人民警察的价值观念发生扭曲，崇尚拜金主义、享乐主义和极端个人主义，有一些人不甘清贫，有的贪图罪犯便宜谋取私利，有的利用手中的职权收受罪犯及其亲属的馈赠和贿赂，更有甚者利用给罪犯减刑、假释、暂予监外执行和行政奖励等机会，向罪犯及其亲属索要财物，这些已成为监狱人民警察队伍中违法违纪最为突出、最为典型的问题，是严重的腐败现象。索要、收受、侵占罪犯及其亲属的财物，既是违法犯罪行为，也必然造成执法不公，侵蚀监狱人民警察队伍，损害监狱人民警察形象，而且会在人民群众中造成极坏的影响。因此，《监狱法》把它作为一项纪律加以规定，指导监狱人民警察的执法行为，这对保持监狱人民警察清正廉洁、树立良好的警察形象具有重要的作用。

2. 不得私放罪犯或者玩忽职守造成罪犯脱逃。私放罪犯，是指司法工作人员利用职务上的便利，私放在押的犯罪嫌疑人、被告人或罪犯，使其逃离监管的行为。该行为属于滥用职权。玩忽职守，是指有关工作人员严重不负责任，不履行或者不正确履行职责，致使公共财产、国家利益和人民利益遭受损失的行为。它通常表现为放弃、懈怠职责，或者在工作中马虎草率、敷衍塞责，不认真、不正确地履行职责。

每个行业都有自己的最基本的职责要求。监狱内关押着社会上形形色色因犯罪而入狱的人，其中有许多人具有相当程度的人身危险性。监狱人民警察的职责就是要依法对罪犯实施时间上和空间上的特殊监管，教育改造矫正他们。在时间上，服刑人员的一天 24 小时都要处在监狱人民警察的直接控制之下。在空间上，服刑人员的生活、学习、劳动三大现场都要被纳入监管的范围，对服刑人员实施封闭式管理。监狱人民警察不仅要教育改造他们，使其成为守法公民，而且也为整个社会的稳定和谐，为国家的经济建设起着保驾护航的作用。这就要求监狱人民警察必须本着对国家负责、对人民负责的精神，忠于职守，认真履行职责，依法监控、管理和教育改造罪犯，严格执行监管制度，防止罪犯脱逃。在职务活动中，不能玩忽职守，麻痹大意，严禁利用监管罪犯的职权私自释放在押的罪犯。我国《刑法》中规定了私放在押人员罪和失职致使在押人员脱逃罪。监狱人民警察不论出于何种目的私放罪犯，以及忽视监管制度要求，玩忽职守，造成罪犯脱逃，都是一种犯罪行为，将会受到法律的严厉制裁。

3. 不得刑讯逼供或者体罚、虐待罪犯。刑讯逼供，是指监狱人民警察审讯罪犯时，使用肉刑或变相肉刑逼取口供的行为。所谓肉刑，是指对罪犯的肉体实施暴力，进行肉体上的摧残或精神上的折磨，如捆绑、悬吊、殴打、非法使用刑具等。所谓变相肉刑，是指采用非暴力的方式对罪犯进行摧残和折磨，如罚跪、冻饿、火烤、雨淋、不准睡眠、超体力劳动等。体罚、虐待罪犯，是指监狱人民警察违反《监狱法》和其他有关监管规定，对罪犯进行肉体摧残和精神折磨。

刑讯逼供或者体罚、虐待罪犯，是封建法西斯的野蛮做法，是摧残人性，严重侵犯人权的行为，也是监狱人民警察行使职权活动中容易出现的违法现象，其危害性十分严重。实践证明，实施刑讯逼供，只会把事实搞得更混乱，容易造成冤假错案，从而妨害司法机关的正常活动。搞体罚、虐待，不仅不利于教育改造罪犯，反而会妨害监管机关的正常活动，损害监狱机关的形象。严禁刑讯逼供或体罚、虐待罪犯，不仅是长期以来我国法律规定的一项执法原则和监狱人民警察必须遵守的职业纪律，也是一项国际刑事司法准则。《公民权利和政治权利国际公约》《保护人人不受酷刑和其他残忍、不人道或有辱人格的待遇或处罚宣言》《禁止酷刑和其他残忍、不人道或有辱人格的待遇或处罚公约》均有这方面的禁止性规定。为了保证这项执法原则切实得到遵守，我国《刑法》中规定了刑讯逼供罪和虐待被监管人罪。因此，监狱人民警察在职务活动中应当严守职业纪律，坚持实事求是，重证据，重调查研究，不轻信口供，不能重口供、轻证据，严禁刑讯逼供，实行文明管理，对罪犯实行人道主义，给他们必要的生活待遇和劳动条件，保障其合法权利，严禁对罪犯进行体罚和虐待。

4. 不得侮辱罪犯的人格。我国《宪法》第38条规定："中华人民共和国公民的人格尊严不受侵犯。禁止用任何方法对公民进行侮辱、诽谤和诬告陷害。"这条也适用于在押的罪犯。所谓侮辱罪犯人格，是指监狱人民警察使用暴力或者其他方法，公然贬低、损害罪犯作为法定权利、义务主体的资格，破坏罪犯名誉，侵害其合法权利的行为。被监管的罪犯虽然被剥夺了人身自由，但并没有因此失去做人的资格，他们仍然是人，同样有人格和尊严。用暴力、言语或者文字等形式公然侮辱他们，在任何时候任何场合，都是对他作为人的权利的侵犯，都是违法甚至犯罪行为。《监狱法》第7条第1款明确规定："罪犯的人格不受侮辱，其人身安全、合法财产和辩护、申诉、控告、检举以及其他未被依法剥夺或者限制的权利不受侵犯。"因此，尊重罪犯的人格是文明行刑的要求，是有效改造罪犯的基本前提，如果不把罪犯当人看待，随意侮辱他们的人格，必然造成怨恨和逆反心理，就很难真正地教育改造好他们。

5. 不得殴打或者纵容他人殴打罪犯。殴打罪犯，是指用拳击、脚踢、钝器或者以其他方式击打罪犯，伤害罪犯身体的行为。殴打或者纵容他人殴打罪犯，是侵犯罪犯人身权利的行为，是对罪犯身体健康的伤害，这种行为不仅是我国《宪法》和其他有关法律所禁止的，也是国际人权公约所禁止的。

刑罚的执行必须坚持人道主义，尊重个人价值，应依法保障罪犯的基本权利，反对酷刑。在刑罚执行中殴打或者纵容他人殴打罪犯的行为是与行刑的人道主义原则和现代文明行刑的发展趋势背道而驰的。不得殴打或者纵容他人殴打罪犯这项纪律包括：监狱人民警察自己不能殴打罪犯，也不能指使、纵容他人（主要指其他罪犯）殴打罪犯。《监狱法》将此规定为监狱人民警察的纪律，是规范监狱人民警察行为，树立监狱人民警察威信和文明形象的重要措施。监狱人民警察在管理罪犯活动中，必须尊重罪犯人身权利、文明管理，只能依照法律法规的规定，采取合法手段对罪犯进行监控、管理和教育、改造、矫正，而不能殴打或者纵容他人殴打罪犯。监狱人民警察殴打或者纵容他人殴打罪犯，不论是基于什么样的理由，都是一种非法行为甚至是犯罪行为。监狱人民警察殴打或者纵容他人殴打罪犯，造成一定危害的，除给予党纪、政纪处分外，监狱机关还要向被殴打人赔偿损失，并赔礼道歉。构成犯罪的，要依法追究刑事责任。

6. 不得为谋取私利，利用罪犯提供劳务。所谓利用罪犯提供劳务，是指监狱人民警察利用监管罪犯的职权，指使罪犯替自己干私活，以谋取私利。判断是否违反这一纪律的标准不在于是否利用罪犯提供劳务，而是看提供劳务的目的是否为谋取私利。为谋取私利而利用罪犯提供劳务，是监狱人民警察管理罪犯活动中容易出现的一种现象，这既是一种非法占有罪犯劳动成果的行为，也是一种违反监管制度和纪律的行为，必须予以禁止。

组织罪犯从事生产劳动，是培养罪犯劳动技能，改造罪犯思想，矫正罪犯恶习的一种方式，其根本目的是改造罪犯。而极少数的监狱人民警察法治观念淡漠，无视法律的规定和国家的行刑目的，把手中的权力当做满足个人私利的手段，受个人利益驱使，滥用手中的职权，把利用罪犯为自己提供劳务看作罪犯"理所应当的劳动"，有的甚至把罪犯带出监狱干私活。这种违反工作纪律的行为，不仅严重妨碍了监狱的正常秩序，也严重损害了监狱人民警察的形象，甚至危及对罪犯的监管安全。所以，对于那些借职权之便、管理之便，利用罪犯为自己提供劳务、谋取个人私利的行为，必须给予行政处分。造成严重后果的，如罪犯脱逃、致伤致残等，应依法追究其法律责任。

7. 不得违反规定，私自为罪犯传递信件或者物品。这里的"规定"，主要是指《监狱法》和其他监管法规、规章中有关罪犯通信、收受物品（包括钱款）的内容。私自为罪犯传递信件或者物品，是指没有经过合法手续和程序，背着组织或者有关领导、负责人，秘密地为罪犯传递信件或物品。

《监狱法》第47条规定："罪犯在服刑期间可以与他人通信，但是来往信件应当经过监狱检查。监狱发现有碍罪犯改造内容的信件，可以扣留。罪犯写给监狱的上级机关和司法机关的信件，不受检查。"《监狱法》第49条规定："罪犯收受物品和钱款，应当经监狱批准、检查。"《监狱法》赋予了监狱机关必要的检查权，并由监狱机关指定的监狱人民警察具体管理此项事务，未经监狱机关授权的监狱人民警察不得越权代办。这是维护监狱安全稳定的需要，也是保证改造罪犯质量的需要。但是，少数监狱人民警察由于法治意识淡薄，与罪犯界限不清，私自为罪犯传递信件或物品，尤其是违禁品，很可能使有碍改造内容的信件得以交流，或者有碍于监狱安全的物品进入监内，其后果是不堪设想的。因此，监狱人民警察应该严格按规定检查罪犯的来往信件和物品，杜绝私自为罪犯传递信件和物品的现象。另外，监狱机关对监狱人民警察违反规定，私自为罪犯传递信件或者物品的行为要严肃查处。情节严重的，除给以纪律处分和调离警察岗位处分外，还要追究其刑事责任。

8. 不得非法将监管罪犯的职权交予他人行使。监管罪犯的职权是国家依法授予监狱人民警察行使的，没有国家法律的授权，没有监狱人民警察的合法地位和身份，其他任何人均无权行使监管罪犯的职权。监狱人民警察的职权是不可以自由选择、转让和放弃的，依法行使监管职权是监狱人民警察的职责和义务。不得非法将监管罪犯的职权交予他人行使，包含两层含义：①不得将监管罪犯的职权交予无监管权的他人行使。监狱机关有许多人没有监管罪犯的职权，监狱人民警察不论在何种情况下都不得以任何理由将监管权交予这些人行使，否则便是违法行为。这里的"许多人"包括监狱中的工人、罪犯中的班组长、纪律监督员、其他非从事管理罪犯工作的监狱人民警察等。②不得违反法律程序交予有监管权的他人行使。按照法律、法规的有关规定，监管权可以交予有监管权的他人行使，但必须办理合法手续或经主管领导批准。否则，便是非法交予他人行使，就是严重的失职，就是违法乱纪，就要受到党纪、政纪处理。构成犯罪的，要依法追究刑事责任。

9. 不得有其他违法行为。其他违法行为，是指除《监狱法》第 14 条第 1 款规定的以上 8 项纪律之外的，其他有关法律、法规、规章所规定的严禁监狱人民警察实施的行为，《公务员法》第 59 条和《人民警察法》第 22 条都有关于纪律的规定。对于监狱人民警察机关内部有关纪律要求和约束的规章制度，监狱人民警察也应当遵守。

二、其他法律、法规、规章中的纪律规定

根据《公务员法》和《人民警察法》等法律法规的规定，监狱人民警察不得有其他违法行为，主要包括：①不得散布有损国家声誉的言论，组织或者参加旨在反对国家的集会、游行、示威等活动；②不得组织或者参加非法组织，组织或者参加罢工；③不得泄露国家秘密、监狱工作秘密；④不得徇私舞弊，不得对不符合减刑、假释条件的罪犯，提出减刑、假释建议，不得对不符合暂予监外执行条件的罪犯，予以暂予监外执行；⑤不得克扣罪犯的伙食费，挪用罪犯的财物；⑥不得从事或者参与营利性活动，在企业或者其他营利性组织中兼任职务；⑦不得擅自接待外来人员参观访问罪犯的劳动、生活、学习场所；⑧不得违反人民警察的着装规定和要求；⑨不得违反规定使用戒具、警械和武器，等等。

三、《中国共产党廉洁自律准则》中的纪律规定

2016 年 1 月 1 日起施行的《中国共产党廉洁自律准则》（以下简称《准则》），要求"中国共产党全体党员和各级党员领导干部必须坚定共产主义理想和中国特色社会主义信念，必须坚持全心全意为人民服务根本宗旨，必须继承发扬党的优良传统和作风，必须自觉培养高尚道德情操，努力弘扬中华民族传统美德，廉洁自律，接受监督，永葆党的先进性和纯洁性。"《准则》中"党员廉洁自律规范"和"党员领导干部廉洁自律规范"对全体监狱人民警察党员和党员领导干部同样适用。

四、《监狱人民警察六条禁令》中的纪律规定

2006 年 2 月 14 日，司法部颁布了《监狱人民警察六条禁令》（以下简称《六条禁令》）。《六条禁令》具有很强的针对性，主要是针对监狱系统内部最容易发生问题的方面采取的具体措施，它与监狱人民警察纪律的要求是一致的，是对监狱人民警察行为规范中纪律规定内容的具体化，更加方便执行。其具体要求是：①严禁殴打、体罚或者指使他人殴打、体罚服刑人员；②严禁违规使用枪支、警械、警车；③严禁索要、

收受服刑人员及其亲属的财物；④严禁为服刑人员传递、提供违禁物品；⑤严禁工作期间饮酒；⑥严禁参与赌博。违反上述禁令者，视其情节轻重予以相应纪律处分或者辞退，构成犯罪的，依法追究刑事责任。

违反以上关于监狱人民警察纪律规定者，根据《中国共产党纪律处分条例》《人民警察法》《监狱法》《公务员法》《监狱和劳动教养机关人民警察违法违纪行为处分规定》等有关规定进行处理。

思考练习

1. 请简述监狱人民警察纪律的内涵。
2. 监狱人民警察纪律有哪些特点？

思政园地

创新园地

拓展学习

纪律，是尺子，也是底线[1]

习近平总书记明确指出，"党要管党、从严治党，靠什么管，凭什么治？就要靠严明的纪律。"党的十八大以来，针对党内法规中纪法不分的问题，我们党坚持把纪律和规矩挺在法律前面，修订《中国共产党纪律处分条例》，使党的纪律成为管党治党的尺子和全体党员遵守的底线。那么，什么是"纪律"，"纪律"一词是怎么来的？

纪，古文字中写作紀、𦁖，《说文解字》言"丝别也"，也就是丝缕的头绪。《礼记·礼器》曰："是故君子之行礼也，不可不慎也。众之纪也，纪散而众乱。"意思是说君子对礼一定要重视，因为它就像丝束的线头一样不可乱，如果它乱了，那其他的一切也就都跟着乱了。由此引申，它又有了要领、法则、法纪、政纲等义项。《诗经·大雅·棫朴》云："勉勉我王，纲纪四方"，郑笺云："以罔罟（渔网）喻为政，张之

---

[1]《纪律，是尺子，也是底线》，载 http：//v.ccdi.gov.cn/2016/03/31/VIDEQljleNRFNruuwmlCtdy7160331.shtml，最后访问日期：2024年4月17日。

为纲，理之为纪"，以及《后汉书·邓寇列传》"（百姓）闻禹乘胜独克而师行有纪，皆望风相携负以迎军"中的"师行有纪"，用的都是这个意思。

律，就甲骨文字形看，其本初的含义很可能是手拿着毛笔书写行文，到了后来，由于某些习惯方面的原因，它又被用在了乐律或音律方面。如《尚书·舜典》曰："声依永，律和声"，孔传解释说："律，谓六律六吕"。由于音律有高低的规定，所以由此引申，"律"又有了《尔雅·释诂》所说的"法"一类的意思。如《周易·师卦》中说："师出以律，否臧凶。"《象》传解释说："师出以律，失律，凶也。"意思是出师征战要有纪律，没有纪律就会危险。对此司马光在《资治通鉴》中说："言治众而不用法，无不凶也。"可见很早古人就意识到纪律的重要，并认为军队的纪律对军队成败有着举足轻重的作用。

早在先秦时期，"纪律"一词就已经被广泛使用，如《左传·桓公二年》云："百官于是乎戒惧，而不敢易纪律。"意思是百官才有警戒和畏惧，不敢违反纪律。《三国演义》第十五回写孙策大战太史慈、太史慈被活捉的时候，有这样一句："原来太史慈所招军大半是山野之民，不谙纪律。"其实也正是说明了纪律的重要。

由此可见，纪律即纲纪规章。我们党是靠革命理想和铁的纪律组织起来的马克思主义政党，纪律严明是党的光荣传统和独特优势。全面从严治党，就是要用严明的纪律管住全体党员，就是以纪律为戒尺，发现苗头就及时提醒，触犯纪律就立即处理，真正把纪律立起来、严起来，执行到位。

学习单元三 监狱人民警察义务

习近平就做好新形势下政法工作作出重要指示："政法机关在保障人民安居乐业、服务经济社会发展、维护国家安全和社会稳定中具有十分重要的作用。全国政法机关要全面贯彻落实党的十八大精神，坚持依法治国基本方略，以党和国家工作大局为重，以最广大人民利益为念，切实肩负起中国特色社会主义事业建设者、捍卫者的职责使命。"

一、**知识目标**
1. 识记：监狱人民警察义务的涵义、特点和主要内容。
2. 领会：监狱人民警察的义务在刑罚执行过程中的具体落实。

二、**能力目标**
1. 简单应用：掌握监狱人民警察所必须承担的社会责任和法律责任。
2. 综合应用：切实履行监狱人民警察法定义务，正确处理警民关系。

三、**素养目标**
1. 增强学生的法律意识和公民意识。
2. 培养学生的责任感和纪律性。

新时代监狱人民警察概论

🔍 **案例导入**

"警"急施救伸援手 危难时刻显担当[1]

2024年8月8日，一面鲜红的锦旗被送到了黑龙江省新建监狱看守大队民警的手中，锦旗上"感恩狱警 为民解忧 人民警察 时代楷模"十六个大字熠熠生辉。一句句感恩的话语、一双双紧握的双手，饱含着罪犯家属对监狱民警深深的感激之情。

事情要回溯到2024年4月的一天，当天正值七监区罪犯会见日。正当罪犯家属们有序地按照监狱规定办理登记手续、等候会见的时候，一名大姐突然呼吸困难，四肢无力，倒地不起，与她一同前来的丈夫面对这突如其来的状况显得手足无措，不知该如何应对，周围的罪犯家属也因为这突发情况开始混乱起来。

就在这紧急关头，监狱看守大队分管会见室的高爱和与正在会见大厅执勤的梁振利两名同志迅速反应，他们第一时间上前了解情况，与家属进行积极沟通，初步判断大姐疑似心脏病突发。高爱和迅速采取急救措施，从会见室的紧急医疗箱中取出硝酸甘油为大姐服下，梁振利有序疏散围观群众，以保持空气流通，并通过调整体位、观测心率等措施时刻关注大姐的病情变化。

在两位民警的紧急救治下，大姐的病情逐渐得到缓解。为了防止再次出现意外，待大姐恢复了一些体力后，高爱和与梁振利又与她的家人一起，将大姐搀扶到母婴候见室休息，确保她能够得到充分的舒缓和照顾。经过半个多小时的观察，大姐的病情逐渐稳定，在确保没有生命危险后，两位同志才安心回到各自的工作岗位上，继续为罪犯家属办理会见手续和解答疑问。群众安危无小事，为民服务记心中。此次紧急救治用"最快速度"和"最有效救治"为群众排忧解难，充分展现了监狱人民警察临危不乱、业务过硬、救人于危难的良好形象，赢得了在场罪犯家属的一致称赞。

近年来，新建监狱党委高度重视民警队伍应急处突能力提升工作，按照实战大练兵工作部署，将应急救护知识培训、应急演练工作常态化、实战化，不断提高民警队伍医疗救护水平和突发病症应急处置能力。针对各类紧急事件，监狱相应部门均制定了应急预案，确保能够及时有效地处置各类突发状况。

学习任务一 监狱人民警察义务的内涵

一、监狱人民警察义务的涵义

义务，是指政治上、法律上、道义上应尽的责任，也就是人在相应的社会关系中应该进行的价值付出。从广义上讲，义务包括法律义务、社会义务、道德义务等。从狭义上讲，义务仅指法律义务。法律义务是法律关系的内容之一，是指法律规定的对法律关系主体必须作出或不得作出一定行为的约束。它包括义务人必须作出一定行为

---

[1]《"警"急施救伸援手 危难时刻显担当》，载https：//mp.weixin.qq.com/s/BEegk9kw8Fgi iQ3v0nphmQ，最后访问日期：2024年8月19日。

和不得作出一定行为两种行为表现，即必须作为和不得作为两种形式。法律义务是根据国家的法律规范产生，并以国家强制力保证履行的。因此，义务不能放弃，是必须履行的责任。如果自然人或法人不履行其应尽的某种责任，国家就要强制其履行，情节严重的，还要受到法律的制裁。

监狱人民警察的义务，是指由国家法律所规定的监狱人民警察在行使职权、执行职务活动中必须履行的法律责任。这是监狱人民警察职务法律关系的重要内容之一。

本单元所介绍的监狱人民警察义务属于法律层面上的义务，即法律义务。关于监狱人民警察的义务，法律上有明确的规定。《监狱法》第13条规定："监狱的人民警察应当严格遵守宪法和法律，忠于职守，秉公执法，严守纪律，清正廉洁。"法律明确规定监狱人民警察的义务，有利于保证监狱人民警察在警务活动中正确行使职权，正确执行刑罚、惩罚和改造罪犯、预防和减少罪犯的特殊任务。

二、监狱人民警察义务的特点

监狱人民警察的义务是特定主体在特定领域内履行法定的职务时所必须履行的特殊义务，它具有法定性、特定性、平等性、强制性和自觉性等特点。

（一）法定性

监狱人民警察的义务是由国家法律法规规定的，主要是由《监狱法》加以规定，而不是随意设定的，其目的是为监狱人民警察正确行使职权、依法履行职责提供法律依据。这就要求监狱人民警察必须依照法律规范的要求来承担自己的义务。

（二）特定性

《监狱法》第2条第1款规定："监狱是国家的刑罚执行机关。"《监狱法》第5条规定："监狱的人民警察依法管理监狱、执行刑罚、对罪犯进行教育改造等活动，受法律保护。"国家对监狱人民警察完成任务所赋予的一定的职权，是以法律的形式对监狱人民警察一定行为的许可和保障，从而形成了监狱人民警察特殊的职务关系。监狱人民警察的义务是基于监狱人民警察的职务关系产生的，因而承担和履行义务的主体具有特定性，只有监狱人民警察才是这些义务的承担者。另外，监狱人民警察义务的内容和履行义务的时空范围也具有特定性。

（三）平等性

监狱人民警察作为国家公务员，受国家委任而执行公务，不论职务高低、资历深浅，都必须严格履行法律为其设定的义务，而不能因为职务和分工的不同而在履行义务上存在差别，任何人都不能享有特权。同时，监狱人民警察在履行职务时也要平等地接受法律监督机关和社会各界的监督。

（四）强制性

这是由监狱机关的性质及监狱人民警察所担负的神圣职责决定的。国家通过法律法规的形式对监狱人民警察的义务作出了规定，这种规定具有强制性的特点，依靠国家强制力量来保证实现，对每一个监狱人民警察都具有普遍的约束力，要求监狱人民警察必须无条件地履行和服从其法定的义务。没有强制性的义务作保障，就很难完成惩罚和改造罪犯这光荣而艰巨的任务。同时，监狱人民警察还必须无条件地接受来自国家权力机关、检察机关、社会组织团体和个人对其执行刑罚活动的依法监督。无论任何人，如果不履行其警察义务，实施了违法违纪乃至犯罪行为，均要追究其相应的法律责任。

（五）自觉性

这是由监狱人民警察的性质决定的。监狱人民警察作为国家的专政力量和专政工具，是国家意志的化身，必须在思想上、政治上、组织上同党中央保持高度一致，这是监狱人民警察自觉履行义务的重要基础。拥有一支具有高度政治觉悟和为人民民主专政献身精神的监狱人民警察队伍，是正确处理好个人与组织、自觉与强制关系的前提，是监狱人民警察队伍的政治优势，是保持监狱人民警察队伍战斗力的前提。

学习任务二　监狱人民警察义务的内容

一、《监狱法》中规定的监狱人民警察应履行的义务

《监狱法》第13条规定："监狱的人民警察应当严格遵守宪法和法律，忠于职守，秉公执法，严守纪律，清正廉洁。"这是《监狱法》规定的特定义务，也是监狱人民警察义务的基本内容。

1. 严格遵守宪法和法律。宪法是国家的根本大法，具有最高法律效力，是一切法律制定的根据。监狱人民警察作为司法机关的工作人员，作为国家刑罚执行者，其各项活动都是为了体现国家的意志。严格地遵守宪法，维护宪法的权威与尊严，保证宪法的实施，是监狱人民警察的天职。法律是国家权力机关制定的反映全国人民意志的各个领域的规范性文件，仅次于宪法，具有普遍约束力，要求人们普遍地遵守，作为监狱人民警察理应自觉地遵守各项法律。

遵守宪法和法律是每一位公民应尽的义务，但作为监狱人民警察，其守法义务与普通公民的守法义务是不同的。监狱人民警察的守法义务，主要是要求监狱人民警察在履行职务过程中，在从事监狱管理以及执行刑罚、教育改造罪犯的活动时，必须严格依照宪法与法律的规定进行，最为关键的是严格执法，依法行刑。这就要求监狱人民警察熟练掌握法律法规，增强法治观念，树立执法意识。监狱人民警察在履行职务时能否严格遵守宪法和法律的规定，直接关系到执法的严肃性。这就要求监狱人民警察必须做到"有法必依、执法必严、违法必究"。只有全面贯彻执行"有法必依、执法必严、违法必究"的原则，才能使我国的法律真正落到实处，充分发挥其强大的作用力。

2. 忠于职守。"忠于"是指忠诚地对待，"职守"是指工作岗位，所从事的工作。忠于职守就是指忠诚地对待自己的工作，尽职尽责地完成自己的任务。监狱机关承担着正确执行刑罚、惩罚和改造罪犯、预防和减少犯罪的任务，而这一重任具体是要依靠每一位监狱人民警察去完成。因此，要求监狱人民警察忠于职守，就是要求他们必须忠于对罪犯的惩罚、改造和矫正事业，任劳任怨地坚守工作岗位，尽职尽责地管理好监狱的各项事务，准确有效地执行刑罚。

《监狱法》将忠于职守作为监狱人民警察的义务之一予以明确规定，目的是要求监狱人民警察在履行职务过程中，具有对国家和人民负责的精神，具有强烈的事业心和

责任感。这就要求监狱人民警察必须做到：①要充分认识本职工作的重要意义，通过劳动改造、教育改造、狱政管理等手段，改造罪犯的思想，矫正罪犯的行为，把罪犯改造成为守法公民。这是一项化腐朽为新生、消除假恶丑、重塑真善美的光荣而伟大的工作。将这项工作做好，有利于维护社会秩序的稳定，保障改革开放和现代建设事业的顺利进行。所以，监狱人民警察必须充分认识到这项工作的重大意义，热爱自己的工作，有忘我的工作精神，鞠躬尽瘁，做到兢兢业业、尽职尽责。②要有开拓创新精神。在改革开放的今天，罪犯的构成发生了很大的变化——重刑犯增多，智能型罪犯增多，"邪教"类罪犯增多，涉黑、涉毒型罪犯增多，而有些类型罪犯相对减少。这就要求监狱人民警察要不断提高业务素质，不断改进工作方法。③要严格遵守规章制度。规章制度是工作得以顺利开展的保证，每位监狱人民警察都要严格遵守，认真执行，要自觉地用组织纪律、工作纪律和岗位要求约束自己，争做遵章守纪的模范。④要坚守自己的岗位，严格履行国家赋予自己的职责，努力完成本职工作，以高度的责任感和认真负责的精神行使职权。对待本职工作，不能麻痹大意，不能懒惰推诿，不能玩忽职守。

3. 秉公执法。"秉"具有拿着、握着、掌握、主持等含义。"公"就是公平、公正、公开。公正是法律永恒的价值追求。"秉公"就是依照公认的道理或公平的标准。"秉公执法"就是在执法过程中，按照公认的道理或公平的标准执法。监狱人民警察秉公执法，就是要求他们在执行刑罚的过程中，一切以国家和人民的利益为重，坚持以事实为根据，以法律为准绳，刚正不阿，铁面无私，要公平、公正、严格按照法定内容和程序进行，真正做到不枉不纵。具体地讲，就是要求监狱人民警察对待服刑人员要一视同仁，不偏袒任何人，坚持法律面前人人平等的原则。在处理问题上，始终坚持以事实为根据，以法律为准绳的原则，实事求是，一切从实际出发，重调查研究，在任何情况下，都要从"公心"出发，努力做到不徇私情、不畏权贵、不偏不倚、不枉不纵，自觉地维护法律的严肃性。特别在服刑人员减刑、假释、暂予监外执行、奖惩等问题上，更应该根据事实情况和法律规定进行公平、公正地处理。凡是符合法定的减刑、假释、暂予监外执行、奖励条件的，不管是谁，都应该依法提请减刑、假释、暂予监外执行或者给予奖励；凡是不具备法定条件的，不管有什么关系，也不管谁打招呼和说情，都应该坚决予以拒绝。监狱人民警察在执法中唯一的标准就是事实与法律。在我国，绝不允许任何人以国家职权作为谋取私利的手段，绝不允许有凌驾于法律之上、超越法律之外的特权。那些徇私枉法，以权谋私，凭关系、人情、金钱执法的行为和现象是与秉公执法原则背道而驰的，这种违法行为必将受到法律的严惩。秉公执法既是国家法制尊严的基本要求，也是维护监狱人民警察执法权威的基本要求，同时还是监狱人民警察的法律责任和职业责任。

国家赋予了监狱人民警察执行刑罚等职权，如果不能做到秉公执法，不能正确行使自己的职权，必定会给党与政府的声望和威信带来损害，这就要求监狱人民警察必须做到：①要知法、懂法。监狱人民警察必须认真学习和掌握法律法规，做到知法、懂法。只有知法、懂法，提高业务水平和政策水平，才能正确适用法律，严格执行法定程序，这是真正做到秉公执法的前提和基础。②要增强法律意识和法治观念，尤其要正确处理好"情"与"法"、"权"与"法"及"钱"与"法"的关系。凡是法律规定禁止做的事情，监狱人民警察就坚决不做；凡是法律规定必须做的事情，监狱人民警察就要带头去做；凡是法律赋予监狱人民警察的职权，就必须依照法律规定来正确行使。③必须坚持实事求是，重证据，重调查研究。监狱人民警察作为执法者，在罪犯的劳动、教育、管理、收押、释放、考核、奖惩等各项具体工作中，必须深入实际，调查研究，在弄清事实、掌握证据的基础上，正确地适用相关法律法规，做到不枉不纵、不错不漏，不偏听偏信，不公报私仇，不搞权钱交易。

4. 严守纪律。纪律是一种带强制性的约束人们行为的规范。换句话说，它是要求人们遵守在当时条件下已经确立的秩序、命令和职责的一种行为准则。纪律是执行路线的保证，是行动的指南。监狱人民警察是带有武装性质的组织，其组织管理和职务行为，体现出一定程度的军事化并具有明显的强制性，而且还面临着各种复杂的不确定突发情况。所以，严明纪律、严守纪律，对于监狱人民警察来说尤其重要，这是履行特定职责的必然要求。把严守纪律规定视为监狱人民警察的一项义务，这不仅是建设一支素质高、战斗力强的监狱人民警察队伍的需要，也是提高工作效率，实现监狱行刑目的，做好监狱各项工作的重要保障。因此，要做一名称职、合格的监狱人民警察，必须要严守纪律。

5. 清正廉洁。廉洁是执法者最基本的职业操守。清正廉洁，是指监狱人民警察在行使职权过程中，个人利益服从国家利益，按原则办事，公道办事，处理事情公平、公正，一身正气，两袖清风。监狱是国家的刑罚执行机关，监狱人民警察是国家的执法者和监狱管理者，监狱人民警察队伍是否清正廉洁，直接关系到党和政府的声誉和形象。监狱人民警察在履行清正廉洁这一义务方面必须做到：①立场坚定。这是由监狱人民警察的性质决定的，监狱人民警察必须站稳政治立场，坚定地站在广大人民群众的立场上，必须始终明确和坚持自己的政治态度和政治立场。必须始终忠于党、忠于国家、忠于人民、忠于法律。②要树立正确的人生观、价值观、是非观、荣辱观和金钱观。监狱人民警察要珍视人民警察的光荣称号，时刻保持一个人民公仆的本色，树立正确的人生观、价值观，有崇高的理想和高尚的品格，应该讲政治、比贡献，而不是谈金钱、比享受，能自觉抵挡住金钱、名利、美色的诱惑。③要树立艰苦奋斗、无私奉献的精神。艰苦奋斗是中华民族的传统美德，监狱人民警察要树立长期奋斗、勤俭朴素的思想，要有信心、有决心战胜一切困难。监狱人民警察要热爱、忠于并自愿献身于监狱工作，要深刻认识到，手中的权力是人民给的，应该利用它来维护社会的安全，保护国家和人民的利益，勤勤恳恳做好自己的本职工作。

二、其他有关法律、法规、规章中的监狱人民警察应履行的义务

《人民警察法》第20条规定："人民警察必须做到：（一）秉公执法，办事公道；（二）模范遵守社会公德；（三）礼貌待人，文明执勤；（四）尊重人民群众的风俗习惯。"这是对人民警察所规定的具有普遍意义的义务，监狱人民警察必须遵守。司法部于2011年9月13日颁布的《监狱劳教人民警察职业道德准则》和《监狱劳教人民警察职业行为规范》，要求监狱人民警察热爱祖国，对党忠诚；执法公正，管理文明；教育为本，安全为先；廉洁守纪，敬业奉献。司法部印发的《关于在全国监狱劳教人民警察队伍中开展执法大培训、岗位大练兵活动的意见》指出，要使全体监狱劳教人民警察理想信念进一步坚定，始终坚持党的事业至上、人民利益至上、宪法法律至上，切实做到党在心中、人民在心中、法律在心中、正义在心中；履职能力进一步增强，努力成为开放、透明、信息化条件下各个岗位的行家里手，切实履行岗位职责，胜任本职工作；执法行为进一步规范，严格执行监狱劳教工作各项法律政策，使执法权在阳光下运行，做到既严格公正廉洁执法，又文明规范执法；职业道德进一步强化，恪守监狱劳教人民警察职业道德规范，树立监狱劳教人民警察的良好形象。按照中央关于推进社会主义核心价值观体系建设的要求，政法干警（包括监狱人民警察）的核心价值观概括起来就是忠诚、为民、担当、公正、廉洁。这些都是监狱人民警察应履行的义务。监狱人民警察不依法履行义务的，按照相关法律、法规承担责任。

思考练习

1. 请简述监狱人民警察义务的内涵。
2. 监狱人民警察义务有哪些特征？

思政园地

跳河救下溺水者，他成为四川监狱深蓝志愿"担当先锋"[1]

2024年2月21日，在成都市复兴桥附近，四川监狱人民警察李志新发现府南河中有群众溺水，他立即冲向河堤，边跑边提醒围观群众拨打110、120，然后跳入河中将溺水者拉上河堤，用他在警务技能训练中所学的急救知识，先行对溺水者进行胸外按压和倾斜排水，让溺水者慢慢恢复了意识，脱离了生命危险。

为表彰先进，弘扬正气，四川省监狱管理局团委决定评选四川监狱深蓝志愿服务队川北支队注册志愿者李志新为四川监狱深蓝志愿服务"担当先锋"。

创新园地

拓展学习

宋代学者费枢编写了《廉吏传》，这是一部专门记述清官廉吏的传记。他从典籍中选取历代为官清正、有功于社稷、施仁政于百姓者112人整理而成，上起春秋，下至唐末。晚明学者黄汝亨从友人处得到费枢的著作后，对其进行了大幅扩充，对原书叙

---

[1]《跳河救下溺水者，他成为四川监狱深蓝志愿"担当先锋"》，载 https://law.cnr.cn/jwbd/20240305/t20240305_526616972.shtml，最后访问日期：2024年3月5日。

事太简略的地方进行了补充，增写五代之前廉吏 133 人、宋元廉吏 64 人，共为 309 人立传。

古往今来，对于"廉"的理解，都不是仅限于不贪财物这一个方面。《周礼》曾提出了"六廉"："一曰廉善，二曰廉能，三曰廉敬，四曰廉正，五曰廉法，六曰廉辨。"廉吏是仁慈和善的，是既追求独善其身也追求兼善天下的，朝向止于至善的境界不断努力。

学习单元四　监狱人民警察职业能力

> 习近平在 2022 年春季学期中央党校（国家行政学院）中青年干部培训班开班式上讲话指出："立身百行，以学为先。对领导干部来说，依靠学习提高能力素质，这就是'学者非必为仕，而仕者必为学'的道理所在。有了对事业的责任心，才会有学习的内驱力、刻苦劲。"
>
> 一、知识目标
> 1. 识记：监狱人民警察职业能力的概念、内容；核心职业能力的内涵和结构。
> 2. 领会：监狱人民警察职业能力建设的要求和途径。
>
> 二、能力目标
> 1. 简单应用：监狱人民警察和领导者应具备哪些职业能力。
> 2. 综合应用：监狱人民警察职业能力的基本要求和建设途径。
>
> 三、素养目标
> 1. 通过掌握监狱人民警察职业能力的要求，促进学生有意识的提升职业素养。
> 2. 立足岗位职业能力标准，为新时代高技能人才的培育打好基础。

🔍 案例导入

业务精湛守平安
监狱戒毒人民警察实战大练兵见闻（中）[1]

一名合格的监狱戒毒人民警察，要具备哪些业务能力？不熟悉监狱戒毒工作的人可能会说：无非就是管好罪犯、戒毒人员。但事实并非如此。单就"管好"而言，监狱戒毒人民警察不仅要有侦察兵的单兵技能，还要有政治委员的思政工作能力；不仅要像谈判专家那样善于洞悉心理，还要像排爆手那般处变不惊。至于规范、公正、文明执法，还只是入门技能。

这些技能怎样"解锁"？课堂知识只是起步，更重要的在于从实战中练兵。在为期

---

[1]《业务精湛守平安 监狱戒毒人民警察实战大练兵见闻（中）》，载 http：//epaper.legaldaily.com.cn/fzrb/content/20240823/Articel01007GN.htm，最后访问日期：2024 年 8 月 23 日。

3年的全国监狱戒毒人民警察实战大练兵中,加强业务能力培训便是其中一项主要内容。

实战大练兵着重提升哪些业务能力?怎样提升?连日来,《法治日报》记者走进四川、广西、福建等地的"练兵场",一探究竟。

聚焦基本技能

2024年7月11日,福建省女子司法强制隔离戒毒所活动室内,随着民警的口令,戒毒人员正在做蹲下起立的动作。突然,一名戒毒人员身体不适,民警迅速上前为其检查。

为突发疾病的罪犯和戒毒人员正确实施抢救,是监狱戒毒民警确保场所安全有序的技能之一。在2024年实战大练兵中,各地增强了民警急救技能的培训力度,要求每个人都要会用AED急救器械,保障罪犯、戒毒人员生命安全。

实战大练兵开展以来,围绕保障场所安全,监狱戒毒系统还不断强化民警使用警械能力的训练等。据记者了解,截至2024年7月,福建省司法行政戒毒系统开展警戒护卫学习培训36次;四川司法行政戒毒系统在常用警械具使用方面开展多次"使用佩戴""选用标准"等业务培训。

在广西第三强制隔离戒毒所的操场上,记者目睹了一场"特殊警械"的技能培训。之所以称它是"特殊警械",一是因为它不是警棍、盾牌,而是警犬;二是因为这里是全国戒毒系统唯一一个警犬中队。

培训开始,警戒保卫科警犬中队中队长、二级警长劳干锋,穿上厚厚的蓝色靶衣,扮演不服从管教的袭警人员,手握长棍从静坐叫骂到站起挑衅再到挥舞长棍。此时警犬狂吠,且一直处于向前冲锋状态。随着袭警人员武力升级且警告无效后,训导员放开了警犬的牵引绳,警犬对袭警人员的左臂进行扑咬。训导员高声下令"放",警犬松了嘴。谁料,在训导员上前搜身时,袭警人员却转身猛砸民警,此时,警犬本能地又一次扑向袭警人员死死咬住他的胳膊。随着指令"放",警犬大声吠叫震慑,直到袭警人员双手抱头蹲下。

据了解,2024年上半年,该所警犬科目实操训练10个项目26项技能达300次,不间断地训练使训导员和警犬间的配合更加默契,有效提升了警犬中队业务能力和战斗素质,为维护场所安全稳定提供坚实警务保障。

监狱作为国家刑罚执行机关,依法对罪犯实施教育改造是法律赋予的职能,也是监狱民警工作能力和业务水平的综合体现。因此,实战大练兵开始后,教育改造业务成为监狱系统的培训重点。

福建省女子监狱党委书记、监狱长黄敏告诉记者,为了练好教育改造罪犯"内功",福建省女子监狱频频出招:开启"个别教育能手""民警讲师"等人才培养计划,邀请系统内及社会院校专家学者授课,进行针对性指导;开设监管改造业务培训班,分类设置计分考核、等级评定、教育活动、证据固定、档案管理5个科目,分层级设置基础班、提高班和精品班3个班型,根据民警实际岗位和需求开展轮班轮训;成立监狱—监区两级民警"讲师团",邀请拥有丰富经验的民警为导师,定期为大家讲课,同时根据工作中遇到的各种情形,组织民警开展现场讲评实战,进行"一对一"

点评，实现以培促学、以练促长的目的。2024年以来，累计开展14次授课，讲师团民警由24人增加到78人。

记者在四川、广西、福建采访时注意到，在实战大练兵中，监狱刑罚执行工作受到高度重视，三省（区）为提升民警刑罚执行业务能力水平，普遍开展"减假暂"业务专题培训、比武交流活动等。

福建省莆田监狱党委书记、监狱长卢良川告诉记者，为了提升刑罚执行业务能力和办案水平，监狱常态化开展业务培训、业务交流和业务知识竞赛活动，请民警结合多年的工作经验，从当前办理减刑假释案件面临的困难和问题、办理减刑假释案件需要把握的重点和难点、如何提升办案质量等方面进行业务培训。而且，在每月集中办案期间，由刑罚执行科经办民警解读"减假暂"最新文件、政策，开展典型案例研讨，不断提高民警业务水平。

瞄准信息技术

四川省嘉陵监狱，警报声骤然响起，一场应急处突演练开始了。

现场，十几名"罪犯"因小事产生矛盾而引发互殴。此时，一架无人机正在上空盘旋，无人机拍摄的互殴场景实时传至监狱指挥中心。根据无人机传回的信息，指挥中心民警精准研判，迅速处置了这起突发事件。

除了无人机，演练开始时的那声警报声也"大有文章"：一键报警多点响应机制，实现了报警点信息能同步传达至事发单位、指挥中心、特警队等部门，突发事件接处警流程进一步优化。

嘉陵监狱在注重信息化"硬件"应用的同时，也高度重视民警"软件"的培训。"凡是符合条件的民警都可以参加无人机操作培训。"嘉陵监狱政治处主任聂俊文说，无人机培训包括理论知识和飞行训练，"光会飞还不行，还要进行数据处理与分析训练，提升快速处理和分析无人机收集到的大量情报数据的能力。此外，我们还针对可能出现的外来无人机的威胁，每季度进行一次无人机反制训练"。

嘉陵监狱党委书记、监狱长庞雪原说道："精准及时处置突发事件，是因为我们把指挥中心作为指挥枢纽端，以省局、监狱两级指挥平台为载体，以监区、科室、特警队为信息收集端，以监区、特警队为主战处置端，以武警、地方部门为支援配合端，'两级五端'指战体系高效率运行。'两级五端'的运行，离不开懂技术的人，更离不开信息技术的培训。"

当前，监狱戒毒系统已将信息技术应用作为推进监狱戒毒工作法治化、规范化的重要手段。为发挥新技术、新装备在维护场所安全稳定、提升罪犯改造质量、规范公正文明执法中的科技支撑作用，科技培训成为业务能力培训的一项重要内容。

福建省监狱系统按照司法部要求，高标准建设集云计算、云存储、云安全和大数据分析研判等功能于一体的智能计算中心，全面建成具有狱政管理、教育改造等综合功能的"闽狱通"移动执法系统。目前，全省监狱民警正在组织分级分类业务轮训，力求最短时间全面掌握并熟练运用该系统，全面提升监狱执法、管理智能化水平。

实战大练兵期间，福建省莆田监狱组织基层民警开展"'数智'赋能 高效执法"业务能力培训。这项培训主要针对指挥情报子平台。通过该平台，可以实现数据自动汇总和实时可视化管理,并可与警务通数据共享,让民警实现"掌上"办公,也便于省局、监狱相关部门随时调取和掌握基层数据。

福建省司法行政戒毒系统依托省应急指挥数字集群平台,利用全省戒毒场所均在基站覆盖范围的优势,打造辐射全省戒毒场所的数字对讲系统。省局机关可以实现局指挥中心对全省戒毒场所点对点、点对面的实时指挥、快速调度、现场督导等一系列联动措施,在特定情况下,还可利用宽带频段实时传送视频、图像信息,便于突发事(案)件的处置与指挥。目前,局指挥中心,各所指挥中心、警戒护卫大队共计近百名民警接受相关培训,能够在日常工作和紧急状况下熟练使用该系统和设备。

学习任务一 监狱人民警察职业能力的涵义

监狱是国家刑罚执行机关,监狱人民警察依法管理监狱,执行刑罚,对于维护社会稳定、促进社会和谐具有十分重要的作用。监狱人民警察作为国家暴力机器的重要组成部分,是刑罚执行的主体。监狱人民警察职业能力建设能够提高监狱人民警察职业专业性程度,进而提高罪犯教育改造质量。因此,职业能力建设是加强监狱人民警察队伍建设的关键,是提高监狱人民警察凝聚力、战斗力和职业自豪感的重要途径,有助于监狱本质职能的发挥,推动监狱事业健康、协调、可持续发展。

一、监狱人民警察职业能力的概念

监狱人民警察的职业能力包含两层内容:一是素质,二是养成、培养。所谓素质,通常认为"是指个体完成一定活动(工作)与任务所具备的基本条件和基本特点,是行为的基础与根本特点,包括感知、技能、气质、性格、兴趣、动机等个人特征。"[1]"监狱警察的素质是指监狱人民警察在对罪犯实施惩罚和改造的活动中所体现出的内在特质和群体内部特征。"[2] 监狱人民警察的素质包括个体素质和群体素质。监狱人民警察的素质是一个静态的概念,而监狱人民警察的职业能力包含了素质的培养、养成、建设的过程,是一个动态性概念,这也是与监狱人民警察现代化的动态描述相契合的。综合各种关于"素质""监狱警察素质"的概念描述,本书认为,可以把"监狱人民警察职业能力"这一概念界定为:监狱人民警察职业能力是指监狱人民警察为完成依法管理监狱、执行刑罚、惩罚和改造罪犯的职责,不断对个体及群体的感知、技能、气质、性格、兴趣、动机等职业特质进行培养、完善的过程。

二、监狱人民警察职业能力的特征

1. 稳定性。监狱人民警察职业能力是个体与群体在一定职业环境中所培养的稳定的结构性因素,不是只存在于一时一事中,而是表现出一定的稳定性、连贯性和一致性。

2. 可塑性。监狱人民警察的职业能力是在个体遗传、职业环境以及个体能动性的共同作用下形成和发展起来的,并非与生俱来,在个体和外在影响下,可以通过实践

---

[1] 李和中、钱道赓等:《中国公务员素质建设研究》,中国社会科学院出版社2008年版,第4页。
[2] 李豫黔主编:《监狱人民警察管理》,警官教育出版社1998年版,第96页。

和学习得到提高，形成成熟、稳定的能力。如忽视不断的训练和养成，成熟的能力也会萎缩和退化。因此，可塑性正是加强职业能力培养与建设的意义之所在。

3. 差异性。"世界上没有两片完全相同的树叶。"监狱人民警察不同个体在具体职业能力上，具有不同的表现，也因此对职业能力建设的具体措施手段与重点任务都提出了更为系统和精准的要求。

4. 综合性。无论是个体素养还是群体的能力水平，都作为一个高度统一的有机体而存在，是监狱人民警察职业能力的一个元素，互相联系，互相影响，互相辐射。

5. 层次性与相对性。监狱人民警察职业能力具有核心能力、基本能力和生成能力之分，表现出不同的层次性。基本能力是核心能力的基础，核心能力又是生成能力的基础。

三、监狱人民警察职业能力的内容

监狱人民警察能力系统是一个包含其生理、心理、气质、智力、知识、品质等多方面因素的复杂系统，其内容主要体现在以下方面：

1. 政治能力。政治能力是一个人从事社会政治活动所必须具备的基本条件和基本品质，是一个人的政治思想、政治方向、政治立场、政治观念、政治态度、政治信仰的综合表现。监狱人民警察作为刑罚执行者，行使着法律赋予的行刑权，承担着惩罚改造罪犯的重要职责，其特殊职责要求监狱人民警察必须具备鲜明而严格的政治方向、政治立场、政治纪律、政治鉴别力、政治敏锐性和政治技能，在纷繁复杂的环境下和特定的困境中始终保持清醒的头脑、坚定的信念、高尚的品格、服务的意识。监狱人民警察的政治能力主要包括：①政治方向。政治方向是指代表一定阶级、政治集团、派别，反映这个阶级、政治集团、派别的利益和要求的目标。监狱人民警察作为国家法律机器中的一部分，必须自觉坚持四项基本原则，努力践行社会主义法治理念，推进依法治监进程。②政治立场。政治立场是指立足于一定的阶级、政治集团、派别，反映其利益和要求的态度。监狱人民警察必须要时刻强化宗旨意识、公仆意识，权为民所用，利为民所谋，情为民所系。③政治观点。政治观点是指关于政治问题的看法和主张。监狱人民警察必须强化大局意识、政治意识，事事、时时讲政治。④政治纪律。监狱人民警察要自觉遵守公务员和人民警察各项法规、纪律要求，有令必行，有禁必止。⑤政治鉴别力。要求监狱人民警察在光怪陆离、纷繁复杂的现代生活意识形态领域、生活方式等方面，要树立正确的"真善美、假恶丑"标准，大是大非面前不糊涂，具有深刻的洞察力，时刻保持清醒、镇定。⑥政治敏锐性。要求监狱人民警察必须要自觉培养战略的眼光、开阔的视野，反应灵敏，目光敏锐。

2. 法德能力。法德能力包括依法行政能力和职业道德能力。首先是依法行政能力。洛克曾指出："政府所有的职权，既然只是为社会谋幸福，因而不应当是专断的和凭一时高兴的，而是根据既定的和公布的法律来行使。"[1] 依法行政是近代法治社会所普遍奉行的准则。刑罚执行权是国家权力中的一项特殊的权力，它既包括狱政管理活动中的行政处罚权，还包括特殊的司法权环节（如减刑、假释等司法建议权力），具有一

---

[1] [英]洛克：《政府论（下篇）》，商务图书馆1964年版，第86页。

定的自由裁量权。孟德斯鸠指出："一切有权力的人都容易滥用权力，这是万古不易的一条经验。"[1] 监狱人民警察必须确立现代法治理念，弘扬法治精神，树立宪法和法律权威意识，依法行使职权，强化权责统一意识和按程序办事的理念，自觉推进法治进程。其次是职业道德能力。康德曾说过："只有出于责任的行为才具有道德价值。"[2] 责任是一切行为道德价值的源泉。监狱人民警察应当按照监狱工作职业道德要求，注意培养道德情感，强化道德意识，养成道德行为，成为一个具备高尚职业道德的人。监狱人民警察良好的职业道德规范主要有立场坚定，是非分明；执法不阿，处事公正；服从命令，听从指挥；言教身范，以理服人；文明人道，沉着冷静；忠于职守，勇于献身等。

3. 专业能力。①刑罚执行能力。刑罚执行能力是监狱人民警察在刑罚执行过程中，依照法定职权和法定程序，行使职权，履行职责，贯彻实施法律的能力。监狱是国家的刑罚执行机关，监狱刑罚执行的好坏，直接关系到刑事司法目标能否最终实现，关系到社会安全保障目标能否最终落实。②教育矫正能力。教育矫正能力是监狱人民警察通过各种有效的途径和方法，教育罪犯认罪悔罪，自觉接受改造，增强法律意识和道德素养，构建健康心理，掌握一定的文化知识和劳动技能，成为守法公民的能力。教育矫正是改造罪犯的基本手段，是监狱人民警察的"看家本领"。③维护监管安全稳定能力。维护监管安全稳定能力是监狱人民警察落实监管安全制度，规范监管安全管理，维护监管改造秩序的能力。确保监狱安全稳定是监狱工作的第一责任，是监狱人民警察的首要任务。④应急处置能力。应急处置能力是监狱人民警察面对各类狱内突发事件，应具有的监测预警、应急决策、处置应对、资源配置、善后管理等能力。应急处置能力是监狱人民警察维护监管安全，适应监管安全形势不断变化的"有力武器"。⑤信息化实战应用能力。信息化实战应用能力是监狱人民警察运用信息技术开展各项工作的能力。近年来，随着监狱信息化建设不断推进，如何更好地运用信息技术实现管理现代化、促进监狱工作转型，对监狱人民警察的信息化实战应用能力提出了更高的要求。信息化实战应用能力具体包括最新安防技术，信息设备，侦测技术，警用设备的使用、维护等方面。⑥创新能力。创新能力是监狱人民警察在依法履行刑罚执行、狱政管理、教育改造等职责过程中所形成的创造性认识问题、解决问题的能力，是监狱人民警察主观能动性的高级表现形式，是推进监狱警察队伍整体素质提高和监狱事业发展的动力源泉。⑦综合事务处理能力。综合事务处理能力是指监狱人民警察分析、应对、处理监狱工作中所需的服务性或辅助性事务的能力，包括政务工作、公文处理、事务处理、警用装备管理、对外宣传、监狱社区管理等能力。

4. 知识能力。"非识无以断其义，非才无以善其文，非学无以练其事。"监狱工作的实际情况，需要监狱人民警察在知识能力上具备"T形"结构，既是"专才"，又是"通才"，专业知识上要具有一定的深度，专业要精通，知识面上要具备一定的广度，在知识的更新上要不断贴近新理论、新形势、新科学的前沿，努力应用到工作实践中。

---

[1] [法] 孟德斯鸠：《论法的精神》，商务印书馆1982年版，第154页。
[2] [德] 康德：《道德形而上学原理》，上海人民出版社1986年版，第121页。

监狱人民警察知识能力包括三个方面：①基本知识。所有监狱人民警察都必须掌握的知识，离开这些基本的知识，就无法实现基本的履职要求。如马克思主义基础理论、行政公文知识、监狱学基础知识等。②专业知识。目前司法部确定了六大核心专业知识，即法律、监所管理、教育学、心理学、信息工程、医学。③辅助知识。为较好地完成工作而需要掌握的知识，如社会学、外语、社交礼仪、民俗文化等。

5. 综合能力。①学习能力。这是监狱人民警察各项能力素养中的核心和基础能力。学习能力的强弱直接决定和影响着观察、分析、理解、判断和反应能力的高下，学习能力不仅决定了监狱人民警察的文化基础知识、价值观，而且还是监狱人民警察诸多能力的综合反映。②语言表达能力。监狱人民警察主要是做罪犯的思想矫治工作，教育工作的需要决定了监狱人民警察既要具备良好的口头表达能力，还要具备较好的文字表达能力。③沟通协调能力。监狱人民警察面对的群体是多层次的，既包括罪犯，还包括罪犯亲属，监狱企业经营的客户、同事、领导等。监狱人民警察要以真挚的情感待人接物，以实事求是的态度与人沟通交流，能够正确处理不同意见，尤其是与怀有固有成见的群体亦要有理有据有节地进行沟通，选择合适的语言方式，从而使对方接受和认可。④调查研判能力。它是监狱人民警察观察、分析、理解、判断能力的综合体现，人的思想是最复杂、最具有动态变化特点的。押犯构成的复杂性、舆情的关联性、狱情的多变性，决定了监狱人民警察必须具有较强的洞察力，善于捕捉细微多变的信息，透过现象看本质，把握主要矛盾，善于预见事物变化和发展的趋势，正确理解公共政策和监狱政策的变化，深入调查，掌握资料，加强分析和综合研究，把握规律，使之为我所用，成为教育矫治罪犯的行动指导。⑤应变决断能力。监狱人民警察必须要善于根据工作目标、工作计划以及外部环境和条件的变化，恰当地调整个人的行为，运用不同的思想、不同的策略、不同的方法、不同的形式，以灵活的方式待人处世、审时度势，以变对变，以快对快，以活对活，以变取胜，在复杂多变的环境中赢得主动。应变决断能力还包括增强危机意识，果断应对、处置突发事件。

6. 心理能力。心理能力是指监狱人民警察在执法工作中表现出来的各种心理要素和心理活动的品质以及由此形成的心理状态。主要包括以下几点：①成熟的自我意识。包括自我感知、自我评价、自我控制、自我调节、自尊心等。监狱人民警察要善于认识自己，理解自我的个性特点和能力特征，自我定位准确，主动进行自我心理调适，自我矫正，努力培养平和的心态，淡泊名利，宁静致远，宠辱不惊。②积极的情感和坚强的意志。监狱人民警察胸中要存有一份教育感化挽救罪犯的大爱，要确立对监狱事业的热情，胜不骄，败不馁，要具备坚忍不拔、百折不挠的坚强意志。③良好的个性心理品质。要培养正确的需求和动机，树立正确的人生观和价值观，自警自励，自重自强。

7. 身体能力。主要是指人体在先天遗传变异和后天获得的基础上表现出来的形态和机能上的相对稳定的特征，一般用健康状况来衡量。主要包括体力、耐力、毅力、适应能力和反应能力。监狱人民警察担负着较为繁重的工作职责，教育、矫治、管理罪犯等工作职责对监狱人民警察的身体能力提出了较高的要求，身体能力的优劣一定程度上直接决定了监狱人民警察履职能力的称职与否。

学习任务二　监狱人民警察职业能力建设

一、监狱人民警察职业能力建设的意义

监狱人民警察职业能力建设是新时期监狱工作创新和发展的有效手段，也是提高监狱人民警察整体素质的重要途径，其重要意义有以下三个方面：

1. 监狱人民警察职业能力建设是监狱工作变化发展的迫切要求。当前，监狱工作正向科学化、法治化、社会化的发展方向持续推进。这就要求处于监狱工作改革发展主体地位的监狱人民警察队伍，必须通过提升监狱人民警察整体和个体的素质和能力，优化警力资源配置，不断适应监狱事业发展的现实需要。

2. 监狱人民警察职业能力建设是推动监狱人民警察队伍建设的重要举措。监狱工作目标、职能和内外环境的变化发展，对监狱人民警察的素质和能力提出了更新更高的要求。通过实施教育培训、专业化建设、人才培养和警察文化建设等一系列职业能力建设的措施，能够使监狱人民警察具备良好的专业素养和业务技能，营造积极向上、和谐共进的团队文化和学习氛围，快速适应现实工作变化发展的需要，提高队伍建设水平。

3. 监狱人民警察职业能力建设是提升监狱工作效能的有效途径。工作效率偏低的问题在监狱系统客观存在，原本有限的警力常常得不到最合理、最有效的使用。对此，一方面通过调整警力配置结构，最大限度地充实基层一线警力，提高整体工作效率；另一方面，通过建立、健全监狱警察任用、培训、教育等机制，优化警察个体实战能力，由点到面、由局部到整体地提升警察队伍的执行力和战斗力。

二、监狱人民警察职业能力建设的制约因素

对当前监狱人民警察队伍建设中存在的问题进行分析，可以看出：一是职业能力实践的内涵总体比较肤浅。由于缺乏深奥复杂的知识和技能，监狱人民警察这一职业给人们一种"除了拥有普通的知识外不要求特别的训练，只要政治上合格，有一定的文化知识谁都能当监狱人民警察"的印象。二是监狱人民警察职业能力发展欠缺动力。由于职业能力实践内涵的肤浅，也就无法凭借深奥复杂的知识和技能获得社会对监狱工作的充分尊重和敬畏，更不会主动让渡较高的权力给监狱人民警察这一职业，同时因为缺乏较高的社会认可等作为激励和回报，监狱人民警察的工作积极性和主动性一定程度上会受到影响。尽管在监狱人民警察队伍建设中，一直进行着继续教育，以提高监狱人民警察的知识技能，改善教育改造的实践范式，一直在努力落实从优待警政策，以增强监狱人民警察的工作积极性，一直在倡导高尚的监狱人民警察职业道德，但是，监狱人民警察职业能力开发程度在总体上仍处于一个较低的水平。三是监狱人民警察专业分类不统一，导致专业化标准体系空缺。自2002年提出监狱人民警察队伍专业化建设以来，始终没有出台全国性统一规范的专业分类和专业标准，全国缺乏监狱人民警察职业能力建设专业组织和专业标准体系。由于监狱人民警察职业能力建设的要求并未形成约束性、指导性、规范性的机制，没有相应指导，监督的部门、没有检查考核，监狱难免会将职业能力建设当成软任务而产生消极的思想意识，存在等待

观望的心态。四是监狱人民警察职业能力培训针对性、有效性不强，导致监狱人民警察的业务水平较低。近年来对警察采取的大多是"大呼隆"式和"蜻蜓点水"式的培训，培训时间短，针对性弱，内容欠系统，难以取得预期的培训效果。虽然采取了"岗位大练兵""岗前培训""凡晋必培"等培训手段，试图提升警察素质和岗位技能，但"专家型"警察欠缺，监狱人民警察实际上所学的知识与监狱工作所需的专业技能、获得的文凭与实际的知识水平都有一定的差距。五是我国监狱学理论研究薄弱，民警专业技术知识水平不高，导致监狱人民警察职业能力建设面临知识困境。监狱作为社会的一个特殊窗口，折射着社会现实和人类文明程度。然而，由于监狱问题在我国学界似乎一直是鲜有人问津的边缘性学术课题，从事监狱学研究的人士大都来源于监狱系统内部，而高校和社会科研机构中也只有法学界的极少数人关注监狱问题，研究人员的知识背景单一，缺乏相关学科的支援，造成监狱学研究的学术视野狭窄，基础理论薄弱，监狱人民警察职业能力建设缺少监狱行刑和管教罪犯方面更为专业的知识和技能基础。

综上所述，造成以上制约因素的重要原因就是没有用结构性能力建设措施来解决，没有将监狱人民警察的知识、权力、伦理三方面联系在一起，从而导致三者之间各自为营，也就产生不了良性循环和结构性、系统性效应。监狱人民警察职业能力建设就是要对各种具体措施统一规划，通盘考虑，相互结合和配套，并与社会改革的步伐和内容相适应，从根本上解决问题。

三、监狱人民警察职业能力建设的基本要求

监狱人民警察职业能力建设通过提升警察整体与个体素质、能力，重点解决警力素质不强、执法水平不高、警察能力和素质粗放等问题，同时根据岗位分类、专业分类情况，通过互补匹配效应使得人员、专业、岗位获得最优匹配，最大限度发挥岗位工作效能，实现警力发展方式的科学转变。监狱人民警察职业能力建设应遵循以下四个基本要求。

1. 立足实际。一要健全组织领导，监狱应成立负责职业能力建设的领导机构，合理规划中长期目标和基本政策导向，建立全面、协调、可持续的职业能力建设战略，对后续工作进行宏观指导和管理；二要制定具体措施，在前期广泛调研、反馈的基础上，从监狱实际出发，因地制宜，因人定制，针对性制定职业能力建设的配套措施，并根据开展情况及时予以修正和补足；三要考虑成本，在政策制定过程中，要结合监狱现有警力资源状况，遵循适度、适当和适时原则，充分考虑开发成本，量力而行，在具体实施阶段，要注重职业能力建设的经济效益，减少资源浪费。

2. 基层为主。基层监区是监狱改造罪犯的基本单元，是刑罚的终端执行机构，其警力配置及其素质是提高罪犯改造质量、维护监狱安全稳定的关键。因此，监狱要牢固树立重视基层、面向监区的思想，在能力建设的措施与手段上优先考虑监区情况。要调整监区基层的能力开发训练模式与资源调配，使其适应直接、有效的监管和教育改造罪犯的需要。

3. 系统推进。监狱人民警察职业能力建设是适应当前监狱工作发展和体制改革的新兴产物，是一项具有全局性、长期性、系统性的开发工程，需要通过一系列配套措

施推进机制的运行与实施。首先，通过加快制度建设，从选人用人制度、薪酬体系、业绩考核制度、奖惩制度等人事管理方式入手，树立积极的政策导向，用制度来体现清晰、有效、简洁的工作标准、工作程序、岗位职责、考核标准，进而规范执行力的标准，用制度来消除责权利不对等、信息沟通不畅、职责不清、推诿扯皮等影响执行力的因素，通过制度的健全促进能力提升目标的实现。其次，加大资金投入，对警力资源消耗较大、效率较低的装备、设施要逐步淘汰，积极引进先进装备与设施，提高监管警戒设施的技术含量和装备水平，最大限度释放人力资源效能，将监狱人民警察的职业能力发展重心引入提高监狱管理水平和教育改造质量等工作中去。同时，要加强单警防护装备建设，配齐警棍、警笛、对讲机、催泪瓦斯喷射器材，提高单警的应急、防暴、处置突发事件能力，做好安全保护工作。

4. 丰富内容和形式。监狱人民警察职业能力建设的核心内容是通过教育培训、系统学习等形式，增强警察学习意识，提高警察素质能力。因此，在内容和形式上，应做到整体把握、分类分层、丰富多样，提高职业能力建设开发的针对性和实效性。要建立具体完备的实施体系，针对不同层次、不同岗位的需求，根据监狱人民警察队伍的整体要求、结构变化以及个体岗位变换和职务变化，科学地调整、丰富职业能力建设开发的内容及形式。例如，在内容上，以理论知识、监狱实务为基础，以生产管理、学历教育及其他知识更新、能力拓展项目等为补充。在形式上，逐步完善具有监狱人民警察岗位特色的职业能力建设开发网络，如采取脱产培训、集中办班、专题教育、文化活动等多种形式和方法，促进监狱人民警察职业能力建设管理和开发的常态化、规范化和多样化。

学习任务三　监狱领导者核心职业能力建设

监狱领导者作为监狱管理的核心，其职业能力的高低直接关系到监狱整体工作的质量和效果。在新时代背景下，监狱力量、领导者需要不断提升自身的核心职业能力，以应对日益复杂的监狱管理挑战。

一、监狱领导者核心职业能力的内涵

监狱领导者是指对于监狱发展负有特定责任和具有特别影响力的人。这里有广义和狭义之分。广义的监狱领导者，上至司法部部长、监狱局局长以及其他班子成员，中至省级监狱局的局长、政委，下至监狱的监狱长、政委甚至监区长、教导员。狭义的监狱领导者，特指监狱长、政委，仅指监狱长这一职级。监狱长作为一个监狱的最高行政领导，对监狱工作负有全部的责任。所以，监狱领导者的核心职业能力，对于监狱的发展起到至关重要的、根本性的和关键性的作用。所谓核心职业能力，就是"在整个能力体系中处于本质层面和要害地位、起关键作用的能力。领导者核心能力不是一种单项的能力，而是一种深层次、高境界、宽层面的累积性、叠加性、拓展性能力，是在基本能力整合基础上形成的深度能力，它处在根本性、基础性、关键性位

置。"[1] 以此来定位和界定监狱领导者的核心能力，就是指监狱领导者对于监狱创新发展起根本作用的学识和本领。

二、监狱领导者核心职业能力的结构

对监狱领导者的核心职业能力结构进行理想化的架构和具体分解，能够辨明哪些是作为优秀监狱领导者的能力构成。监狱领导者的核心职业能力，可以细分为原发能力、基础能力、发展能力和职业能力。这四个方面的能力中，原发能力是最底层的、具有广谱价值的能力，即一般所说的领导潜质、悟性和才识。基础能力是基本的和起点性的能力。发展能力是处于最高端的能力，处于金字塔的顶端，是继续发展、拓展和持续上升的能力，其必须建立在原发能力和基础能力的基础上。而职业能力则是作为台阶，起到引领、提升作用，这主要是教育改造罪犯的能力、保持监狱持续安全稳定的能力、严格公正文明廉洁执法的能力、监狱内部正规管理的能力、改革创新的能力、抓班子带队伍的能力。

1. 原发能力。原发能力是指作为监狱领导者本来就应该具备的、最基本的能力。在这些能力上出了问题，对优秀监狱领导者来讲则是否决性因素。原发能力具体分解为政治品质、法律素养、人格魅力。

（1）政治品质。政治品质是作为一个监狱领导者应该具有的政治敏锐性、政治洞察力和政治辨别力，这是由监狱的属性决定的。监狱是国家的刑罚执行机关，也是人民民主专政的机关。这就决定了监狱必须绝对置于党的领导之下，与党中央保持一致，并且在监狱执法和改造、矫正罪犯的过程中，以忠诚于党、忠诚于国家、忠诚于法律、忠诚于人民的政治性，自觉服从、服务于大局，让党放心、让人民满意。

（2）法律素养。法律素养是作为一个监狱领导者应该具有的法律意识和熟悉运用法律的能力。首要的是法律意识，就是对于法律的敬畏和崇尚，以达到"法律至上"的境界。在工作中，以法律为底线，将公平、正义、公正等观念信仰化，成为指导行为的自觉意识。监狱领导者对法律知识的掌握和熟练运用是一项基本的要求，要准确掌握法律条文和释义，尤其是对法律精神、法理、法意的深刻把握和融会贯通，确保在法律条文不明晰、不具体和在法律规定发生冲突的情况下，秉持法律的精神和价值来适用法律，保持对公正的追求，实现公平正义。

（3）人格魅力。人格魅力则指一个人在性格、气质、能力、道德品质等方面具有的吸引人的力量。在今天的社会里一个人能受到别人的欢迎、容纳，他实际上就具备了一定的人格魅力。人格魅力，在监狱领导者层面，应该具有的含义不仅是处理和驾驭问题的能力，还包括了监狱领导者的道德操守，是能力和人品的有机统一。没有能力，很难有魅力，同样没有人品，便很难为部下和同事所接纳和认可，更难为上级领导所赏识。

2. 基础能力。基础能力是监狱领导者建立在原发能力之上、具有发展潜质，基本的和必要的起点才干和条件。主要包括执行力、凝聚力、应变力、自律力。

（1）执行力。执行力指的是贯彻战略意图，完成预定目标的操作能力。在监狱工

---

[1] 张圣华、扬子江：《对话周新民：领导者核心能力》，载《中国人才》2008年第9期。

作中，就是贯彻上级机关指示、命令、决策的能力。当然，也包括结合监狱的实际，创造性工作的能力，但这里的创造性是在贯彻上级命令的基础上的。

（2）凝聚力。凝聚力指的是团结一层人、团结一班人、团结一群人的能力，这是做好工作的基础。凝聚力的外在表现于人们的个体动机行为对群体目标任务所具有的信赖性、依从性乃至服从性。凝聚力的形成来自监狱领导者的良好的权威，更来自监狱领导者的个人学识和人格魅力。监狱警察精神的培育和打造内在的警察文化，也是凝聚力的应有之义。

（3）应变力。应变力是指应对变化、变革的能力。监狱工作犯情、狱情、社情、警情都会随着押犯结构、内外形势变化等发生变化，诸如对抗管教、脱逃、伤害、杀人、自杀、哄监、劫持人质、劫狱以及监狱警察执法、管理、廉洁和生活事件等种种可能发生的紧急情形。这里的应变能力，还包括对监狱生产、商品市场、价格走势等决断，尽可能实现社会效益和经济效益的最大化。

（4）自律力。自律力是指面对各种负面诱惑的抵御和控制能力。监狱领导者的管理权力和管理幅度很大，从人财物、产供销到监管教，从民警、工人到罪犯，从监狱内部到社会外部，时刻面对着执法的考验、发展的考验，这些考验都和廉政建设有着直接或者间接的关系。作为一个监狱领导者，一定要有自己牢固的防线，要有自己的为人处世的底线和规则，面对旧朋新友、同学老乡、领导同事不断的"攻击、侵入和引诱"，必须表现出应有的法纪观念和慎独情操，不为人情、亲情、友情所变节。

3. 发展能力。发展能力是指监狱领导者胜任更高层面领导、担当更大责任、更好地为人民服务所具备的学识和才能。一个监狱领导者具备了良好的发展能力，说明领导者已经具有不可替代性和极强的竞争优势。一个志存高远的监狱领导者，一定会在现任岗位上尽职尽责，勤勤恳恳，拼打出创新和发展的天地；同时，这样的领导者也不会为自己的现状所局限，而是不断地武装自己、充实自己、提升自己，在机遇到来时，在组织和领导赏识时，顺理成章的脱颖而出，走上更高的发展平台。这些能力，集中地表现为学习力、驾驭力、决策力、创新力、拓展力。

（1）学习力。从理论上说，作为一名警察，每个人都应该具备一定的学习力，包括学习的习惯、知识的理解和贯通等。而作为一个具有发展潜质的监狱领导者，学习力的优势更加凸显。爱学习、勤学习和善学习几乎成为所有领导者的共同品格。这里的学习，不仅是政治理论等社会科学的学习，也包括对人文科学，甚至文学艺术等都有所涉猎和理解。学习力在很大程度上表现为理性思维力和判断力、分析力。一个不重视、不具备良好理性分析能力的监狱领导者，不是一个称职的领导者，更不是一个优秀的领导者。

（2）驾驭力。驾驭力包括领导影响力、领导指挥力、领导控制力。驾驭力是监狱领导者的一项重要能力。一个地区的每个监狱固然都有共同的上级机关，但是每个监狱的具体情形也是各不相同的，所以很多工作需要根据自身的情况来具体规划、落实。各项工作除了做好"规定动作"外，还要选好"自选动作"，使上级的要求在本监狱得到具体、实在的落实。一个优秀的监狱领导者必须有很好的驾驭力，各项工作的展开和落实，力争做到同级支持、下级满意、上级放心。

（3）决策力。监狱对于上级机关是执行者，对于监区、分监区则是决策者。实践证明，监狱领导者的领导方法、水平、能力不同，监狱的发展速度、势头和结果也有很大的差异。决策力包括微观决策和战略决策。微观决策是对具体问题的判断和决策，因时、因地制宜；战略决策是指监狱面对特定的宏观环境，针对发展方向、目标、定位和发展步骤所进行的决策。监狱领导者的决策水平不同，会导致不同的发展路径和发展结局。有的监狱领导者决策能力强，监狱发展得就又好又快；有的监狱领导者决策能力一般，就会使一个监狱很多年"江山依旧，面貌未改"，群众有怨言，领导不团结，发展没后劲。

（4）创新力。面对快速发展和急速转型的社会，过去的经验、模式等已经远远不能适应现代社会的发展需要。因此，创新使监狱保持生生不息的动力，成为考验每一个监狱领导者能力的重要标尺。监狱领导者的创新力在一定程度上决定了监狱的发展水平。创新力主要是指体制、机制和制度的创新，动力机制、激励机制、约束机制则是保持监狱持续发展、快速发展、和谐发展的重要支撑。

（5）拓展力。拓展力是指借用外力为监狱领导者自己的工作服务。拓展力在一定程度上就是生产力，就是战斗力，就是效率，就是能力，并且是一项全新的能力。监狱需要良好的外部支持，需要全社会的关心，需要自上而下的保障。因此，"善假于物也"的能力非常重要。监狱领导者要学会与社会打交道，与新闻媒体打交道，充分运用社会资源为监狱发展服务。

4. 职业能力。职业能力是指监狱领导者特有的监狱职业所需要的能力。监狱领导者的职业能力可简化、归并为维护安全力、教育改造力、公正执法力、企业运作力、政治工作力。

（1）维护安全力。监狱的安全稳定是监狱的首要政治任务，是监狱各项工作的基础，因而具有特别重要的地位，被称为"第一责任"。监狱安全既包括传统意义上的监狱不发生罪犯脱逃、行凶、伤害、骚乱、劫狱等重特大问题，也包括了现代意义上的生产安全和警察安全。作为一个监狱领导者，"安全为天"，应当成为一个不折不扣的重要理念，对于安全的认识，应该有着不同于常人的理解和认同，并且在工作中得到切实的落实。

（2）教育改造力。教育改造罪犯是监狱的核心工作。在一个班子中，尽管监狱领导有分工，但是作为一个监狱的主要领导，专业的教育改造力是不可或缺的，甚至教育改造力的要求应该达到"高超"的程度。这项能力的缺乏或者是不足，就可以认定为监狱领导者缺乏核心能力。

（3）公正执法力。监狱是国家的刑罚执行机关，监狱的执法水准对于维护法律权威和培养罪犯的法律意识，确保执法、司法的高效统一，具有重要的作用。监狱执法不仅表现为依法提请罪犯减刑、假释，执法必严，法律面前人人平等，也表现为对罪犯日常管教活动中的严格、公正和文明。公正执法是监狱的生命线，一次不公正的执法足以摧毁千百次的说教。

（4）企业运作力。监狱劳动作为监狱改造罪犯的手段，对于罪犯的改造具有多重意义。与之相伴而生的监狱劳动、企业管理、技术创新、市场营销以及品牌塑造、企业文化等,都是不可回避的重要问题,这必然给监狱领导者提出具备优良的企业运作力的要求。

(5) 政治工作力。监狱是国家机器的重要组成部分,肩负着巩固党的执政地位、维护国家长治久安的神圣使命。做好监狱政治工作,是对监狱领导者的基本要求。监狱领导者政治工作力的内容主要有:一是思想政治教育,包括理论教育、理想信念教育、坚决贯彻党的监狱工作方针等;二是队伍教育管理,包括教育培训、干部选拔任用、人才队伍建设、从严管理队伍、从优待警等;三是党的建设,包括基层党的组织建设、学习型党组织创建、充分发挥基层党组织和党员作用等;四是群众工作,包括坚持群众路线、经常性思想政治工作、群团组织建设等;五是监狱警察文化建设,包括警察职业道德建设、群众性文体活动、警察精神培育等;六是反腐倡廉建设,包括廉洁从警教育、反腐倡廉制度建设、警察执法监督等。

三、提升监狱领导者核心职业能力的途径

监狱领导者核心职业能力的建设,要求在继承优秀文化的前提下,对传统的提拔监狱领导者的体制机制进行变革并有所创新。当前,提升监狱领导者核心职业能力的途径主要有以下几个方面:

1. 个人努力。提升监狱领导者的核心职业能力,个人努力是最常见和最有效的途径。其中一个重要的方面就是多读书、善读书和读好书。习近平总书记在中央党校2009年春季学期第二批进修班暨专题研讨班开学典礼上讲话指出,在新的时代条件下,领导干部要不断提高自己、完善自己,经受住各种考验,就要坚持在读书学习中坚定理想信念、提高政治素养、锤炼道德操守、提升思想境界,坚持在读书学习中把握人生道理、领悟人生真谛、体会人生价值、实践人生追求。领导干部如果不加强读书学习,知识就会老化,思想就会僵化,能力就会退化。爱学习、勤读书,通过读书学习来增长知识、增加智慧、增强本领,这是领导干部胜任领导工作的内在要求和必经之路。不仅从书本中学习,也要从实践中学习。监狱领导者的学习不同于普通学生的学习,实践的体验、感悟非常重要。在学中干,在干中学,带着问题学,带着想法学,在学中提出更新的问题、解决更新的问题。

2. 组织培养。相对于个人努力而言,监狱领导者核心职业能力的形成更离不开组织培养。这不仅仅是因为党管干部的组织原则,还在于组织掌握大量的资源、激励手段以及相应的渠道。当然,组织有组织的程序、办法和规则,但是无论如何,没有组织的重视和培养,作为个人,几乎是寸步难行。"党对监狱工作的绝对领导",根本的体现为党对监狱领导者管理、教育、培养、激励和监督。所以,相信组织、引起组织的关注和依靠组织,应该成为一个潜在的监狱领导者必备的能力。当然,更需要得到组织的信任和放心。

3. 机制突破。机制是指挥棒,是导向标,机制具有强烈的驱动作用。在当下的监狱领导者核心职业能力建设中,必须在坚持党对监狱工作绝对领导的框架下,破除目前的机制性障碍,这是监狱领导者脱颖而出的关键一步。机制突破,至少可以在三个方面实现:

(1) 建立准入制度。担任监狱领导者必须具备相应的资质条件。随着用人制度的

不断完善，对监狱领导者建立适当的准入制度，应该是必行之举。这些制度，未来应该和司法考试制度以及法官、检察官制度一起，形成有中国特色的资格考试制度。按照监狱领导者核心职业能力的结构，设定监狱领导者的基本标准，必须具备应知、应会知识，并进行公开选拔。相应建立目标责任、培养教育、跟踪问效、定期轮岗等制度以及责权利体系，使之规范化、标准化和常态化。

（2）实现公平选优。选拔人才，要坚持公平公正公开。要有公开透明的选拔渠道和公平公正的选拔机制。通过专业规范的考试初筛人才，对人才的个人品德和专业能力进行考察，从而选出优秀人才。不断创新和完善举荐方式，坚持考核与举荐相结合，同时对被举荐人的政治素养和专业能力以及举荐渠道进行系统考察。无论是考核还是举荐选拔，选拔过程中要始终坚持信息透明化，让广大群众参与其中，让人才选拔更民主。这也有利于增强人才选拔的公信度和满意度。

（3）重构评价体系。必须充分发挥监狱领导者核心职业能力考核评估体系的导向作用。以监狱领导者核心职业能力构成为框架标准，对监狱领导者进行以过程为辅、以结果为主的考核评估模式。以任期目标为经，以工作绩效为纬，以责权利为动力牵引，充分考核现职履行业绩和群众评价，以此改变长期以来存在的"以安全为基础，以效益论英雄"的评价和考核偏向，确保监狱职能的有效发挥。

综上所述，监狱领导者的核心职业能力建设是一个系统工程，需要监狱领导者不断提升自身的综合素质和能力水平。通过加强培训、实践锻炼和自我修养等途径，不断提高自己的核心职业能力，为监狱管理工作的现代化、科学化、人性化提供有力支撑。

思考练习

1. 简述监狱人民警察职业能力的概念和特征。
2. 结合实际生活思考如何提高监狱人民警察的心理承受能力？
3. 简述监狱人民警察要具备哪些专业能力。
4. 简述监狱领导者核心职业能力的结构。

思政园地

🔍 创新园地

北新泾监狱：守正创新打造新时代大墙里的"枫桥经验"[1]

"枫桥经验"是中国基层社会治理的典范，是全国政法综治战线的一面旗帜。党的十八大以来，习近平总书记就坚持和发展新时代"枫桥经验"作出一系列重要指示。

在高质量发展三年行动中，北新泾监狱以"预防警务+科学管理+机制改革"为牵引，推动由管控现实风险向做好源头治理的深度转变。在这里，小事不出监组，急难不出楼面，矛盾就地化解，成为"枫桥经验"在监狱基层治理中的创新实践和生动诠释。

践行预防警务 筑牢风险感知防火墙

罪犯王某向监狱来信，对民警帮助他与家庭重新搭建起亲情桥梁表达感谢，承诺以踏实改造来回报民警。这个案例的成功处置与"预防警务"密不可分。前段时间，楼面管理团队在警戒巡逻、视频巡控等动态勤务中捕捉到新收入监的王某情绪急躁的种种表现，有时还会用拳捶击墙面，一系列信息反馈让民警高度警觉。

后续工作中，优势警力开始融合运作。在罪犯监组，主管民警用个别谈话和集体讲评稳定王某情绪；在活动现场，执勤民警用定点巡逻、实时视频观察动态；在警务组，狱侦民警做好预案，防范突发情况。一切的信息集中指向王某情绪失控源于与家庭断了联系。

在对王某矫治干预时，数智监狱建设的"微创新"也同时助力。主管民警把王某的具体情况录入监狱"两最"排查数据系统（最不放心的人、最不放心的事）。该系统推动了四级警情联处，即主管民警、楼面管理团队、监区、监狱业务科室实行警情自下而上流转，同时三色标识明晰犯情处理优先等级。

根据系统生成提示，监区一边启动社会外调，用最快速度取得与王某妻子的联系，一边对王某展开谈话，结合案例和监规，帮助他冷静下来、调整心态。经过努力，妻子的预约会见信寄送到王某手中。当看到熟悉的笔迹，又想到民警关心，王某冰冷的目光中出现了涟漪，这个潜在的隐患被成功排除。

2024年，监狱建立了监区罪犯互助共治机制，借助犯群改造的向善内力解决问题。在改造表现好的罪犯中产生心理互助员、纪律维护员、矛盾化解员。当王某新入监不适应服刑生活初期给予适当帮助，在他情绪波动时，互助员会讲清违纪危害性，并从"过来人"角度分享调整心态的方法，劝他培养兴趣，转移焦虑情绪。来自罪犯互助共治机制的帮助，实实在在改变了王某的心性。现在，王某也会主动维护监区秩序，协助监组调解犯群间的小矛盾。

科学管理罪犯 吹响多元化解平安哨

监狱依托"评估管理矫治一体化"，以精准评估结果为基础，以矫正项目对接为核

---

[1]《北新泾监狱：守正创新打造新时代大墙里的"枫桥经验"》，载 https://mp.weixin.qq.com/s/O5wnZ0NEtuP4R3kt50Gbg，最后访问日期：2024年5月28日。

心，进一步降低罪犯狱内风险和再犯风险。

面对身患疾病、有实际困难的罪犯个体，民警在确保严格管理的基础上施以援手，帮助他们走出至暗时刻。

罪犯纪某被诊断患有严重腰椎间盘突出。监区协调引入腰椎固定仪，引导他锻炼腰背肌功能。同为服刑人员的心理互助员帮助他完成生活中的诸多小事。经过狱内康复治疗，纪某的病痛得到缓解，他在周记和信中都写道："感谢警官在我低谷时给予我希望和鼓励。"

罪犯杨某突发心脏病，冷汗频出。救治中，主管民警按照预案和经验，第一时间为他服下救心丸，配合医务民警开展初诊，并带杨某前往社会医院治疗。在转危为安的杨某心里，民警就是他的救命恩人。

罪犯李某因亲人远在他乡而深感挫折，服刑时得过且过，总因琐事与他人发生冲突。他的转变要从演唱《是爸爸是儿子》说起。在监狱文化艺术节排练和演出中，李某唱起这首歌，热泪盈眶、不能自已："这首歌符合我身陷囹圄的心境，我突然想到的是会见中久别重逢的家人，为了他们，我要改变。"

现在，通过文化艺术节、读书节、体育节等文化载体，上海监狱为罪犯延展大墙里服刑改造的心灵空间。罪犯孙某在戏剧社中参演节目《探视》，当他演绎"哀"的情节时，搭档范某因戏触动，舞台上顺畅的合作让两个罪犯对彼此有了更多理解，因琐事产生的隔阂也瞬间消除了。

推动警务改革 展现民警新质战斗力

探索"枫桥经验"，监狱注重运用预防警务理念和科学管理，把目光聚焦到"谁来防"的问题上。其中，楼面管理团队既是最小战斗单元体，更是党建、业务、队伍深度融合的结合点。

在监区楼面，警长也是党小组长，发挥党建"神经末梢"在化解矛盾方面的尖刀作用。面对责任区急难问题，坚持以我为主、骨干出击，凡遇难管罪犯个别教育、临释谈话、罪犯情绪异常波动等，作为楼面第一责任人的警长会到场直接参与，确保犯情不过夜、矛盾不上交。正是这些最基层、第一线的带头人主动站出来做表率，让基层队伍战斗力、凝聚力倍增。

做实承包监组是监狱守护安全防线的最前沿。2024年以来，监狱编印《主管民警十项基本职责》，开展"当家制度午间课堂"，举办"老法师"讲坛，实施实战大练兵，推动主管民警犯情掌握、安全防控、教育矫治等核心能力迭代升级，为监狱高质量发展提供保障。

以监区常态研判罪犯奖惩情况数据为基础，形成《主管民警现场处置八类常见违纪行为指引》，打造标准统一的罪犯违纪处置流程，违纪率明显下降。

监狱还探索三到四名民警组成的联包团队攻坚协作机制。经验十足的骨干民警除带好责任区外，还承担起为稳控联包监组协同风险管理和问题处置的职责，形成了民警"人人有责、人人尽责、人人共治"的良性循环。

"监狱制定的43项楼面考核重点指标让我们17个管理团队的工作情况更直观，这是满满的压力，也激发了大家的工作动力。"民警们普遍这样认为。

在楼面考核指标中，罪犯违纪率的考核结果与团队化解复杂矛盾的成效密切挂钩，有了明确的"指挥棒"，民警们更加聚力于基层安全治理。

当前，在监狱高质量发展重点项目推进攻坚中，监区科室运用"枫桥经验"的方法论，推进"'四级'风险防控评估量表""罪犯'三大节'活动机制""法治大讲堂"等项目形成新的成果。

🔍 拓展学习

我国清末近代警察制度的形成，受到德国与日本的影响甚多，呈现出较为连贯的发展轨迹，即发源于实现民族统一前后的德国，在明治维新后的日本得以固定和完备，又从日本传播到帝制末期的中国，中国受其影响开始近代警察制度转型。1898年（光绪二十四年），黄遵宪、谭嗣同、陈宝箴等人效法西方创办湖南保卫局，并拟定了《保卫局章程》，开启中国近代警察史的先河。

总体而言，清末警察制度现代化萌芽，最直接的导火索是出国考察五大臣被袭事件，这次袭击极大地震动朝廷，使清政府更加感到"巡警关系紧要"。遂于当年下令设立巡警部，中国最早的中央警察至此产生，随后各地也办起警政。

清朝末年，虽有"机构不稳定、法规不健全、职能划分不清、警察人员素质低下"诸多缺陷与不足，[1]但以历史的眼光看，仍有其进步的一面，从中央到地方的警察体系及各级警察机构大体形成，相对完备的警察法律体系也现雏形，一些法律展现出较高的立法水准，与欧美发达国家相比不遑多让。如1908年参考德国等国之违警法律而拟定《大清违警律》，该部法律共十章45条，其立法宗旨在于"防患于细微，导民于科禁，息祸于未萌，期秩序之共守"。[2]《大清违警律》的制定和颁布，标志着我国近现代意义上的警察法制度的诞生。

学习单元五　监狱人民警察职业道德

> 党的十八大以来，习近平围绕全面依法治国发表了一系列重要论述，其中指出："职业良知来源于职业道德。要把强化公正廉洁的职业道德作为必修课，教育引导广大干警自觉用职业道德约束自己，认识到不公不廉是最大耻辱，做到对群众深恶痛绝的事零容忍、对群众急需急盼的事零懈怠，树立惩恶扬善、执法如山的浩然正气。"
>
> 一、知识目标
> 1. 识记：监狱人民警察职业道德的含义、特征和主要内容。
> 2. 领会：监狱人民警察职业道德在刑罚执行过程中的具体落实。

---

[1] 万川主编：《中国警政史》，中华书局2006年版，第366页。
[2] 李贵连：《沈家本传》，法律出版社2000年版，第283页。

二、能力目标

1. 简单应用：理解监狱人民警察职业道德的价值维度，明确职业道德规范。
2. 综合应用：在罪犯教育改造中，如何综合运用强制手段与文明和善的职业工作习惯，提高罪犯改造成效。

三、素养目标

1. 学习警察职业道德，树立正确的职业操守和价值观，维护警察职业形象。
2. 在教育改造执法活动中，激发自我要求，提升高尚道德情操。

案例导入

旭日如虹映初心 警徽闪耀担使命
——追记海南省府城强制隔离戒毒所所长陈旭[1]

"儿子总问爸爸为什么不在家？我说，爸爸是警察呀，爸爸在救人呢！""陈所用积极的人生态度感染着身边每一个人！""您是我的恩人，是您帮助我们脱离'毒魔'！"

陈旭生前担任海南省府城强制隔离戒毒所党委书记、所长、一级高级警长。29年来，他把对党绝对忠诚融入血脉，如"旭日长虹"赤心可见；他把人民装入心中，于"毒海泛舟"拯救迷途群众；他把毕生精力奉献给党的司法行政事业，直到生命最后一刻；他用生命和热情，生动展现新时代政法干警的新面貌、新形象和新作为。2023年3月，人力资源和社会保障部、司法部追授陈旭同志"全国司法行政系统一级英雄模范"称号。

为深入推进学习贯彻习近平新时代中国特色社会主义思想主题教育，大力弘扬英模精神，激励全国司法行政系统广大干警和法律服务工作者更加紧密地团结在以习近平同志为核心的党中央周围，切实把思想和行动统一到党中央决策部署上来，把坚定拥护"两个确立"、坚决做到"两个维护"落实到实际工作中。2023年5月16日上午，司法部、海南省委举办陈旭同志先进事迹报告会。陈旭生前的同事、爱人和受助人员以讲述、追忆的形式，从不同侧面讲述了陈旭生前的"为民警事"，感人肺腑，催人泪下。

戒毒理论的引领者

陈旭病发突然，办公室未经整理却格外整洁。抽屉里几大本沉甸甸的学习笔记、书桌上静静躺着的老花镜，都见证了他躬耕司法行政戒毒事业的时光。

在同事们眼中，陈旭不仅政治素养好、党性觉悟高，而且理论功底扎实，是一名学者型基层领导干部，一心钻研、传播最新戒毒理论研究成果，总结、推广戒毒模式，推进新时代戒毒理论创新发展。

毒品是世界三大危害之一，戒毒是世界性难题。经过长期探索和实践，海南总结

---

[1]《旭日如虹映初心 警徽闪耀担使命 ——追记海南省府城强制隔离戒毒所所长陈旭》，载http：//epaper.legaldaily.com.cn/fzrb/content/20230519/Articel02002GN.htm，最后访问日期：2023年5月19日。

出了医疗戒治、中华优秀传统文化、心理矫治、职业技能培训、后续照管"五位一体"戒毒模式，被司法部命名为"海南戒毒模式"。而陈旭是海南戒毒模式创立与发展的参与者、见证者和推动者。

"上海大学法学专业毕业的他多年潜心研究中华优秀传统文化和戒毒业务理论，是海南省戒毒协会理事，担负起海南戒毒模式创始团队'领头人'的角色。"2023年5月16日，同为海南戒毒模式创始团队成员、省府城强制隔离戒毒所副所长陈海燕告诉《法治日报》记者。

2004年6月，海南省司法厅成立海南戒毒攻关小组。作为小组负责人，陈旭以省府城强制隔离戒毒所"海南戒毒救助中心"为教研基地，边实践边研究，呕心沥血、以所为家，经常通宵达旦工作。

在陈海燕看来，那是一段激情燃烧的岁月。在陈旭的带领下，组成了5人教研团队，共同努力为解决戒毒这一世界难题提供海南方案。

不到半年时间，陈旭在精研国内外戒毒模式后，主持编写了长达70多万字的《海南戒毒救助计划》。该救助计划中倡导的"以人为本、关怀救助"理念，一直是海南戒毒模式历久弥新的核心之本。

2012年，作为海南省戒毒管理局戒毒管理处负责人，陈旭进一步总结提炼出"五位一体"戒毒模式，率先在全国聘请社会第三方开展回访调查工作，指导策划并承办省司法厅首次戒毒成果汇报会，向社会公布了当时居全国领先水平的戒断率，海南戒毒声名远播，受到时任司法部、省委、省政府等多位省部级领导批示，2014年被司法部命名为"海南戒毒模式"。

随着海南禁毒三年大会战深入开展，面对司法行政戒毒工作新形势新任务，陈旭笔耕不辍，先后撰写了《我省强制隔离戒毒人员职业技能培训创新发展建议》《以治理体系和治理能力现代化要求为指导，发挥戒毒职能作用促建海南国际一流营商环境》等理论文章。近年来，他在《中国司法行政戒毒》等刊物累计发表论文110余篇。

戒毒教育的示范者

2022年6月5日9时30分，陈旭同志遗体告别仪式在海口市殡仪馆举行。他生前的领导、同事和亲友纷纷前来吊唁。"当从网上得知陈所去世的消息时，我好几天吃不下饭。师恩永存，我们一定要来送老师最后一程。"已经戒毒康复的小吴说，像他一样自发前来吊唁的学员共有20多人。

2004年，海南毒品犯罪问题多发高发，戒毒救治工作任重道远。陈旭被委以重任——牵头组建"海南戒毒救助中心"，把他牵头撰写的《海南戒毒救助计划》付诸实践，探索标本兼治的戒毒救治方法。小吴曾是该中心集中教育班的学员，如今已成功回归社会。

让小吴难忘的是陈旭的平易近人、真诚待人。在集中教育班，陈旭参与戒毒教育教学，注重言传身教、以身示范，用心、用力、用情帮扶戒毒学员，被称为戒毒战线的"特殊园丁"。

"上课时，有一个名为'同舟共济'的教育矫治环节，陈旭让戒毒学员小覃站在自己的肩膀上，身体力行帮助学员树立戒毒信心，让大家备受鼓舞。"省府城强制隔离戒毒所心理健康指导中心主任梅建文说。

小覃后来在来信中写道："想起吸毒的日子，连家人也不亲近我，陈老师却将我托起。那一刻开始，我就立誓要重新站起来……"

在陈旭的影响下，有的学员告别毒品回归家庭，当了爸爸；有的学员18年没有复吸，自主创业开了店……

自2005年"海南戒毒模式"第一期集中教育班开班，陈旭连续跟踪、指导并参与省府城强制隔离戒毒所举办集中教育班19期，累计为1100余名戒毒人员坚定戒毒信心、找回生命的春天。

不仅如此，陈旭首创"榕园之家"戒毒人员家属学校，为8200余名戒毒人员家属点燃生活的希望。组织义务禁毒宣讲141场次，累计为2.18万名群众播撒防毒拒毒的种子。开展职业技能培训项目20多个，获证率达95%以上，为2000余名戒毒人员铺平回归社会之路。

陈旭重视场所教育和文化建设，率先在管理区设心理咨询室、建文化墙，组建"六大职能中心"，与优质社会医院合作开通"生命绿色通道"，与9家医院建立"医联体"开展远程医疗。

记者注意到，陈旭连续10年指导并参与省府城强制隔离戒毒所回访调查、跟踪帮教工作，累计走访9194人，省府城强制隔离戒毒所戒断率连续多年居全省司法行政戒毒系统前列。

忠诚敬业的践行者

"最近得了重感冒，今天只能坐着讲课了……"2022年5月22日14时45分，海南省司法厅警衔晋升培训班上，平时喜欢站着授课的陈旭一反常态。

上课不到10分钟，只见他脸色发白、头冒虚汗，晕倒在座椅上，后被送往省人民医院秀英急诊中心抢救。同年6月1日21时56分，经医治无效不幸去世，生命被永远定格在50岁。弥留之际，陈旭一直昏迷不醒，没有对身后事有任何嘱托。那堂没有上完的课、那叠没有批完的文件、那场当时尚未收官的新一轮禁毒三年大会战，仿佛还在等他重返战场。

在省府城强制隔离戒毒所副所长许环岗看来，陈旭不断深化完善"海南戒毒模式"，全面提高戒毒工作水平，是场所安全的"定盘星"。截至2021年底，省府城强制隔离戒毒所连续31年实现场所安全管理"六无"目标，位列全国第二。工作之余，陈旭组建励志戒毒援助会，吸纳社会爱心人士、戒毒人员家庭等参与其中，开展禁毒宣传、回访帮教。在陈旭的带动下，同为戒毒民警的妻子孙官梅也主动加入省琼山强制隔离戒毒所"蒲公英"禁毒宣讲团。2020年9月，陈旭家庭被授予"海南禁毒宣传教育模范家庭"。

陈旭走了，他一句话也没有留下，又好似留下了千言万语。这无声的遗言，孙官梅能够读懂："你未竟的事业，还有我，有一代又一代海南司法行政戒毒民警为你担当！"

"站着是一面旗帜，倒下是一座丰碑。"省府城强制隔离戒毒所政委王丹表示，陈旭用生命诠释了一名司法行政人的敬业和忠诚，用热血担当彰显了特别守纪律、特别能吃苦、特别能奉献、特别能战斗的司法行政戒毒铁军精神。

荣誉，是陈旭最好的墓志铭。他生前曾荣立个人三等功 5 次，获个人嘉奖 5 次，获全国司法行政系统个人荣誉 2 次，获省级荣誉称号 2 次。陈旭牺牲后，被省委追授海南省优秀共产党员称号，省委、省政府追记一等功，并先后荣获 2022 年度法治人物致敬英雄、2022 年度十大法治人物和"感动海南"2022 十大年度人物等荣誉称号。陈旭的先进事迹和英模精神，激励和引导着广大党员干部，赓续英模精神、踔厉奋勇前进，推动主题教育走深走实，为推进全面依法治国和司法行政工作高质量发展提供强大精神动力。

学习任务一　监狱人民警察职业道德的涵义

每一个职业都有着该职业特定的道德要求，而负有惩罚、教育、改造罪犯的责任的监狱人民警察，有教育引导罪犯重新回归社会，不再违法犯罪的工作任务，应具有的职业道德要求则是更为具体的，是每个监狱人民警察内心认可和接受的一种职业道德规范。教育改造工作是监狱的中心工作。在强制惩罚基础上，强化教育改造，对监狱人民警察的全方位能力提出了更高的要求，其中良好的职业道德素质显得尤为重要，其对罪犯的改造教育有一定的激励和正向影响作用，将直接影响着罪犯教育改造的质量。

一、监狱人民警察职业道德的含义

职业道德是在一般道德原则基础上的特殊化，每一个职业都有着该职业特定的道德要求，是由该职业活动范围内的人们之间的关系决定的，也是一种职业范围内思想层面的要求，是一定社会下的道德原则和行为规范在职业生活中和职业关系中的具体体现。

监狱人民警察职业道德是监狱人民警察在执行刑罚、惩罚与改造罪犯的职业活动中应当遵循的道德准则和规范的总和。主要包括两层意思：一是监狱人民警察职业道德是在监狱人民警察执行刑罚、惩罚与改造罪犯这一特定职业活动中的行为准则和规范。它是共产主义道德在监狱人民警察这一特定职业中的特殊表现，反映着职业行为调整的特殊方面，又带有具体的监管改造活动的特征；二是监狱人民警察职业道德所调整的对象，包括监狱人民警察之间在履行职务过程中发生的道德关系，监狱人民警察在履行责任和义务时同罪犯之间的道德关系，以及监狱人民警察因职业活动的需要同社会其他个人或集体、同整个社会发生的道德关系。当然，在上述各种道德关系中，监狱人民警察和罪犯之间的关系占较大比重，它是监狱人民警察职业道德调整对象的主要内容。简而言之，监狱人民警察职业道德的含义是指：作为一名监狱人民警察在履行工作职责、行使职权过程中，需要自觉遵守的道德意识、行为规范和实践准则，其内容和形式都符合社会和工作的需要，能让监狱人民警察个体内心认可和接受的一种职业道德规范。

二、监狱人民警察职业道德的主要特征

（一）鲜明的政治性

在我国，所有的政法专门警察机构都是人民民主专政的工具，是我们国家特殊的

行政机关，其职业道德的形成与发展同国家政治制度密不可分。《人民警察职业道德规范》中，向人民警察明确提出"对党忠诚"的道德要求，《人民警察法》中将"维护国家安全和社会治安秩序"作为立法宗旨之一，具有对警察职业道德要求和政治要求的双重性，是社会主义政治性在人民警察职业道德中的具体体现。警察职责以实现国家权力为核心，这个任务决定了警察职业道德的政治性集中体现在：一是警察职业随国家的产生而产生，是阶级统治的暴力工具。必须有鲜明的政治立场、坚定的政治信念，在思想上与国家保持高度一致，在行为上为维护国家领导和执政党的政治利益提供武装力量的支持。二是警察的职业道德精神包括"忠诚、为民、牺牲、奉献"等内容。排在整个职业道德体系首位的是忠诚，忠诚是警察对待职业的态度，是一种行业内特有的敬业精神，是警察恪守职责、履行职责的行为标准。从警察的职责来看，是为了维护国家的秩序、安全和社会的稳定、发展，"忠诚"是警察维护国家安全责任意识、体现存在价值的凸显。三是警察的道德规范中包含了许多实现国家意志、维护国家政治的内容。忠于党、忠于祖国、忠于人民、坚决维护党和国家利益，基本都是国家的政治意志，只有提高人民警察的道德素质，增强警察队伍的战斗力，才能更好地为人民服务，为改革开放和社会主义建设服务。

（二）鲜明的阶级性

警察作为我国人民民主专政的重要工具，与一般社会物质、精神生产部门相比，体现着无产阶级专政的阶级属性，自身具有强烈的阶级性。首先，人民警察的职业道德以"绝对忠诚于党"为最高准则，通过坚持党的绝对领导，将政治属性内化为职业信仰，确保执法行动始终服务于社会主义制度的根本方向。其次，"人民至上"是阶级性在道德实践中的直接体现，要求警察始终以维护最广大人民的根本利益为使命，从化解社会矛盾到打击违法犯罪、刑罚执行，均以保障无产阶级和劳动群众的权益为出发点。同时，阶级性要求其执法活动必须纪律严明，通过强化政治纪律与职业规范，确保警察队伍成为纯粹的人民民主专政工具，杜绝权力异化风险。因此，人民警察的职业道德本质上是阶级属性的道德化表达，将维护无产阶级政权的政治使命与职业伦理深度融合，成为社会主义国家警察制度的显著标志。

（三）严明的纪律性

不论从担负的职责讲，还是从工作的环境看，监狱人民警察的职业本身就具有一定的特殊性。他们与其他警种共同构成了维护国家安全和社会秩序的国家行政武装力量，其主要管理使命是执行国家刑事处罚、维护社会公共安全。作为国家纪律部队分支，时刻加强纪律作风建设，保证警务纪律，面对比其他职业更加危险的职业风险和考验，必须具备极强的组织纪律性，遵守各种法律法规。

面对各种复杂情况和挑战，要想做到能打仗、打胜仗，强有力的纪律作风建设是前提，是确保执行力的基础条件。加强警务纪律督查，严格执行《监狱和劳动教养机关人民警察违法违纪行为处分规定》、"六个严禁"、"九个禁止"等警纪禁令，做到警容风纪严整、行动遵纪守法、履职规范文明，反应迅速，令行禁止。要全面开展作风建设活动，严格考核、动真碰硬，重点治庸、治懒、治散、治奢。严明政治纪律，时刻不忘自己的警察身份，牢记使命，服从命令听指挥，谨言慎行，处处维护监狱和警队的形象。强调纪律作风执行,要严格遵守工作纪律,严禁有令不行、自由散漫。

(四) 严格的强制性

一般而言,其他行业的职业道德要求是软性的、倡导性的,多数依靠个体的道德自觉性,更明显地具有自律性的特征,但是警察职业道德通过规章制度甚至法律等形式来设定表现,具有更多的强制性和约束性,其根源在于警察是以国家权力来履行职责、完成任务,决定了警察职业道德是围绕行使"权力"而产生的一系列道德规范和要求。其严厉的强制性甚至明确要求警察必须遵循既定的道德标准。《人民警察法》第4条明确规定,人民警察必须以宪法和法律为活动准则,忠于职守,清正廉洁,纪律严明,服从命令,严格执法;在第七章"法律责任"中,对行使权力过程中的违规行为,提出了如警告、撤职等行政处分甚至追究刑事责任等严厉惩罚措施;第19条规定,人民警察在非工作时间,遇有其职责范围内的紧急情况,应当履行职责;第21条第2款规定,人民警察应当积极参加抢险救灾和社会公益工作。这些在人民群众中本该是自觉践行的敬业精神和公德意识,对警察来讲,上升到了法律层面的约束,体现出严肃的强制性。

(五) 明确的导向性

监所单位是承担惩罚改造罪犯任务的场所,而在这一过程中起主导作用的是监狱人民警察,他们既是惩罚改造罪犯的实施者,也是组织者,同时还是整个过程的领导者。想要对罪犯实施积极的影响,必须通过目的明确、教育性强的惩戒过程,使服刑人员真正从思想上转变,改变恶习,使他们弃恶扬善,重新活在社会主义的阳光下。因此,监狱人民警察在工作中的一言一行,具有很强的导向性,对服刑人员会有引导作用。

与普通的社会教育工程比较,监狱人民警察的教育改造任务更加艰巨,监所中教育改造工作面向的对象是违反国家法律法规的服刑人员,警察对他们不仅要传授法律知识、文化科学知识,进行技能训练,更重要的是要用习近平新时代中国特色社会主义思想去教育改造他们,使他们树立正确的人生观、道德观和法纪观,把他们改造成为守法公民和对社会主义建设的有用之才,监狱人民警察的职业道德对服刑人员的影响尤为重要。

(六) 显著的示范性

在社会生活的各行各业中,职业道德所涉及的行为都会对社会产生影响并起到一定的示范作用,但是警察职业在社会中特殊的作用、强大的权力、广泛的地位决定了这种示范作用会更广泛和更深刻。主要体现在:首先,警察代表着正义和公道,因而作为执法者,更得人们的信赖;其次,监狱机关代表着政府部门,是一个强制性机构,其警察职业道德直接反映着党风和政风;最后,警察需要与人民群众打交道,其职业行为直接影响着每一个普通人,在不自觉中影响着人民群众,对促进社会风气起到积极作用。因此,在社会生活中,警察职业道德具有显著的示范性,自古就有"上好礼,则民莫敢不敬;上好义,则民莫敢不服;上好信,则民莫敢不用情""其身正,不令而行;其身不正,虽令不从"的先贤感悟。因此,良好的职业道德有利于社会稳定,警察的职业道德在社会道德体系中处于示范领导的地位。

学习任务二　监狱人民警察职业道德的内容

监狱人民警察职业道德是在实践中跟随时代一起发展和丰富的，在举国上下建设小康社会，依法治国、以德治国，进行家庭美德、社会公德、职业道德建设，践行社会主义核心价值观的过程中，要求每一名监狱人民警察加强职业道德修养，遵守职业道德准则。2011年9月13日，司法部颁布了《监狱劳教人民警察职业道德准则》，将监狱人民警察职业道德准则概括为：热爱祖国，对党忠诚；执法公正，管理文明；教育为本，安全为先；廉洁守纪，敬业奉献。2016年12月28日，司法部印发《关于新形势下加强司法行政队伍建设的意见》，明确提出进一步健全完善司法行政干警职业道德准则和职业行为规范，加强职业伦理和职业操守教育，完善职业道德评价机制，使广大干警养成崇尚法治、恪守良知、理性公允的职业品格。因此，监狱人民警察道德具体内容主要包括以下六个方面：

一、对党忠诚

这是监狱人民警察首要遵循的职业道德规范和必备的政治素质。中国共产党是我们一切事业的领导核心，党的领导是由中国共产党的先进性和党的执政地位决定的，是我国《宪法》确定的一项基本原则。监狱人民警察作为人民民主专政的重要工具，作为具有武装性质的国家机关，必须绝对忠诚于中国共产党。监狱人民警察的工作是政法工作的重要组成部分，当前改革发展进入攻坚阶段，各种社会矛盾相互交织，社会稳定面临着复杂的形势，只有维护党的执政地位、维护监所安全，才是监狱工作的首要政治任务。需要监狱人民警察切实增强政权意识、大局意识、忧患意识、责任意识，自觉维护政权安全和政治稳定。

首先，要做到坚定信念。确立社会主义和共产主义理想，坚定地走中国特色社会主义道路，把共产主义理想同单位及个人的目标结合起来，努力工作，建功立业，自觉有效地抵制拜金主义、利己主义、极端个人主义和形形色色腐朽思想的侵袭。

其次，要做到听党指挥，即牢固树立党的领导观念，坚持党在政治上、思想上、组织上、工作上的领导；热爱党，坚持党的路线、方针、政策，听从党中央统一指挥，并把听从党中央指挥与自觉接受基层党委的具体领导结合起来。

再次，要做到维护宪法。维护宪法的尊严，保证宪法的实施；在职业活动中带头知法、懂法、守法，始终以宪法为根本的活动准则；维护宪法就是维护党和人民的根本利益。

最后，要做到忠于祖国。热爱祖国，坚持祖国利益高于一切，自觉把个人前途命运同祖国前途命运联系在一起，当个人利益同祖国利益发生矛盾时，无条件服从祖国利益；树立强烈的民族自尊心和自信心，不崇洋媚外，不卑躬屈膝。

二、服务人民

"为人民服务"是中国共产党恒久不变的宗旨，"忠于人民"是政法工作的本质要求，人民性也是政法机关的本质属性，是社会主义司法制度区别于资本主义司法制度的本质特征。监狱警察名称中被冠以"人民"二字，绝不是文字上的无谓增加和修饰，而是要体现政法机关的人民属性。把"全心全意为人民服务"确立为人民警察的最高宗旨,是对人民警察职业道德最高境界的诠释。

首先,要做到热爱人民。确立全心全意为人民服务的宗旨,牢固树立"一切为了人民群众,一切依靠人民群众"的观点,维护人民的正当权益,关心人民群众的疾苦,虚心听取群众的意见,接受群众批评和监督。

其次,要做到甘当公仆。提倡一切从人民利益出发,自觉坚持为民、利民、便民、卫民的道德要求,提倡无私奉献,视人民利益高于一切,甘愿为之牺牲个人利益甚至生命。严格区分和正确处理两类不同性质的矛盾,对敌人以大无畏的精神与之作斗争,对群众则怀有深厚的感情和满腔热情。

最后,要做到除害安良,即坚决依法从重从快打击各种严重犯罪,积极同各种自然灾害事故作斗争,拯救危难中的群众;扶危济困,助人为乐;扶持正义,伸张正义,争做见义勇为的带头人和模范。尽可能了解群众的真实意愿,不背离群众意愿。通过广泛了解民情、俯下身去倾听民声,切实尊重民意,真正做到"从群众中来,到群众中去",找到解决群众利益问题的正确办法。

三、秉公执法

坚持法律面前人人平等,一切以国家和人民的利益为重,公道正派地执行好任务,公平正确地处理好问题。服刑人员虽然被剥夺了政治权利,但其仍然拥有平等的法律地位,平等的享有权利、平等的履行义务。需要给予每个人以平等的待遇,不因其身份和地位而有所区别。只有对所有服刑人员一视同仁,反对特权,才能将监狱的以人为本精神落到实处。具体要求做到:一是不徇私情,在执法中不受个人感情、亲情和友情的干扰和影响,不徇私枉法,不搞权钱交易;二是不畏权势,敢于"犯上"和"碰硬",不怕打击报复,不为保全个人利益而卑躬屈膝;三是严格按照法定程序行事,努力提高侦查审讯技能和业务水平,讲究斗争策略,用法律武器惩治犯罪;四是不枉不纵,坚持调查研究,实事求是,既不冤枉一个好人,也不放过一个坏人。

四、程序公正

司法行为过程中严格遵守法定程序,确保法律得以准确有效的实施,案件得以正确的处理。程序公正包括充分参与、客观中立、制约配合、公开透明、及时高效五个方面。要求监狱人民警察在服刑人员的减刑、假释等过程中,让当事人充分参与、不偏袒任何一方,严格遵守法定程序,符合法律规定,程序公开透明,及时高效地完成工作。在执法活动中,应当以国家和人民的利益为重,严格按照法律程序和规定行使各项职能,将有法必依、执法必严、违法必究落到实处。

五、勇于献身

勇于献身是人民警察本质的反映和履行职责的保证,是警察职业道德的重要规范,其具体表现为:一是忠于职守,热爱本职工作;坚守工作岗位,严格履行职责,做到不消极应付,不敷衍塞责,力求尽心尽责;积极承担工作任务,不懒惰,不推诿,不挑肥拣瘦。自觉听从各级领导的指挥,达到步调一致,行动统一。二是业精技强,精通业务,熟练掌握岗位专业技术和技能,具备完成本职工作的过硬本领,凡是制度要求做的,不折不扣地落实,凡是制度明令禁止的,不得违反。三是机智勇敢,反应敏锐，多谋善断，既有胆略和勇气，又能随机应变。四是不怕牺牲，在平时的工作中做到忘我工作、鞠躬尽瘁，遇到不平之事、不法行为、灾难危险，能够见义勇为，临危不惧，舍生忘死。

六、清正廉明

清正廉明是人民警察又一重要标志，也是保证人民警察秉公执法的重要条件。对监狱人民警察而言，就是坚决反对用执法司法权力以及权力所形成的影响，为自己、近亲属或关系密切的人谋取不正当利益，自觉做一个组织和群众信赖的人，同事和朋友敬重的人。

监狱人民警察是国家工作人员，应当继承和发扬艰苦奋斗、勤俭节约的优良传统，保持劳动者的本色，树立人民公仆应有的形象。在执法过程中，如果不能做到简单朴素、勤俭生活，就容易被腐蚀拉拢，逐步走向腐败堕落，甚至滑向违法犯罪的深渊。应该做到在生活上艰苦朴素，不追求与自己身份和收入不相适应的物质享受，不摆阔气，不讲排场；在工作上勤奋努力，踏踏实实，努力形成艰苦奋斗、团结协作的工作氛围。

学习任务三　监狱人民警察职业道德的要求

相较于其他职业，监狱人民警察在国家政治生活和社会生活中处于特殊地位，担负特殊使命，是国家政权中按照统治阶级意志，依靠暴力、强制手段对罪犯执行刑罚、进行惩罚的行政力量，但《监狱法》同时规定对罪犯实行惩罚和改造相结合、教育和劳动相结合的原则，将罪犯改造成为守法公民。2024年12月28日，司法部召开的全国监狱教育改造工作会议上就明确提出，要坚持把加强罪犯教育改造工作作为监狱工作的中心任务，坚持把教育人、改造人、挽救人放在第一位。因此，教育改造工作是监狱的中心工作。在强制惩罚基础上，突出强化教育改造，对履行管教职责的监狱人民警察的全方位能力提出了更高的要求，其中良好的职业道德素质显得更为重要。因为其对罪犯的改造教育有一定的激励和正向影响作用。监狱人民警察的职业道德好坏程度，将直接影响着罪犯教育改造的质量。实践证明，如果监狱人民警察职业道德素质低下，各项监管制度得不到有效落实和严格遵守，罪犯教育改造质量必定受到影响。

2023年"中国人民警察节"到来前，中共中央总书记、国家主席、中央军委主席习近平代表党中央，向全国人民警察致以节日祝贺和慰问，希望同志们矢志不渝做党和人民的忠诚卫士，为维护国家安全和社会稳定再立新功。习近平总书记强调，政法工作是党和国家工作的重要组成部分。要全面贯彻落实党的二十大精神，坚持党对政法工作的绝对领导，提高政治站位和政治判断力、政治领悟力、政治执行力，坚持以人民为中心，坚持中国特色社会主义法治道路，坚持改革创新，坚持发扬斗争精神，奋力推进政法工作现代化，全力履行维护国家政治安全、确保社会大局稳定、促进社会公平正义、保障人民安居乐业的职责使命，为全面建设社会主义现代化国家、全面推进中华民族伟大复兴贡献力量。结合当今世界警务发展潮流和我国监狱系统工作实际情况，监狱人民警察职业道德要求的具体内容主要包括以下几个方面：

一、坚定理想信念

理想信念是人生的精神支柱。理想的滑坡是最致命的滑坡，信念的动摇是最危险的动摇。少数民警之所以出现问题，根本就在于理想坍塌、信念缺失。需要坚定共产主义远大理想和习近平新时代中国特色社会主义思想，树立正确的人生观。监狱人民警察处于反渗透、反分裂、反破坏斗争的最前沿，只有坚定共产主义理想，才能增强拒腐防变和抵御风险的能力；只有坚定践行习近平新时代中国特色社会主义思想的信心和决心，才能真正做到严格执法、公正司法，充分发挥我国社会主义各类制度的优势。通过加强自身修养，不断加强对人生观的改造，认真行使执法司法权，正确处理公共利益与个人利益的关系，为确保社会大局稳定、促进社会公平正义、保障人民安居乐业贡献一切智慧和力量，从中实现人生的最大价值。

二、认真履职尽责

理想信念最终要体现和落实在具体行动中，这是对监狱人民警察最起码的要求，也是衡量忠诚度的直接标杆。只有爱岗敬业，才能把讲政治的要求，真正地落实到一切工作中，尽可能地提高履职能力，创造优良业绩，以实际行动践行忠诚。面对维护监所安全和稳定的艰巨任务，监狱人民警察只有通过不断增强职业荣誉感和自豪感，保持良好的精神状态，全身心投入工作中去，才能优质高效完成岗位职责所要求的各项工作。

三、勇于献身使命

大忠必有大爱，大爱才有大勇。勇于献身使命是一种博大情怀，是一种只讲付出不计回报的自觉行为，是作为一名监狱人民警察政治本色的突出体现。监狱工作涉及面广、千头万绪，任务繁重艰巨，社会关注度高。长期工作在基层一线，工作压力、精神压力经常处于超负荷状态，有的监狱人民警察默默奉献，积劳成疾，甚至牺牲在工作岗位上。没有不怕苦、不怕累的精神，很难坚持下来。监狱工作是各类社会复杂关系、社会矛盾、警犯冲突的多发地，监狱人民警察经常承受着有形的和无形的压力，只有做到勇于担当、敢于碰硬、敢于较真，才能顶得住压力、不辱使命。面对穷凶极恶的服刑人员，必须与之较真到底，开展毫不妥协的斗争，锲而不舍地对其进行改造、教育和矫治。

四、严守法纪红线

法纪是从长期执法实践的经验教训中总结出来的，具有很强的针对性和警戒性。加强对法纪的了解和掌握，认真学习中央关于廉洁从政的有关规定，学习掌握《公务员法》《人民警察法》等法律法规。中央政法委规定了"四条禁令"，司法部颁布了监狱人民警察"六条禁令"。凡是法纪禁止做的事情，自己绝对不能做，既要管住自己，又要严格管好身边的人。自觉接受监督，在各方面的监督下提高拒腐防变的能力。

五、坚守道德底线

道德是行为的价值标尺，坚守道德底线，必须严格遵守准则，培养良好的道德情操。道德准则是全社会自觉遵守的行为规范，监狱人民警察作为一名自然人和社会人，需要做遵守社会公德的模范，自觉遵守公共秩序，维护公共利益，不做损公肥私、损人利己等不道德的事情。高尚的道德情操，需要在学习、工作和生活中不断培养，需要监狱人民警察不断学习。在健康的生活中完善人格、提高品位，做一个作风正派、品行高尚的人。

思考练习

1. 结合警察的法定责任，谈谈法律与道德的联系与区别。
2. 在执法实践中，如何理解和实施"怀大爱心，做小事情"？
3. 在监狱教育改造工作中，"服务人民"主要体现在哪些方面？

思政园地

创新园地

课后拓展

监狱劳教人民警察职业道德准则

司发通〔2011〕194号

热爱祖国，对党忠诚。
执法公正，管理文明。
教育为本，安全为先。
廉洁守纪，敬业奉献。

学习模块四

监狱人民警察管理体制

学习单元一　现代监狱管理体制

> 习近平在2022年春季学期中央党校（国家行政学院）中青年干部培训班开班式上发表讲话，他强调："实现第二个百年奋斗目标，我们要坚持党的基本路线，坚持以经济建设为中心，但在新形势下发展不能穿新鞋走老路，必须完整、准确、全面贯彻新发展理念，加快构建新发展格局，推动高质量发展。"
>
> 一、知识目标
>
> 1. 识记：监狱人民警察管理体制相关概念、特征以及内容、方式。
> 2. 领会：监狱管理原则、机构设置、职位设置。
>
> 二、能力目标
>
> 1. 简单应用：现代监狱管理原则的确立和监狱人民警察管理体制的运行。
> 2. 综合应用：监狱人民警察管理工作如何通过组织架构设计和制度安排予以实现。
>
> 三、素养目标
>
> 1. 通过警察管理工作培养客观、公正的职业素养，增强法律意识和权利意识。
> 2. 在监狱人民警察管理制度中，树立竞争意识，弘扬创先争优的担当精神。

🔍 **案例导入**

理顺监狱管理体制 优化监狱功能布局
安徽市属监狱收归省级直管改革任务完成[1]

近日，随着安徽省九龙监狱、安徽省滁州监狱挂牌，原阜阳市九龙监狱、滁州市清流监狱成为了历史，这标志着安徽将地方市属监狱收归省级直管工作圆满完成。

将原市属的阜阳市九龙监狱、滁州市清流监狱收归省级直管，是安徽省重点改革

---

[1] 李光明：《理顺监狱管理体制 优化监狱功能布局 安徽市属监狱收归省级直管改革任务完成》，载《法治日报》2022年6月17日，第2版。

任务。2019年4月，中办、国办印发《关于加强和改进监狱工作的实施意见》后，安徽省委、省政府认真贯彻落实党中央决策部署，司法部督导工作组赴安徽进行了具体指导，加快推进了市属监狱收归省直管的工作步伐。

2022年5月18日，安徽省司法厅、安徽省监狱管理局在合肥举行阜阳市九龙监狱、滁州市清流监狱收归省级直管移交仪式。安徽省副省长王翠凤对两所市属监狱收归省级直管工作给予充分肯定，指出收归直管工作有力有效，要求做好衔接，确保监管安全稳定。

科学制定方案

收归工作属于改革事项，部分业务缺乏明确的政策依据，特别是人员安置、财政保障等是工作难点和焦点问题。

收归工作启动之初，安徽省司法厅、省监狱管理局会同有关部门和相关市，对省内市属监狱基础数据进行了系统梳理，详细收集汇总了机构编制情况、人员福利待遇和各类财务数据等，并逐项核实分析，研判收归过程中可能存在的问题，提出处置意见。

安徽建立了省级联席会议制度，进一步明确了省委组织部、省发展改革委、省财政厅及监狱属地政府等12个联席会议成员单位的职责分工，确保收归工作得到相关单位的积极配合和有力支持。

"省领导多次牵头调度，省司法厅、省监狱局主要负责同志抓推进抓落实。"一位参加划转工作的安徽省监狱局相关部门负责人说，在调研外省相关案例经验的基础上，广泛深入进行调研论证，科学制定方案，制定总体实施方案的同时，同步制定了机构编制及民警划转、工人分类安置、监管安全保障、资产处置等专项业务子方案。科学制定方案为收归工作奠定了坚实基础。

精准分类施策

安徽省司法厅党委书记、厅长，省监狱管理局党委书记姜明说，针对人员安置、财政保障等难点焦点问题，安徽省司法厅、省监狱管理局坚持以人为本，持续加强与各省直单位和监狱属地政府的沟通协调，开展领导互访、部门会商等50余次，全力争取政策最大公约数，确保不让个人因改革而利益受损。

在人员安置方面，按照"依法依规、公开公正、平等自愿"原则，分类划转和安置民警、工勤、监狱企业工人、劳务派遣人员、历史遗留问题人员、离退休民警职工等，保障各类人员身份、待遇基本不变。在资产处置方面，监狱国有资产整建制划归省直管理，债务由监狱属地政府清理化解。在财政保障方面，经费由省财政保障，所在市财政保障经费上划省财政。

2021年11月，两所市属监狱收归省级直管实施方案通过安徽省政府常务会议研究并经省委审定，以省政府名义批复，划转工作正式启动实施。

实施过程中，安徽省司法厅、省监狱管理局坚持严格、依法、规范，进一步完善了工作推进机制，采取专班专责进行推进。

学习任务一　现代监狱管理原则

现代监狱集多重属性于一体，在政治属性上是国家专政工具，承担维护政权合法性和稳定性的政治职能；在法律属性上是国家刑罚执行机关，承担着惩罚和预防犯罪的法律职能；在社会属性上是创新社会治理的重要力量，承担着维护社会稳定、促进公平正义、保障人民安居乐业的社会职能。作为一种社会存在，现代监狱必须自觉融入社会并遵循社会运行规则，以平安法治为基础，以公平正义为追求，以行刑效能为导向，以人民群众满意为标尺，以行刑正义彰显社会文明进步程度，充分反映国家民主状况和法治水平。因此，现代监狱管理要充分体现时代精神，以现代科技、文化、设施、装备、组织管理制度的广泛运用为要件指标，体现具有现代文明基本精神的监狱行刑理念，建立健全规范现代行刑法律制度，具有分类完善的现代监狱形态，具备能够科学运行并与社会治理互通的内部治理机制。现代监狱管理的原则主要包括五个方面：

一、严格管理

监狱安全是监狱工作的永恒主题，也是社会稳定的重要组成部分。在当下公民权利张扬、社会对公共安全期待日益提升的情况下，监狱安全的时代性要求不断增强，监狱安全的目标取向已从维护监狱自身安全向着维护和促进社会和谐稳定大局拓展，监狱安全的工作内容已从监管劳动安全向着制度安全、监管安全、劳动安全、队伍安全、环境安全等领域全面延伸，监狱安全的工作成效已从行业比较优势转变为基本底线要求、法律问责红线。由此可见，监狱安全作为监狱工作的前提和基础，始终是监狱最基本的价值追求。严格管理是实现监狱安全的基本手段，在依法对罪犯实施惩罚管制的前提下，通过严格的监管制度、严密的防范措施、严肃的监规纪律、严明的考核奖惩实现对罪犯的有效管理，保证监管场所的安全稳定。

二、依法管理

法治是现代国家治国理政的基本方式。现代意义上的法治，主要指良法善治。监狱作为国家刑罚执行机关，作为刑事司法最后一环，任何偏离正常轨迹的执法行为和结果都会影响社会的法治进程，都会影响初步形成的法治权威，都会影响基本建立的法治公信力。在当下，无论是执行领域的减刑、假释、暂予监外执行，还是刑罚延伸的教育矫正，乃至内部日常管理的计分考核、工种调整等具体事务，都会为社会所密切关注。现代监狱要求在法治的引领下，把公平正义作为核心价值取向，把维护法律权威作为基本要求，在尊重和维护罪犯合法权益的基础上，构建完善的监狱法律、制度体系，强化监督制约机制，坚持法律至上，依法管理，不断提升监狱执法公信力，增强监狱工作的社会满意度。

三、文明管理

监狱是社会文明进步的窗口，监狱文明程度是社会文明程度的重要标尺。监狱从初创时的野蛮到近现代社会的人性追求，都是在不断地文明进步中进行改革发展的。譬如，古典刑事学派的代表人物孟德斯鸠、资产阶级的刑法鼻祖贝卡利亚等人，竭力主张抛弃中世纪不合理的刑罚制度，宣扬平等、博爱、人道的刑罚制度；[1] 资产阶级监狱改革和监狱学的鼻祖约翰·霍华德在《英格兰及威尔士监狱状况》《监狱的国家》等书中，建议改善监狱环境，建立符合人道的适宜罪犯身心健康的狱内环境。[2] 现代监狱作为与时代前进、社会进步、法治进程、行刑发展相适应的，在现代世界范围内行刑效能处于领先地位和水平的监狱发展状态，文明是其必然内容和应有之追求。从监狱的社会学角色来看，文明的外在表现至少包括：摒弃简单、粗暴、落后的管理方式，构建理性平和、文明规范的执法管理工作机制；对罪犯的教育管理，既要讲法度，也要讲温度，有效促进罪犯积极改造；对罪犯的亲属要看作是罪犯教育矫正的有效力量，在其进行会见、帮教中提供高效服务；同时要建立监狱执法民意收集反馈、第三方满意度调查机制，切实让人民群众体会到"可感受的文明"。

四、科学管理

现代监狱科学管理的要求涵盖了监狱工作的理念、制度、形态、机制等方方面面，也是现代监狱区别传统监狱的重要特质。要求以宏观的视野审视监狱工作，坚持把监狱工作置于经济社会发展大局中去谋划和推动；用以人为本的理念推进监狱工作，坚持警察队伍在推动监狱工作科学发展中的主体地位，并把严格公正文明执法、提高罪犯改造质量作为以人为本的一个基本体现，促使监狱本源职能真正回归到正确有效执行刑罚上来，真正回归到惩罚和改造罪犯上来；以系统的思维抓好监狱工作，增强监狱工作的整体性，推动监狱各项工作的全面协调发展；以创新的精神提升监狱工作，促进现代科技、文化、设施、装备、组织管理制度在监狱工作的深度应用，促进监狱整体工作水平不断提升。

五、高效管理

行刑质量和效益是监狱存在的基石。效益，是21世纪以来世界各国司法活动追求的基本价值目标之一。当前我国的司法体制改革的一个重要目标，就是从各种效益差异的制度结构中选择社会成本最小而净收益最大的司法资源配置方式。因此，以成本和收益比较为核心的法律效益观，日益成为指导我国刑事司法体制改革的重要理论基础。监狱行刑效益的高低也是决定现代监狱建设成败的关键性因素。监狱的行刑效益包括法律效益和社会效益两个部分。法律效益包括刑事判决内容的安全执行完毕和罪犯从肉体到心理受到刑罚惩罚；社会效益包括公众对监狱行刑带来的公平正义的认同和罪犯顺利回归社会。同时，法律效益和社会效益还共同指向法律的社会威慑力形成和社会治理秩序得到切实维护。

学习任务二　现代监狱领导体制

我国监狱工作实行的是集中统一领导与分级管理相结合的管理体制，实行中央和

---

[1] 参阅韩玉胜等：《刑事执行法学研究》，中国人民大学出版社2007年版，第39页。
[2] 参阅杨世云、窦希琨编著：《比较监狱学》，中国人民公安大学出版社1991年版，第8~9页。

省（自治区、直辖市）两级管理并且以省级管理为中心。此外，由于历史原因，还有少数地市监狱。

一、国家监狱主管机构

《监狱法》第 10 条规定："国务院司法行政部门主管全国的监狱工作"，表明我国监狱系统的最高行政管理机构是中华人民共和国司法部，属国务院组成部门之一。司法部负责起草、制定、发布关于监狱工作的行政法规，制定全国监狱工作的发展目标和实施规划，协调和其他中央国家机关的关系，批准监狱的设置、撤销、迁移，贯彻执行国家对监狱工作的文件、决议、指示等。

司法部监狱管理局具体负责全国监狱业务工作。司法部燕城监狱是中华人民共和国唯一直属司法部的中央监狱，是具有独立法人资格的正局级行政单位，也是司法行政系统所有监狱中级别最高的监狱。此外，建立于 1958 年的秦城监狱隶属于公安部，是唯一一座不隶属司法部的监狱。

二、省级监狱主管机构

在省（自治区、直辖市）一级，监狱的行政主管部门是司法厅（局），业务主管部门是监狱管理局，监狱受省级监狱管理局管理。监狱长由省司法厅任命，经费以省级财政保障为主、中央转移为辅。一些省、自治区、直辖市在监狱设置比较集中的地区设立监狱管理分局，它属于省级监狱管理局的派出机构，比如北京市监狱管理局清河分局、安徽省监狱管理局九成分局等。

新疆生产建设兵团监狱领导体制与全国其他省份相比独具特点，管理监狱的行政机构和业务主管部门均是监狱管理局，司法局没有管理监狱的职能，监狱管理局与司法局平行，均属于政府的组成部门。

三、地市监狱主管机构

地市属监狱由地市司法局管理，人财物由地市财政保障，业务上更多向省级监狱管理局负责。为适应 1983 年"严打"斗争开始后罪犯骤增的形势，1983 年至 1984 年，14 个省、区先后办起了 130 所地市监狱。随着监狱布局调整，地市监狱数量逐渐减少。2018 年 1 月，司法部印发《关于加快推进司法行政改革的意见》，对司法行政改革作出顶层设计和全面部署，其中，明确提出将完善中央、省级两级监狱管理体制，加强副省级城市所属监狱管理，逐步将副省级城市以外的地市所属监狱收归省级直管，推动其与省管监狱齐头并进、健康有序发展。此后，各省加快了市属监狱收归省级直管改革步伐，市属监狱逐渐减少，目前已不足 50 所。

学习任务三　现代监狱结构设置

现代监狱结构设置情况可以从监狱的分类建设和内部机构设置两个方面来解构。

一、监狱分类建设情况

中华人民共和国成立后，我国监狱参照苏联劳动营模式，劳动改造管教队成为监狱的主要类型，只有少部分设置在城市内部或者城郊的以"××监狱"命名的监狱。1994 年《监狱法》颁布实施之后，劳动改造管教队逐步全部更名为监狱。

当前，我国监狱分类在工作实践中主要有以下几种：按照押犯性别、年龄，分为男犯监狱、女犯监狱、未成年犯管教所；按照罪刑轻重，分为重刑犯监狱、轻刑犯监狱；按照区域位置，分为城市监狱、农村监狱；按照行政隶属关系，分为部属监狱、省属监狱、市属监狱；按照押犯规模，分为大、中、小型监狱。

尽管监狱分类标准多样，但总体来看，分类标准仍比较简单，类型相对单一，改革进程缓慢，还不能满足现代监狱行刑的需求。按照罪犯的危险程度选择不同等级的关押监狱，是国际上比较通行的做法，既有利于监狱安全，更能有效矫正罪犯，可以结合监狱的布局调整，把监狱划分为高、中、低三个不同戒备等级的监狱，对各个等级监狱的关押对象、管理模式和建筑标准作出具体明确的规定。同时，罪犯改造具有一定的时间性，有的时间跨度还比较长，罪犯在其矫正的不同进程和阶段对关押监狱的要求是不同的，为此，可在现有的基础上，将监狱划分为入监监狱、中期监狱和出监监狱等，按照其在矫正罪犯中不同进程职能的要求，实施不同的矫正项目和矫正计划。此外，对特定罪犯可以建立相应需要的功能型监狱，如病犯监狱、老残犯监狱、精神治疗中心等。

二、监狱内部机构设置

监狱内部为了监管改造罪犯，一般都设有专门负责某项具体业务的机关科室以及直接关押监管改造罪犯的监区。

监狱内部设置的职能科室一般包括四个类别：一是监管改造部门，包括狱政管理科（支队）、狱内侦查科（支队）、教育改造科（支队）、生活卫生科（支队）、刑罚执行科（支队）、指挥中心等；二是劳动改造生产经营部门，包括刑务劳动管理科（支队）、安全生产科（支队）、生产部、企业管理部、人力资源部等；三是政工纪检部门，包括政治处（组织人事科、宣传教育科）、老干部科、纪委监察室、工会、团委等；四是综合部门，包括办公室、行政科、信息科、财务科、审计科等。

监区是监狱最基层的建制单位，其中包括关押一般罪犯的普通监区，也有关押重点危险罪犯的从严管控监区和关押、治疗病犯的医院监区等。

🔍 思考练习

1. 论述我国监狱管理的原则。
2. 简述我国监狱内部机构设置情况。

🔍 思政园地

创新园地

深化两级管理　赋权赋能监区　为高质量发展筑基垒台[1]

十五年前，为实现上海监狱新的跨越式发展，局党委将宝山监狱作为试点单位，先行推进两级管理，总结比较系统的实战经验，并推广到全局。

当前，宝山监狱聚焦高质量发展主题，进一步完善体制机制，夯实基层基础，以深化两级管理为载体和抓手，推动监狱工作重心下移，充分体现"基础在监区、重心在基层"的工作理念，不断助力监狱高质量发展。

聚焦"筑基"

业务党建融合。监狱党委始终树立以监区为中心的发展思想，始终坚持"三严"导向（严格标准、严格管理、严格纪律），做到"四优"（优先为监区解决困难、优先让监区享受方便便利、优先向监区倾斜资源、优先为监区考虑提拔晋升），让监区民警有更多参与感、获得感、幸福感。

全面深化党小组与楼面警务组融合，创新支委（扩大）会，吸收警长参与议事决策举措，形成5+2+X（5个支委、2个党小组长、X名警长）党建新模式，推动党建、队伍、业务在新的管理体系中深度融合。

标杆团队引领。新成立"小法宝"法援工作室、"身心平衡"矫正工作室、"乐家"转化工作室等3个工作室及"新生绘画"等6个攻坚团队，从法律援助、身心矫治等方面对罪犯改造难点和重点进行攻坚，形成"做强一个点、夯实一条线、支撑一个面"的工作格局。

聚焦"规范"

建立健全配套制度。建立健全《岗位职责及事权范围》《工作实务操作手册》《一日工作规范》《支委联系片区工作规则及监区网格管理方案》《承包监组工作考核办法》《主管警官评定与管理实施细则》《优秀主管警官评审办法》等7项制度，解决岗位职责、权责界定、考核评价、成长路径等工作实际问题。

规范业务流程。优化承包监组52项业务流程，配发操作流程图，形成《十项基本功业务指导书》，对基础工作进行进一步梳理、流程再细化。同时，搭建起"监狱通识培训""监区微课堂培训""民警情景跟随培训"三级培训网络，满足民警日常业务的不同需求。

聚焦"动力"

推动监区自转。细化《关于赋权赋能监区进一步激发基层动力活力的若干举措（试行）》内容，明晰工作举措及实践路径，形成"8+16+X"任务推进清单，明确责任部门及完成时限，坚持挂图作战，督促文件精神落地落实。

更新考核模式。根据《关于实施科室监区一体化发展的指导意见》，制定并明确科

---

[1]《深化两级管理　赋权赋能监区　为高质量发展筑基垒台》，载 https://mp.weixin.qq.com/s/p2FRq-Xcqs3XKw532ZiUjg，最后访问日期：2024年9月13日。

室对口联系监区相关要求，严格落实科室服务指导内容及监区整改期限，营造"人人定点包干、人人履责担责、人人监督考核"的科室监区一体化发展良好局面。

科室对口考核。深化两级管理，不仅是对监狱管理工作的一次升级，也是对监狱民警专业能力的一次检验。在高质量发展的宏伟蓝图下，通过管理的升级和再造，不断提升宝山监狱管理水平和罪犯改造质量，努力再次成为监狱管理的标杆，为社会和谐稳定做出更大的贡献。

拓展学习

中华人民共和国监狱管理体制的历史沿革

1. 监企合一的监狱管理体制形成阶段（1949—1956年）。

我国监狱管理体制建立的雏形。中华人民共和国成立之初，大批国民党战犯、日伪战犯和镇反运动形成的大批反革命犯以及旧社会遗留下来的土匪、恶霸等刑事犯罪分子，使监狱在押犯的数量急剧增加。遵照毛主席"三个为了"（为了改造他们，为了解决监狱的困难，为了不让判处徒刑的反革命分子坐吃闲饭，必须立即着手组织劳动改造工作）的指示，各地本着"因地制宜，因陋就简，就地取材，自力更生"的原则，开始了大规模组建劳动改造场所的工作。这就是我国传统的监企合一的监狱管理体制。

2. 监企合一的监狱管理体制发展阶段（1956—1992年）。

受计划经济的影响，监企合一的监狱管理体制得到了快速发展。国家负责统购、统销，监狱在改造罪犯的同时，还为国家创造了财富。在监企合一的管理体制下，劳动改造成为我国监狱改造罪犯最主要的手段。

3. 监企分离的监狱管理体制改革酝酿阶段（1992—2003年）。

进入20世纪90年代后，社会主义市场经济体制确立起来。一方面，监狱企业逐渐失去了在市场经济中的竞争力。另一方面，监狱大多采用了牺牲教育改造罪犯的资源以实现监狱企业效益的提升，使得我国刑罚的教育改造功能难以实现，寻租现象时有发生。因此，进入20世纪90年代之后，司法部将监企体制改革提上议事日程。1992年初，司法部提出"统一领导，双轨运行"，按照"刑罚执行依法办事，生产经营放权搞活"的原则进行监狱体制改革。到1995年初，司法部在"统一领导，双轨运行"的基础上又提出"监企适度分离，实行四个分开"（财务分开、国有资产分开、在党委领导下决策分开、人员分开）的设想。

4. 监企分离的监狱体制改革进行阶段（2003年至今）。

司法部于2003年在《关于监狱体制改革试点工作指导意见的通知》中，将"全额保障、监企分开、收支分开、规范运行"作为改革的方向，在一些地区进行监狱管理体制试点改革。从此，我国监狱行政管理体制进入正式全面的改革阶段。

学习单元二 监狱人民警察职位

> 习近平在二十届中央机构编制委员会第一次会议上发表讲话，他指出："机构编制是重要政治资源、执政资源，机构编制工作是加强党的长期执政能力和国家政权建设的重要工作，我们党始终高度重视。"
>
> 一、知识目标
> 1. 识记：监狱人民警察职位的特征以及设置状况。
> 2. 领会：监狱职位设置的现状分析及其实践落实。
> 二、能力目标
> 1. 简单应用：监狱人民警察职位设置中外对比情况。
> 2. 综合应用：从监狱人民警察职位的现状分析和中外职位对比中，得到推动我国监狱人民警察职位改革的启示。
> 三、素养目标
> 1. 通过警察职位制度的分析和中外对比，扩大视野和辩证分析能力。
> 2. 在监狱人民警察职位管理制度中，进一步了解我国社会主义政治制度的特殊性，坚定制度自信。

案例导入

上海监狱的前世今生[1]

历史是最好的教科书。近日，上海市监狱管理局开展了"四史"学习教育。通过了解历史，特别是了解改革开放以来上海监狱的发展历程，体会上海监狱发展的一路坎坷，感受在中国共产党的领导下上海监狱发展的一路辉煌。

读史以明志，不忘初心回首来时路；鉴往而知来，牢记使命开启新征程。

从唐朝起就设有监狱

监狱是随着阶级和国家的产生而产生的。中国的监狱历史悠久。春秋时期晋国史官和战国时期魏国史官所编的编年体通史《竹书纪年》就提到："夏帝芬三十六年作圜土。"圜土是夏朝监狱的通称，是夏朝第七任帝王芬在位时设立的"监狱"最早雏形。据考证，圜土可能是指挖在地下的圆形土室或是筑在地上的圆形土屋。西汉史学家司马迁撰写的纪传体史书《史记·夏本纪》记载："乃召汤而囚之夏台"。夏朝末期，汤（商朝开国君主）表面臣服于夏，暗中却积极准备灭夏，后来被夏桀（夏王朝末代君主）发现，桀假召汤入朝议事，将他囚禁于夏台。

上海监狱历史悠久，自唐朝天宝十年（公元751年）设华亭县起，上海地区就有

---

[1]《上海监狱的前世今生》，载《上海法治报》2020年7月24日，第B03版。

了监狱（华亭县狱）。1949年5月27日上海解放，翻开了新中国上海监狱史的新篇章。解放以来，上海监狱隶属几经变迁。

1949年9月，上海市人民法院监狱正式挂牌成立。1952年6月，上海市公安局管训处与上海市监狱合并，成立上海市人民政府公安局劳改处。

1964年12月，市委批准劳改处改为市公安局劳改局。1980年7月，市公安局劳改局改为市劳改局，作为市属局级单位管理，建制仍隶属市公安局。

1983年7月，根据中央政法委要求，全市劳改工作正式划归市司法局管理，市劳改局仍作为市属局级单位隶属于市司法局。

1994年5月，市委决定将市劳改局升格为正局级单位。1995年6月，劳教从市劳改局分离出来后，市劳改局更名为市监狱管理局。2018年机构改革后，市委明确市监狱管理局为市司法局管理的部门管理局。

筚路蓝缕的创业史

第一阶段，革命斗争时期（中华人民共和国成立前后）：从血雨腥风到重见光明。

"信仰坚定、不怕牺牲"是当时党的活动的鲜明特征。解放前夕，为营救在提篮桥监狱关押的革命人士，中共社会部在上海负责情报、策反工作的负责同志根据地下党组织指示，对时任提篮桥监狱代理典狱长进行策反。同时，监狱地下党在"警委"（中国共产党上海市警察局委员会）的布置下，积极开展武装护监斗争。1949年5月28日，市军管会政务接管委员会法院接收处接管监狱后，45名中共党员和5名农工民主党成员被释放。时任上海市军管会主任、市长陈毅在听取有关情况汇报后强调："这些同志都是被国民党反动派抓进监牢的，现在我们把他们解放出来，不能这样无声无息、默默无闻，而要敲锣打鼓放鞭炮，对这件事要好好做文章，搞得有声有色、热热闹闹。"

第二阶段，艰苦创业时期（20世纪50年代—20世纪70年代）：荒滩变良田，毛竹堪大用。

"自力更生、艰苦奋斗"是这个时期监狱工作贯彻党的方针的主要表现。从1950年开始，按照公安部统一部署，上海先后向陕西、新疆、青海、黑龙江等地调犯。在江苏、江西、福建、安徽等地设立劳动教养单位，其中就包括上海农场、白茅岭农场以及从闽北迁到安徽的军天湖农场。1950年6月，为收容移民、改造罪犯，陈毅市长亲自领导，华东局筹划决定在苏北创建上海农场。1952年7月至1956年，上海农场共接收犯人2万余人，创造了改造自然和改造人的伟大奇迹。1958年，闽北农场创建时，毛主席亲自指示时任福建省委主要负责同志支持上海工作。从闽北建场到战备迁场到安徽，4年时间里上海在闽北开发耕地1.8万余亩，累计砍毛竹166万余根，其中有107万根运往了上海，有力支援了上海城市建设。

第三阶段，改革创新时期（十一届三中全会—20世纪末）：解放思想重实践，开拓创新谱新篇。

"思想解放、敢为人先"是这个时期监狱工作落实党的政策的突出特点。围绕全党工作重点转移，上海监狱严格罪犯管理、严厉打击违法违纪行为；探索罪犯改造工作新方法，罪犯分类改造、监区文化、"一帮一"志愿者帮教队伍等，都在全国产生了重要影响。1984年提篮桥监狱新岸艺术团自编自导自演，在福州路的市政府礼堂举办《路就在脚下》七幕沪剧专场演出；1985年，在中山公园举办为期一个月的劳改劳教工作成果展；1988年9月6日、8日，在上海体育馆举办罪犯改造汇报演出，在全社会引起极大反响和良好效果。在计划经济到市场经济的转变中，监狱企业和产业结构也在不断调整，涌现出了很多明星企业和明星产品。

第四阶段，转型发展时期（21世纪初至今）：体制改革划时代，上海监狱再出发。

"政治引领、党建先行"是这个时期监狱工作坚持党的绝对领导的重要体现。上海监狱按照国家关于监狱工作的总体要求，通过调整监狱布局、创建现代化文明监狱、改革监狱体制、构建现代监狱警务机制，全面提高干警综合素质和监狱信息化水平等，推动转型升级，从"劳改"时代走向"监狱"时代。2003年起，上海被国务院列为监狱体制改革试点省市之一，逐步实现了"全额保障、监企分开、收支分开、规范运行"的改革目标。2008年起，上海监狱开始构建监狱现代警务机制，推进两级管理体制，进一步减少了管理层级，提高了工作效率。近年来，上海监狱聚焦"两最"目标，践行1258行动方案，一张蓝图绘到底，打赢了重大节点安保、重大任务推进、重大改革落地等一系列攻坚战。

锐意进取的改革史 舍我其谁的奋斗史

70多年来，上海监狱始终坚持党的领导，深化改革、敢闯敢试、敢为人先，在大胆探索和实践中，持续丰富对监狱发展和监管改造规律的认识，监狱执法更加文明规范、公正严格，监狱持续保持安全稳定。

工作方针上，实现了由"改造第一、生产第二"到"惩罚与改造相结合，以改造人为宗旨"的转变。改革导向上，实现了由自我发展到国家主导的转变。罪犯改造上，实现了由分类教育到统筹推进、以政治改造为统领的五大改造的转变。执法理念上，实现了从规范化到标准化建设的转变。监狱保障上，实现了从布局调整、现代化文明监狱建设到智慧监狱建设的转变。

一代代监狱民警无私奉献、披荆斩棘、坚守不渝、勇于担当，形成了四个方面的精神内涵：一是领导干部示范带头是关键，只有冲锋在前、以上率下才能释放强大的感召力；二是广大干警团结一心是前提，只有风雨同舟、忠诚担当才能铸就坚强的凝聚力；三是坚定理想信念宗旨是精髓，只有心有所信、行稳致远才能凝聚强大的向心力；四是淬炼过硬纪律作风是保证，只有一身正气、令行禁止才能激发持久的战斗力。

"初心易得、始终难守"。进入新时代，上海监狱将传承思想根脉、继承文化底蕴、凝聚精神力量、汲取经验智慧，在新长征路上努力打造世界上最安全的监狱和全国改造质量最好的监狱，书写上海监狱改革发展的时代篇章。

学习任务一　监狱人民警察职位特征

现代人力资源管理学中的职位分类理论认为，职位即公共部门中责、权、利合理配置的工作岗位。监狱警察职位是指监狱主管机关依据国家有关法律法规，综合监狱各类工作的性质、简繁难易、责任轻重以及所需的资格条件等，所设置的不同的工作岗位。监狱警察职位具有明显的特征：

一是法定性。监狱人民警察职位是按照《公务员法》《人民警察法》《监狱法》等法律法规设置的，一旦确定，既不能随意增设，也不能随意废除。监狱人民警察职位设置为招录监狱人民警察提供科学依据。监狱人民警察是国家公务员，其招录要按照国家公务员招录的有关要求进行。《公务员法》明确规定，录用国家公务员，必须在编制限额内按照所需职位的要求进行，即按照职位的空缺情况和职位的性质、责任大小、任职资格条件来招考录用国家公务员，既不能超职位限额，也不能脱离职位所要求的条件盲目录用国家公务员。监狱人民警察职位设置为招录监狱人民警察提供了质量和数量上的标准。

二是科学性。监狱人民警察职位设置有一套严格的程序，首先要对监狱中的所有职位进行详细的调查，了解其工作性质、任务、职责、权力等；其次再按照工作性质和业务种类的不同，从纵向上区分为若干不同的职系；然后再把同一职系中的职位按照工作责任及权力大小、难易程度和所需资格条件等的不同，从横向上区分为若干不同的职级。每一职系与每一职级的交叉点才确定一个职位。

三是稳定性。监狱人民警察职位一旦确定，即需要编订职位说明书，明确职位内容、责任程度、任职条件、升迁路线等，以实现对每个职位及其任职人员的标准化和科学化管理，因此具有一定的稳定性。因为工作需要进行职位调整的，需由组织根据法定程序集体讨论决定，有些还要报经上级部门批准，直至中央一级编制管理部门批准。

学习任务二　监狱人民警察职位设置状况

《监狱法》第 12 条第 1 款规定："监狱设监狱长一人、副监狱长若干人，并根据实际需要设置必要的工作机构和配备其他监狱管理人员。"上述规定对监狱长职位的设置比较具体明确，对于其他监狱警察职位如何设置，则只是概括性地提到，比较模糊。实践中，不同的省份有不同的设置，即使同一省份，不同的监狱也有不同的设置。但总体而言，主要是从纵向上对警察职位进行了分类，同时由于监狱工作的需要，在横向上对监狱人民警察的岗位进行了必要的分工。

从纵向上看，主要分为三个层次。一是监狱的领导层，包括监狱长、副监狱长，政委、副政委、纪委书记等。监狱长是《监狱法》明文规定设置的职位，每个监狱都会有 1 名以上的监狱长、副监狱长，但《监狱法》并未明确监狱长的具体职权。政委这一职位在司法部 1996 年颁布实施的《监狱劳教工作人民警察政治工作条例》中予以了明确，规定政委在同级党的委员会领导下，负责政治工作。纪委书记这一职位则是按照党章的有关规定设置。二是监狱的管理层，包括狱政管理、教育改造、生活卫生等职能科室的科长、主任，押犯单位的监区长、副监区长、教导员、副教导员等。这部分人员处在监狱长、政委等领导之下，在具体执行刑罚和管教罪犯的一般警察之上。三是监狱的执行层，包括职能科室和押犯监区、分监区的一般警察，主要负责具体执行有关政策和规定，按照有关要求执行刑罚和管教罪犯。除此之外，还包括公务员管理序列的非领导职务的警察职位设置，包括二级科员、一级科员、四级主任科员、三级主任科员、二级主任科员、一级主任科员、四级高级警长、三级高级警长、二级高级警长、一级高级警长、二级警务专员等。

从横向上看，主要根据监狱的职能对警察的工作岗位进行了必要的分工，并不属于严格意义上的职位分类管理。《监狱法》第4条规定："监狱对罪犯应当依法监管，根据改造罪犯的需要，组织罪犯从事生产劳动，对罪犯进行思想教育、文化教育、技术教育。"第5条规定："监狱的人民警察依法管理监狱、执行刑罚、对罪犯进行教育改造等活动，受法律保护。"根据监狱职能履行的需要，在实践中，对监狱人民警察的工作进行了一定的分工，但在管理上仍是按照纵向体系来进行的。主要包括以下几类人员。一是政治工作类，包括纪检监察、组织人事、宣传教育、劳资管理等；二是管理教育类，包括狱政管理、刑罚执行、狱内侦查、教育改造、生活卫生等；三是劳动管理类，包括劳动管理、安全生产等；四是行政后勤类，包括综合研究、规划基建、财务会计、后勤保障等。每一类人员职务升迁时可以跨类进行，比如政治工作类的一般警察职务升迁时可以提拔为管理教育类的管理层（包括科长、副科长，监区长、副监区长等）。而且在实际工作中，监狱人民警察往往属于"万金油"特点的通才型"人才"，什么工作都能干。

从上述我国监狱人民警察职位设置的情况可以看出，当前的职位设置具有一定的局限性。一是存在管理体制上的误区。目前，我国监狱人民警察的管理主要采用类似公务员的管理体制，但是这种做法忽视了监狱中存在的专业技术机构、岗位及相应专业人员的配备和管理。监狱工作中不设专业技术职称系列，监狱人民警察中有才干、有水平的人很快被提拔做行政指导，导致在第一线改造罪犯的都是些刚参加工作、缺乏经验和技术的青年警察以及无望升迁的老警察，因而改造能力只能在低水平循环。警察身份的单一性与监狱工作的多样性之间形成强烈反差，必然引发诸多问题，其中重要的一点就是不能充分调动各类岗位的监狱人民警察的工作积极性。二是监狱人民警察身兼行刑与改造两种职能的现实造成两种职能都不能有效发挥。行刑本质上讲是国家专门机关体现公共意志的活动，具有强制性的特征，其对监狱人民警察的要求侧重于身体素质和法律知识方面；而改造是社会主流文化对犯罪亚文化的冲击和转化，具有自愿性、主体地位平等性等特点，要求监狱人民警察具有相当的教育学、心理学、社会学等专业知识和技能。可见，两种职能对警察的素质要求是不同的。在现实中，监狱基层一线警察普遍集多种职责于一身，既要管理罪犯、组织生产，还要传授知识技能，进行思想教育、心理矫正工作等。这种不合理的人力资源配置，不能有效提高监狱人民警察履职的效能。三是专业人员配备不足。随着罪犯改造工作的地位越来越突出，对罪犯进行以思想、文化、技术和心理教育为主要内容的教育工作任务日益繁重，相应对这类人才的需求也越来越大。而实际工作中，一方面，文化教员、职业技术培训人员、心理矫治人员、医学工作者等人员配备不够，分工不细，整体素质不高；另一方面，监狱人民警察的专业化知识不强，很多人是属于工作中途转业转行，未真正做到专业人才专用。

学习任务三　监狱人民警察职位设置的中外对比

中外监狱在设置监狱工作人员职位时，都充分考虑了监狱作用于罪犯这个系统性工作所需要的各种各类工作的性质，但由于国情和监狱工作发展阶段不同等原因，在具体设置监狱工作人员职位时，还有许多不同之处，主要包括监狱工作人员职位性质、职位职数和职位分类等方面。

1. 监狱工作人员职位性质。监狱工作人员的性质主要体现在建制上。中外监狱工作人员建制总括起来可归为四种。第一种为军事建制，实行监狱军事责任制的国家一般对监狱工作人员实行军事建制，纳入军队编制，例如匈牙利、南非等国。第二种为警察建制，即把监狱工作人员编入警察建制，作为一个警种在国家工作人员中居于重要地位。第三种为特种公务员，将监狱工作人员编入特种行业——监狱行业的公务员制，如德国等。第四种为公务员与警察混合建制，监狱内具体执行刑务的工作人员为警察建制，而监狱内的各级官员则为公务员编制，如葡萄牙及我国的澳门地区等。我国对监狱的工作人员实行的是警察建制，监狱警察与公安机关、国家安全机关、强制隔离戒毒机关的人民警察和人民法院、人民检察院的司法警察一起纳入国家人民警察范畴。

2. 监狱工作人员职位职数。职数情况包括监狱工作人员与罪犯的总的比例问题和各类工作人员职位职数情况。监狱工作人员与罪犯的总的比例问题，由于监狱工作任务的侧重点不同以及对监狱工作的认识不同等原因，各国监狱工作人员，乃至于一国内不同监狱中的工作人员，与罪犯的比例都有较大差别。就监狱工作人员职位的核心——看守人员来看，看守人员与罪犯的比例基本上都是在1∶3左右，许多国家的监狱警囚之比也都接近这个比例，例如美国、法国、德国即是1∶3，日本为1∶3.3，英国是1∶4。我国监狱警囚比总体要求是控制在1∶5.6，但在具体实施时还略有不同。监狱各类工作人员职位职数也有很大不同，一般来讲，看守人员在监狱工作人员中所占的比例是最高的，因为他们工作在监狱的第一线，直接管理罪犯。例如，在美国州立成年监狱中，看守人员占全部监狱工作人员的63%；在少年教养机构中则占41%，这是由未成年犯监狱中的教育人员比例高所致。我国监狱工作中对各类工作人员的职位职数没有绝对的要求。

3. 监狱工作人员职位分类。普遍而言，外国监狱工作人员的构成较为复杂，包括行政管理人员、看守人员、教育工作人员、心理工作人员、宗教人士、医务人员、社会工作者、辅助人员等。总之，外国监狱的工作人员，不仅有领导人员，而且有管理人员；不仅有行政后勤人员，而且有基层矫正人员；不仅有教育人员，而且有技术人员；不仅有狱内的专职人员，而且有狱外的兼职人员。这是因为行刑矫正罪犯是一项极其复杂艰难的工作，在外国尤其是西方国家，行刑矫正工作被视为宗教工作、医疗工作、心理工作、教育工作、生产劳动和法律法规建设的一个综合体，这些不同的专业化工作，理应由不同的监狱工作人员分别担任落实。我国监狱工作人员都属于国家公务员，主要按照公务员的序列进行管理，并没有严格意义上的职位分类。

学习任务四　完善监狱人民警察职位设置

《监狱法》第 12 条第 2 款规定："监狱的管理人员是人民警察。"也就是说，管理监狱的人员都是人民警察。因此，相对于国外的监狱工作人员分类，从严格意义上来说，我国实际上并不存在所谓的监狱工作人员分类。但是，监狱人民警察作为国家公务员管理序列的一种，根据《公务员法》的有关规定，可以进行职位分类设置。《公务员法》第 8 条指出："国家对公务员实行分类管理，提高管理效能和科学化水平"，第 16 条指出："国家实行公务员职位分类制度。公务员职位类别按照公务员职位的性质、特点和管理需要，划分为综合管理类、专业技术类和行政执法类等类别。根据本法，对于具有职位特殊性，需要单独管理的，可以增设其他职位类别"。《公务员法》要求根据监狱工作的特点，利用职位分类制度，对监狱人民警察设置进行完善，加强分类管理，使之朝着专业化方向发展，保证监狱工作目标的实现。

对监狱人民警察的职位设置，许多学者都进行了探索，并取得了一定的成果，值得借鉴。如有的提出可以分为 4 类，包括行政管理类、狱政管理类、教育矫正类、生产管理类；[1] 有的提出可以分为 6 类，包括行政管理类、监管看守类、矫治教育类、劳动管理类、服务保障类、警务技术人员；[2] 有的提出可以分为 5 类，包括监管看守类、行政管理类、教育矫治类、服务保障类、专业技术类；[3] 有的提出可以分为 5 类，包括刑务执行类、教育矫治类、生产管理类、综合服务类、政治保障类；[4] 等等。虽然提法有所不同，但出发点都是为了强化监狱职能履行，提高罪犯改造质量，所以在根本目的上都是一致的。根据当前监狱工作面临的新形势，特别是监狱体制改革的深入推行进一步纯化了监狱职能，突出了罪犯改造工作，因此，应当充分考虑我国监狱工作实际，结合已有的研究成果，适当吸收国外监狱工作人员分类的合理部分，对我国监狱人民警察职位设置进行完善，主要应以《公务员法》为依据进行。可以设置为：

一是综合管理类。这类警察主要是监狱从事行政管理的专业人员，包括监狱领导层、管理层的中高级行政管理人员。这类警察的职位可继续按照《公务员法》及现行的职务系列制定，继续设立监狱长、政委，副监狱长、副政委，科长、副科长，监区长、副监区长，教导员、副教导员等职位，分别明确为处级、科级。对这类警察主要以工作能力和工作任务的完成情况进行考核，予以相应的激励，实现监狱综合管理的规范、有序、高效。

二是专业技术类。这类警察主要是在监狱从事专门技能的人员，主要包括从事刑

---

[1] 刘洪：《新形势下监狱人民警察职位分类之探讨》，载《河南司法警官职业学院学报》2006 年第 1 期。
[2] 湖北省沙洋监狱管理局课题组：《新体制下监狱警察分类管理问题研究》，载《犯罪与改造研究》2007 年第 8 期。
[3] 孙卫东、骄阳：《关于监狱人民警察分类管理的几点思考》，载《犯罪与改造研究》2007 年第 10 期。
[4] 安徽省宿州监狱课题组：《民警分类管理与监狱工作的良性发展》，载《犯罪与改造研究》2008 年第 3 期。

罚执行、狱政、狱侦、教育、生活卫生、心理矫治、医生、生产技术、政工纪检、后勤财务等专业技术人员。对这类警察按照专业技术职务的分类方法进行管理，实行职称评定制度，按照工作年限、技术等级以及技术水平等评聘专业职称，并与工资福利和警衔挂钩。对专业技术类警察的考核主要采取绩效考核，制定与其它管理人员不同的考核标准，体现专业性、技术性和实效性，并以此为依据，作为今后晋升专业技术职务、享受相应的经济待遇和政治待遇的依据。鉴于目前的公务员管理模式，可以设想高级职称的人员可以享受副处、正处级待遇，中级职称的人员可以享受副科、正科级待遇，并且享有专业技术津贴。

三是监管看守类。这类警察主要是负责监狱内监管罪犯的看守人员、安全保卫人员，主要包括监狱门卫、内看守等人员。由于监管看守类民警管理职责和工作要求相对较为固定，可对看守类民警按照职级进行分类管理。如可实行警长管理模式，按照一定的条件设立高级警长、中级警长、初级警长、警员等级别。主要根据工作岗位和工作年限来设定级别，并根据日常考核和综合考核予以晋级，形成相对稳定的管理激励机制。

思考练习

1. 简述我国监狱的纵向职位设置状况。
2. 通过对比中外监狱职位设置的状况，谈谈如何完善我国监狱的职位设置。

思政园地

福建省榕城监狱内设机构简介[1]

为了更好履行监狱各项职能，根据上级有关文件规定，监狱机关设 15 个职能科（处）室；基层设建制监区 8 个、附属机构 2 个（监狱医院、罪犯物资供应站）、直属中队 3 个，各监区下设分监区共 24 个。机关科（处）室、建制监区、监狱医院级别为正科级；直属中队、监区下设分监区、罪犯物资供应站等级别为副科级。

一、监区、分监区设置和职责

（一）监区设置 8 个，监区下设分监区共 24 个

（二）直属中队 3 个

（三）监区、分监区（直属中队）主要职责

负责贯彻落实监狱党委的决定，加强监区、分监区人民警察队伍建设；负责监区、分监区的狱政管理、教育改造、劳动改造工作，做到依法、严格、科学、文明、直接管理罪犯；负责落实各项监管制度，落实"三课"教育；加强狱内侦查和狱情分析，确保监区、分监区（直属中队）监管安全和稳定；加强生产组织指挥，确保各项经济指标的完成。

---

[1]《福建省榕城监狱内设机构简介》，载 http://jyj.sft.fujian.gov.cn/jsdw/rcjy/nsjg/202007/t202 00722_5329515.htm，最后访问日期：2020 年 7 月 22 日。

二、机关科（处）室设置及主要职责

（一）办公室

负责监狱各部门的综合协调工作；负责信息、文档档案、接待及行政工作；负责年度工作计划和目标考核及综合管理；负责机关安全保卫和后勤保障；负责监狱学分会日常工作。

（二）行政财务科

负责监狱的财务管理，编制财务计划；负责监狱固定资产的管理；负责财务核算和经济活动分析；负责监狱的财务预算和决算；负责全监干职和离退休人员工资的发放。

（三）狱政管理科

负责制定监管安全防范措施和对策；负责检查、督促有关法律、法规和监管制度的落实工作；负责办理罪犯收押、分配、调遣、考核、奖罚、释放等业务；负责罪犯减刑、加刑、假释、保外就医等呈报工作；组织指挥追捕逃犯；协调周边关系，开展联防警戒；负责特勤队的管理和训练。

（四）狱内侦查科

负责狱内各类案件的侦破工作；负责狱内"耳目"、情报网络的建立、审批和管理工作；负责狱内敌情分析、"顽危犯"排查、监控；制定落实狱内可能发生的暴狱、逃脱的预谋犯罪的防范和控制计划；承办对罪犯的加刑案件；负责指导监区、分监区的狱侦工作。

（五）教育改造科

负责罪犯教育工作计划的制定及实施；负责特殊学校的教学管理工作，对罪犯开展政治思想、文化、技术教育及各种辅助教育；负责罪犯出入监教场所和监区文化建设；落实分类教育工作措施，组织开展罪犯心理咨询，加强"顽危犯"的教育转化；宣传法律、政策和罪犯改造成果，调查教育改造质量，参与社会治安综合治理。

（六）生活卫生装备科

指导、检查、监督、管理罪犯的生活卫生；负责制定并组织实施交通、通信和监管改造的装备计划；管理本监枪支、弹药、警戒具和通信设备；负责干警服装需求计划的编报、发放以及罪犯被服的保管、发放；负责罪犯规范化管理和生活卫生科目的检查、考核及奖罚工作。

（七）政治处

负责宣传党的路线、方针、政策和局党委的决议；负责党建工作以及监狱思想政治工作、组织建设和队伍建设；负责监狱党委的日常事务工作；负责制定规划并组织实施干部工作和宣传教育工作；负责机构、编制、警务以及人事档案管理工作；负责监狱精神文明建设和干警的教育培训工作；负责共青团、妇联、工会等群团工作。

（八）劳动工资科

负责编制监狱劳动力管理计划；负责干警、工人和离退休人员工资管理工作；负责工人的安置、调配、辞退、退休和社会保障工作；负责工人的教育培训工作；负责工人劳动纪律的制定及检查落实工作。

（九）老干部科

管理本监离退休干部，做好"关心下一代工作委员会"日常工作。

（十）纪检监察室

负责履行保护、惩处、监督、教育工作的职能，对干警职工遵纪守法情况实施监督检查；负责党纪国法和廉政建设有关规定的宣传、教育工作，建立健全监狱监督机制；负责调查处理监狱民警、职工中的一般违纪案件；负责受理民警、职工的申诉和控告，做好信访工作。

（十一）审计科

制定并实施监狱年度审计计划；监督、审计监狱所属单位的财务收支和各项专用经费的使用、管理情况，建立健全审计工作规章制度；负责监狱基层领导任内或离任经济责任审计；参与查处各类经济案件和经济纠纷。

（十二）安全质量科

负责技术指导，管理技术档案；负责本监生产设备的购买、维修、保养和全监基建工作；按生产需求做好电力、原燃材料、辅助材料的供应，做到节能减耗，增产提效。

（十三）生产管理科

负责制定生产计划；指导产业结构调整和技术改造；指导、管理、承接生产业务和企业日常工作；负责安全生产工作，查处安全生产事故；负责企业质量管理和环境保护；负责科技协会日常工作；负责各种生产报表的汇总上报工作。

（十四）生产经营科

负责监狱加工业务承接、合同订立、生产成品进出仓、物资采购、现场管理、安全生产等工作。

（十五）生产财务科

负责监狱加工业务款项的结算、资金回笼、生产性经费管理工作。

三、附属机构设置及职责

（一）监狱医院

负责全监罪犯的医疗卫生和防疫工作。

（二）罪犯物资供应站

负责全监罪犯的生活用品和副食品采购、供应。

🔑 创新园地

"量化积分"让民警心中有"数" 干事有劲
——洪都监狱探索建立组织人事工作量化积分择优机制[1]

近年来，江西省洪都监狱坚持从严管党治警，树牢"重实干、重实绩"的导向，

---

[1]《"量化积分"让民警心中有"数" 干事有劲——洪都监狱探索建立组织人事工作量化积分择优机制》，载 https://mp.weixin.qq.com/s/fmJYQ9OpqTESkVDbCCj8w，最后访问日期：2022 年 1 月 21 日。

以"公平+贡献"为标尺,以绩效量化考核为基础,积极创新管理制度,运用"量化积分"方式做好组织发展、职级晋升、岗位调配等工作,探索建立组织人事工作量化积分择优机制,让民警心中有"数"、干事有劲,激发队伍争先动力,构建风清气正政治生态,打造组织人事工作"量化积分"品牌。

一、紧扣"三个规范",设置量化项目

组织发展、职级晋升、岗位调配事关民警的切身利益,事关风清气正的政治生态建设。该监认真总结应用绩效量化考核选拔任免科级实职领导干部的经验做法,组织民警充分座谈研讨,广泛征求基层党支部意见建议,先后制定出台了《接受预备党员工作量化计分实施办法》《科级干部到龄调配量化积分办法》《推荐民警晋升四级高级警长实施办法》《晋升一级警长及以下职级量化积分实施办法》等系列管理制度,在组织发展、职级晋升、岗位调配等工作中推行量化积分竞争择优。

一是规范发展党员工作。坚持贯彻党要管党、全面从严治党的方针,坚持把政治标准放在首位,根据入党申请人的培养考察时间、从事岗位和现实表现,注重从基层一线、业务骨干、先进典型、急难险重任务面前的表现中择优发展党员,提高党员发展质量,优化党员队伍结构,提升党员队伍整体素质。

二是规范执法勤务职级晋升工作。坚持正确选人用人导向,在晋升职数范围内,按照组织认可、群众认可的要求,根据民警工龄、任职年限、获得的荣誉奖励情况以及岗位工作情况,设定相应分值,综合计算汇总,从高到低排序确定推荐人选,科学规范执法勤务职级晋升,激发民警干事创业的热情。

三是规范科级干部到龄转岗调配工作。坚持贯彻落实新时代党的组织路线,认真执行干部任免制度规定,对因年龄因素退出科级领导岗位的干部,根据任职年限、工作绩效、表彰奖励等情况,实行量化积分选岗,平稳有序地做好到龄科级干部的转岗分流,提高干部队伍的生机与活力。

二、坚持"三个原则",精细设立分值

量化积分择优机制在分值指标体系设置上,坚持科学系统设计,分类分级分项量化,将积分设置与个人履历、工作表现和民主评议等情况结合起来,包含工龄、工作岗位、专业技术、任职经历、表彰奖励、工作绩效等多个项目分值。

一是坚持倾斜基层、贡献优先原则。加大基层执法一线工作岗位民警的分值倾斜力度,对在双重任务监区、单项任务监区和单项生产任务的民警分别设置"基层分"。对有正副科级岗位任职经历的科级领导设置加分项,并侧重给予分监区长、指导员、副分监区长等分监区一级的加分,激励各级领导担当作为、干事创业。

二是坚持注重实绩、择优晋升原则。突出岗位任职期间的履职绩效设置"奖励分",科学测算表彰荣誉情况,按监狱级、省厅局级、其他上级以及综合类、单项类、竞赛类等分门别类设立荣誉分值,引导民警在本职工作岗位上积极向上、作出贡献,营造争先创优、对标优秀的氛围。

三是坚持从严治警、一票否决原则。在"任职分"的分值设定中,民警任本级职级期间受党纪政纪处分的,扣除相应任职时间的任职得分;始终坚持规矩意识,严格执行否决条件,组织发展对象在考察期间,如有受到政纪处分或正在接受立案调查的,

根据实际情况暂缓接收或取消发展对象资格；民警个人近两年公务员考核不在称职以上等次的、受党纪政纪处分（含组织处理）仍在影响期或处分期间的、正在接受立案审查的实行"一票否决"制。

三、突出"三个环节"，严格实施程序

量化积分择优机制运行过程中，组织人事部门负责具体工作指导，及时解疑释惑、协调解决问题，抓好标准宣传、组织实施、督促检查、过程管理，依次按照民主推荐、组织人事部门审核、全监择优选拔、组织考察、监狱党委研究、公示任职的程序进行，确保全过程公平、公正、公开。

一是突出民主评议。严格执行民主推荐，要求支部对拟晋升执法勤务职级的人选进行审核，召开全体民警职工大会，对符合晋升条件的人选进行民主推荐，得票率符合要求的，方可进入下一环节。在《接受预备党员工作量化计分实施办法》中设置"支部推荐分"和"群众评议分"，发展对象所在支部同意接收其为预备党员的，给予支部推荐分。

二是突出组织评定。组织人事部门根据各党支部民主推荐情况，对被推荐人选基本情况、工龄分、任职分、奖励分、基层分等进行复审，确保积分准确无误；纪检监察室、综治部门、宣传部门分别对被推荐人实行全程监察审核；监狱党委结合量化积分排序和监察审核情况，择优研究确定人选。

三是突出公示监督。组织人事部门将监狱党委确定的审定人选进行为期七天的公示，充分发扬民主、广泛接受监督。公示结果影响任职的，经组织人事部门、纪检监察室查有实据的，取消其任职资格；对反映有影响的问题，一时难以查实的，暂缓晋升职级。

四、实现"三个提升"，打造工作品牌

探索建立量化积分择优机制，实现程序公正、机会平等、鼓励争先，民警心服气顺劲足，激发队伍争先活力，打造洪都监狱组织人事工作的品牌。

一是民警的自觉性、主动性、积极性全面提升。量化积分择优机制把资格条件作为基础条件，把工作实绩作为量化标准，考核结果既能反映工作实绩，又能体现民主评议，贡献大小、成绩优劣一目了然，能激发民警发扬成绩、弥补差距的工作热情，形成了民警争积分、办实事、当先进的良好局面，量化积分成为民警创先争优的一种价值导向。

二是队伍的凝聚力、向心力、战斗力全面提升。量化积分择优机制通过民警个人自评，使民警明白自己履职及贡献程度，落实自我监督；通过将积分排位情况进行公示，民警互相之间比着干，使组织人事工作有了新抓手、评价有了硬指标，有效地把监狱创先争优的各项要求转化为民警自觉行动的动力，形成比、学、赶、超的浓厚氛围，增强了民警队伍的凝聚力、向心力、战斗力。

三是组织人事工作的透明度、公平度、权威度全面提升。量化积分在表现形式上，既有规定内容，又有定量标准，评价体系变得更直观、更合理、更公平，增强了对民警评价的直观性、真实性和可操作性，实现组织人事工作的数字化，让管理更加透明化、公平化、权威化，把看不见摸不着的组织人事工作变为实实在在的有形管理。

> 拓展学习

警衔制度的类型

警衔是区分人民警察等级、表明人民警察身份的称号与标志。警衔与警察职位有别，警察职位是警察机关的行政职务，而警衔是依据警察人员的职务和资历所确定的等级。现代警察衔级制度起源于1829年罗伯特·比尔创建的伦敦大都市警察，此后，世界各国纷纷效仿，逐步形成一种世界通行的警察制度。由于政治制度、民族文化和历史条件不同，各国的警察衔级所采取的形式也不一样，大体可分为三种类型：将校尉型、非将校尉型和混合型。

一、将校尉型警衔制度

实行将校尉的国家，其警衔体系基本与其本国的军衔体系保持一致，只在衔级前冠以"民警"或"警察"二字以区别于军衔。如俄罗斯的警衔中除了没有军衔中的元帅、大将和上等兵级别外，其他与军衔并无二致，共包括5等17级；埃及的警衔则设有4等11级，分别是少将、准将、中校、少校、上尉、中尉、准尉、军士长、军士、下士、列兵。其他实行将校尉型的国家还包括泰国、沙特阿拉伯、意大利、比利时、西班牙等。

二、非将校尉型警衔制度

非将校尉型的警衔体系在衔级的名称上，可分为以下4种情况。

1. 以英国为代表的许多英联邦国家，采用警察总监、警督、警司、警长、警员等衔级，但等级设置的多少不同。如英国警衔设5等13级，澳大利亚则为5等12级。

2. 以德国为代表的一些国家和地区，地区衔级名称比较简明。如德国警察衔级设4等：警监、警督、警长、警员，每等分为4级。

3. 以日本为代表的少数国家，不分等，只设8个衔级，即警视总监、警视监、警视长、警视正、警视、警部、巡查部长、巡查。

4. 以法国为代表的少数国家，把警察分为两大类，每类各设若干级。如法国分为警官和保安官两类，共11个衔级。警官分为特级和一级至三级；保安官分为一级至六级和见习保安官。

三、混合型

所谓混合型是指把将校尉与警官、警员等形式结合起来，或者把担任的职务等级与警衔融为一体，从而构建起的警衔体系。美国、丹麦等一些国家和中国香港地区采取这种类型。如丹麦警察的衔级设9级，即局长、第一副局长、第二副局长、指挥官、警察长、巡官长、巡官、警官、警员。美国虽然也是混合型，如纽约市警察设10个衔级，即总局长、分局长、助理分局长、副分局长、督察、助理督察、警长、副警长、警官、巡警，但由于其并没有全国统一的警察体系，联邦警察与各州、县的警察互不隶属，各行其是，因此美国各州各市的警衔标志虽大同小异（与美国军队军衔标志类似），但却不能一一对应（更不能与美军军衔对应），即使相同等级的称谓也不一样。

与军衔不同，由于各国警察机关的警衔制度差异较大，而且警察主要面向国内民众，所以至今仍然未形成一套国际公认的警衔对应标准。不过，各国衔级模式虽不尽相同，但也逐渐成为全世界通行的一种警察管理制度。

学习单元三　监狱人民警察培训

> 习近平就政法队伍建设作出重要指示："新形势下，政法队伍肩负的任务更重，人民群众要求更高。要坚持把思想政治建设摆在第一位，按照政治过硬、业务过硬、责任过硬、纪律过硬、作风过硬的要求，锐意改革创新，加强正规化、专业化、职业化建设，努力建设一支信念坚定、执法为民、敢于担当、清正廉洁的政法队伍。要把能力建设作为一项重要任务，全面提高政法干警职业素养和专业水平。"
>
> 一、知识目标
> 1. 识记：监狱人民警察培训的概念、特征以及内容、方式。
> 2. 领会：监狱人民警察培训的原则、要求及其实践落实。
>
> 二、能力目标
> 1. 简单应用：监狱人民警察培训制度的运行和培训的作用与方式。
> 2. 综合应用：根据不同的监狱人民警察培训内容，创新警察培训方式。
>
> 三、素养目标
> 1. 通过警察培训制度，培养发展的观念和终身学习的观念。
> 2. 了解信息化条件下培训方式的变革，树立改革和创新意识。

案例导入

以"菜单式"培训为民警赋能[1]

自深化能力作风建设"抓基层、打基础、强落实、见实效"活动开展以来，齐齐哈尔监狱不断加大对民警的培训力度，按照"干什么、学什么、缺什么、补什么"原则，以解决民警实际问题为导向，分岗位、分年龄、分专业、分层次、分类别开展"菜单式"培训，以需求化、精准化、实践化和常态化的培训内容为民警"加餐"赋能。

推出"固定菜单"，筑牢理论根基。理想信念是立党兴党之基，也是党员干部安身立命之本。党员干部要始终坚定政治立场，旗帜鲜明讲政治，齐齐哈尔监狱把学习贯彻习近平总书记视察黑龙江期间重要讲话重要指示精神作为首要政治任务，纳入各级领导干部首课、主课、必修课，严格落实"第一议题"制度，坚持用党的创新理论武

---

[1]《以"菜单式"培训为民警赋能》，载 https://jyglj.hlj.gov.cn/jyglj/c103506/202405/c00_31733971.shtml，最后访问日期：2024年5月10日。

装头脑，筑牢信仰之基、补足精神之钙、把稳思想之舵、筑牢精神底座。

推出"特色菜单"，提升培训实效。齐齐哈尔监狱发挥新媒体快速便捷、受众广泛的优势，利用共产党员网、"学习强国"、中央纪委国家监委网站等平台，精心安排"红色党课""党纪学习教育"等"特色菜单"。监狱注重发挥典型引领示范带动作用，在官方微信公众号上推出"榜样在身边"系列专题报道，引导激励全狱民警听榜样故事，悟榜样力量，学榜样精神。监狱还与黑龙江司法警官职业学院签订"校狱合作、协同育人、共同发展"双基地建设框架协议，以教育改造理论研究基地、教育改造实践教学基地为实践平台，进一步推进实战大练兵走深走实。

推出"定制菜单"，淬炼实战技能。齐齐哈尔监狱通过座谈调研、面对面或电话沟通、发放调查问卷等多种方式，充分梳理一线民警急需紧缺的专业知识，以"业务大讲堂"为载体，推进"定制菜单"式培训，兼顾民警的工作实际、知识结构、兴趣特点，真正做到了按需培训，不仅提高了民警的参与积极性，还大大增强了培训效果。自活动开展以来，监狱邀请黑龙江司法警官职业学院讲师团开展民警综合素质方面、廉政教育方面、警械使用方面、应急处突方面、情绪管理方面培训各1次，特邀全国监狱理论研究专家、国家二级心理咨询师、司法部首批业务培训师资源库教师于荣中教授开展监狱安防理论与实战专题讲座1次，邀请市红十字会专家开展急救自救应急处置能力专题培训1次，组织一线监区民警开展队列训练3批次。

下一步，齐齐哈尔监狱将继续丰富民警培训内容，引入课程资源，创新授课形式，推动思想大解放、能力大提升、作风大转变、工作大落实，确保党中央决策部署和省厅局工作要求在监狱落地生根。

学习任务一　监狱人民警察培训特征

教育培训是世界各国提高警察队伍素质的普遍做法，旨在通过不同形式针对不同层次的警察受众进行教育培训，充分提高警察个人和团队的基本素质和业务水平，是监狱警察个人成长的关键，是提升监狱执法水平和推动监狱发展的重要途径，在监狱发展中具有不可替代的地位和作用。在2019年中央政法工作会议上，习近平强调"三个加快推进"，即加快推进社会治理现代化，加快推进政法领域全面深化改革，加快推进政法队伍"四化"（革命化、正规化、专业化、职业化）建设，为新形势下监狱培训工作和队伍建设提供根本遵循。

一、监狱人民警察培训的概念

一般而言，培训是指一种有组织地将知识、技能、标准、信息、管理等进行传递的活动。

监狱人民警察培训是指为了造就一支政治坚定、业务精通、作风优良、执法公正的监狱人民警察队伍，不断提高监狱人民警察教育改造罪犯、安全生产、处置突发事件的能力，促进监狱人民警察队伍建设的正规化、专业化和职业化。

监狱人民警察培训是按照上级要求，结合监狱工作实际，紧密围绕"四化"建设目标，对监狱人民警察实施的政治理论、业务知识、警体技能、文化素养、职业道德、纪律规矩等方面的学习活动，旨在锻造一支党和人民信得过、靠得住、能放心的监狱铁军，不断提高监狱治理体系和治理能力现代化水平。

监狱人民警察培训的内涵从广义的角度理解，包括以下内容：监狱人民警察培训既包括政治素质、法律素质等公共知识的教育培训，也包括警容风纪、警体技能、信息化应用技能、突发事件处置实战技能等公共技能培训，还包括岗位技能素质（包括领导、管理教育、劳动管理、行政后勤、政治工作等岗位技能要求）和能力拓展等警察职业共性要求的培训。

二、监狱人民警察培训的特征

监狱人民警察培训具有人民警察培训所具有的特征，即规范性、系统性、科学性，但也因其职业的特殊性，具有训练过程的特殊性。这种特殊性体现在以下三个方面：

1. 政治性。监狱人民警察是国家的一支重要刑事执法力量，在功能上具有特殊性。从国家刑事司法活动的目的来看，我国刑事司法活动的根本目的是预防和打击犯罪、执行刑罚惩罚和改造罪犯，监狱人民警察担负的刑罚执行工作任务尤为重要。监狱人民警察是国家行政力量的重要部分，具有阶级性，掌管社会治安，是具有武装性质的纪律部队，执行武装性质的任务，配备武器装备。只有通过刑罚执行，才能将国家的判决落到实处，把罪犯改造成为守法的公民，实现刑罚的根本目的。可见，刑罚执行工作才是刑事司法活动中最重要的内容。因此，这种特殊的行政管理及其功能，是监狱人民警察所特有的，意味着其训练具有很强的政治性。

2. 综合性。监狱人民警察由于工作需要，虽然在警察身份上具有唯一性，是行使国家职权的特殊公务员，但在社会角色上却具有多重性。在执行刑罚的工作中，他们不仅是刑罚执行的具体落实者，也是教育者，担负着教育改造罪犯的行刑教育工作任务；同时还是组织者，担负着组织罪犯劳动的行刑劳动组织工作。作为监狱人民警察，只有全面履行工作职责，充当好多种角色，才能把破坏社会秩序的违法犯罪分子，改造转化成为守法公民，变消极因素为积极因素。因此，其培训内容必须具有综合性，内容涉及政治理论、法律法规、业务工作、舆论宣传、信息化应用、突发事件应急处置、岗位技能、警容风纪和警体技能等。

3. 实用性。在执行刑罚惩罚改造罪犯的工作中，改造罪犯成为守法公民的转化过程是非常复杂与艰巨的社会工程，这是由工作对象所决定的。监狱人民警察面对的是危害社会的特殊群体——罪犯，他们不仅犯罪性质复杂、犯罪手段多样，而且有过犯罪体验，思想意识及行为习惯都具有一定的反社会性，监狱人民警察不仅长年累月同罪犯打交道，而且要改造他们，这是所有工作中最艰难的，这些对监狱人民警察业务要求很高，训练的内容必须实际、实用，只有充分运用多样化手段和综合治理手段管好监狱，才能奠定改造罪犯的工作基础。针对监狱人民警察执行刑罚惩罚改造罪犯的工作是在监狱环境内进行完成的，具有工作环境特定性、工作场所特定性、工作对象特定性、监狱封闭性等特征，要求监狱人民警察的培训必须具有特殊实用性。

学习任务二 监狱人民警察培训的原则与作用

习近平在中央政法工作会议上强调："要按照政治过硬、业务过硬、责任过硬、纪律过硬、作风过硬的要求，努力建设一支信念坚定、执法为民、敢于担当、清正廉洁的政法队伍。"监狱人民警察培训是贯彻落实监管工作制度和措施的重要保证，因此各级相关部门必须重视并扎实开展监狱人民警察培训工作，在具体培训中还要遵循科学的培训原则。

一、监狱人民警察培训的原则

培训原则是依据培训活动的客观规律而确定的组织培训所必须遵循的基本准则，是培训活动客观规律的反映，它对培训实践具有普遍的指导意义。严格遵循培训原则去组织教育培训，才有可能取得培训工作的成功，确保培训的质量。当前监狱人民警察培训必须遵循以下四个原则：

1. 把握培训工作的主线，始终把政治理论学习作为重点。教育培训的对象是指需要接受培训的不同年龄阶段的监狱人民警察，包括警察任职警衔培训、新警培训、首次授予警衔培训、晋升警衔、岗位技能等重要培训。对监狱人民警察来说，只有政治理论基础扎实，才能真正在政治上成熟和坚定，才能在各种错综复杂的形势面前始终保持清醒的头脑。用习近平新时代中国特色社会主义思想武装监狱人民警察的头脑，增强从事监狱工作的自觉性和坚定性。监狱人民警察要着力把政治理论学习同解决本部门工作中的实际问题紧密结合起来，不断增强学习的针对性、实效性，把学习的成果转化为促进监狱事业发展的思路和动力。

2. 必须坚持业务需求与综合创新能力相结合。按需施教是监狱人民警察培训的基本规律。只有适应监狱事业发展的需要，增强每次培训的针对性和实效性，监狱人民警察教育培训才有生命力。面对错综复杂的监狱工作形势，要求监狱人民警察必须保持清醒头脑，从大局出发，始终掌握发展的主动权，不断提高把握机遇、应对各种风险挑战的能力。因此，监狱人民警察培训工作的主要任务就是提高监狱人民警察的业务能力和综合创新能力，这既体现了监狱人民警察培训的基本组织要求，又体现了监狱人民警察培训注重创新能力的培养，也能体现监狱人民警察培训工作的实用性和与时俱进性。此外，由于监狱人民警察职务的不同、岗位的不同、能力的差异以及理论水平与知识结构的差异，不同的监狱人民警察对培训会有不同的需求。满足监狱人民警察的需求差异又是提高培训认可度的重要方面。

3. 必须坚持常规培训与专题培训相结合。监狱人民警察培训要根据监狱人民警察队伍工作性质的共性要求与特殊性需要，坚持常规培训与专题培训相结合，这是提高监狱人民警察培训质量的关键。要按照全国监狱人民警察培训工作会议的要求，以加强政治意识、提高行政执法能力为重点，采取多种有效方式开展培训，既注重业务知识和专业技能的训练，又注重职业道德教育和综合能力的培养。

监狱人民警察进行常规培训的同时，还要根据监狱工作的特殊需要对不同的监狱人民警察实施专题培训，对监狱主要领导进行思想政治素质、改革创新、驾驭全局、科学决策、危机管理等方面的能力培训；对特殊岗位监狱人民警察突出政治理论教育、特殊业务能力、工作实践锻炼、职业素养、公正执法、廉洁自律，尤其是应急处置能力的培训等。无论是哪一种培训，必须切实突出培训的针对性、实用性。

4. 充分利用并整合监狱人民警察的培训资源。监狱人民警察培训工作政治性强、综合要求高，必须有丰富的培训资源作保证。高素质、高水平的师资队伍是保证监狱人民警察培训工作取得实效的前提条件。根据监狱人民警察培训的特点和实际，在师资资源的利用上，必须坚持专职教师与兼职教师相结合的原则，满足监狱人民警察不同层次的需求，加大聘请优秀监狱人民警察代表、监狱理论专业人士、相关社会优秀人才精英等，实行动态管理，提高培训质量。不同监狱之间，相关单位与监狱之间应密切合作，优势互补，实现优质培训资源共享。

二、监狱人民警察培训的作用

在我国监狱工作由安全模式向质量模式推进的前提下，监狱人民警察培训对于提升民警的专业素质、确保监狱的安全和秩序以及维护社会稳定具有重要意义。因此，必须重视监狱人民警察的培训，监狱人民警察的培训作用在于以下几个方面：

1. 有利于提高监狱人民警察的政治素质。教育培训对于建设一支政治立场坚定、道德修养高尚、纪律作风严明的司法警察队伍具有重要的意义。加强监狱人民警察队伍关于习近平新时代中国特色社会主义思想的学习，加强党的基本理论、基本路线的教育，能使广大监狱人民警察的理想信念更加坚定，基本职业素养和依法履职水平、执法能力不断提高，警察意识和战斗精神不断强化，廉洁意识不断增强，司法作风持续改进。通过教育培训，明确监狱人民警察工作的开展思路、工作理念、管理模式、价值取向，培养监狱人民警察的团队精神，使大家团结在一起，凝聚成一股强大的力量，使监狱人民警察队伍整体充满活力。

2. 有利于提高监狱人民警察的综合工作能力。在现阶段，要通过培训，以开放的学习资源、多形式的学习载体为依托，经强有力的培训机制为支撑，组织和激励监狱人民警察不断学习、创新工作方法、从容面对各种挑战。教育培训可以增强监狱人民警察队伍的执行力。通过教育培训，使每位监狱人民警察都能全面准确地了解和掌握监狱人民警察的工作任务和要求，了解新的情况，获得新的知识和技能，更新自己的理念，提高整体的执行力，更好地履行职责，从而实现监狱人民警察部门的工作目标。同时，教育培训是突破原有的知识水平、基本技能及思维定式的最佳途径。因而，使每个监狱人民警察都成为学习型的人员，监狱人民警察部门成为学习型的部门，有利于不断提高监狱人民警察的综合素质，无疑会给监狱人民警察队伍带来更强的战斗力。

3. 有利于发挥监狱人民警察的潜在作战能力。监狱人民警察潜能的发挥必须通过培训来提高。现阶段，监狱工作面临着难得的发展机遇，同时也面临严峻的挑战，这一过程需要监狱人民警察充分发挥自己的工作潜力，主动解决各类复杂问题。教育培训是解决新问题、减少责任事故发生的有效措施。在工作中会不断出现各种新的问题、新的情况和新的要求，教育培训能不断增强监狱人民警察的思想意识、责任意识、安全意识，进一步强化和掌握有关执法规范和执法要求，有助于减少因工作疏忽、责任心不强，或者违反有关规定而发生的责任事故。

监狱人民警察队伍肩负着惩罚改造罪犯的重要职责，监狱人民警察队伍素质高低、能力强弱、作风好坏，不仅关系到队伍的整体形象，更关系到党和国家监狱事业的发展。因此，抓好监狱人民警察队伍的教育培训，对于提高监狱人民警察队伍素质能力，保证监狱人民警察各项任务和职责的落实，具有十分重要的意义。

学习任务三　监狱人民警察培训的内容与方式

监狱人民警察培训的内容应具有综合性等特征，应根据监狱人民警察的工作性质设置，应按照特殊情况的需求而有所调整，应当保证培训结果的实用价值，既有培训主线，又要有培训重点。要适应监狱事业发展的需要，进一步创新培训内容。结合每位监狱人民警察岗位职责要求和不同层次、不同类别的特点，与时俱进、各有侧重地确定培训内容。

一、公共理论知识的培训

1. 公共理论知识培训的内容。公共理论知识的学习和掌握是从事监狱工作的基本素质要求。监狱人民警察公共理论知识的教育培训首先要自觉加强政治理论学习，深入学习马克思列宁主义、毛泽东思想、邓小平理论、"三个代表"重要思想、科学发展观以及习近平新时代中国特色社会主义思想等党的创新理论，引导监狱人民警察坚定理想信念，增强"四个意识"，坚定"四个自信"，做到"两个维护"。通过学习，使广大监狱人民警察牢固树立执法为民的思想和宗旨意识，树立正确的世界观、人生观、价值观，坚持正确的权力观、利益观、地位观和荣辱观，提高政策理论水平。其次还要加强法律知识的学习，重点学习宪法、刑法、刑事诉讼法、公务员法、人民警察法、安全生产法、监狱法等法律法规和监狱人民警察六条禁令。通过学习，使广大监狱人民警察牢固树立法治观念，进一步提高执法素质，熟练掌握本职岗位应知应会的法律法规，严格依法治监，提高公正、文明执法水平。

2. 公共理论知识培训的方式。教育培训的主要方法是指根据不同对象、不同培训内容，甚至不同的培训阶段，所采用的多种方式手段，这些方法必须适应监狱工作特点，并取得较好的成效，教育培训的阶段要有计划、分阶段进行。公共理论知识培训主要有以下几种常用的方式：

（1）课堂集中教授法。这是教育训练的主要方式，在监狱人民警察教育中也最常用。由于讲课是教师向监狱人民警察单方面灌输知识，所以师资质量对教育效果影响很大。这种方法实行起来较简单，只要确保师资力量就行。缺点是方式上整齐划一，不适应多样化的工作特点。所以常和以下各种方法结合使用。

（2）问题讨论法。围绕某一典型问题由参加者（以不超过 10 人为宜）自由讨论，各抒己见，达到提高认识的目的。这种方法常用于监狱工作中急需解决的问题或探讨性问题。

（3）模拟训练法。这属于现场实验方法，但不使用真实的现场条件，而是用模拟器模拟与现场相同的条件、状态，让参加者体验这些条件，练习在实际条件下运用学到的知识。这种方法主要用于训练者由于缺乏经验和技术可能发生危险，或付出代价太高的场合。诸如监狱消防演练和突发事件处置演练。

除以上方法以外，还有一揽子教育法、等价变换思考法、体验学习法等。这些方法一般来说都有可能轮番使用或配合使用。

二、基本技能的培训

（一）监狱人民警察基本技能的培训内容

1. 基本体能训练。监狱人民警察是具有武装性质的司法行政力量，体能素质是监狱人民警察基本业务素质的重要内容之一。体能是衡量监狱人民警察体质强弱和健康水平的重要指标之一，体能训练是增强监狱人民警察体质的基础训练，有助于监狱人民警察保持强健的体魄，也是组成监狱人民警察战斗力的基础。强化监狱人民警察以力量、速度、耐力、柔韧和协调等为主体的基本体能训练，引导广大监狱人民警察掌握动作要领，锻炼身体，增强基本体能，适应执勤需要，增强司法行政警务保障能力。认真落实训练大纲，实现全体监狱人民警察体能达标。为进一步增强监狱人民警察身体素质、磨炼坚强意志、培养优良作风、提升履职能力，全面提升监狱人民警察体能素质，努力打造一支拉得出、冲得上、打得赢的监狱人民警察队伍。

2. 基本技能训练。基本技能是监狱人民警察素质的重要组成部分，基本技能训练是监狱人民警察培训内容的重要组成部分，也是监狱人民警察能够顺利履行各项职责的切实保障。基本技能也被称为执法基础技能，监狱人民警察基本技能训练内容一般包括队列训练、擒拿格斗训练、警用装备使用训练、射击训练和其他警务技能训练五个部分，其中，其他警务技能训练主要包括安全防范装备使用训练、创伤急救技能训练、心理素质训练、信息化运用能力训练、警用车辆驾驶训练等。

（1）队列训练。队列训练是监狱人民警察基本技能训练的基础，也是监狱人民警察精神面貌的一种表现。通过严格的队列训练，培养服从命令、听从指挥的组织纪律性和行动迅速、吃苦耐劳的优良作风，养成姿态端正、警容严整的良好习惯，以增强战斗力。

（2）擒拿格斗训练。擒拿格斗训练主要包括擒敌拳和摔擒技术训练。擒敌拳是擒敌技术主要动作的单人综合训练和集体训练；摔擒技术训练是从实战出发，通过训练掌握动作要领，达到迅速制服对手的目的。通过擒拿格斗训练，使广大监狱人民警察了解人体关节要害部位及其功能和弱点，掌握格斗要领，提高攻击和防护能力，增强监狱警务的突发事件处置能力。

（3）警用装备使用训练。警用装备是指监狱人民警察按照规定装备的手铐、警棍、盾牌、应急棍、催泪喷射器、网枪、脚镣、警绳、执法记录仪、防爆枪、防爆桶、排爆服、搜爆服、防火服、防火毯、防弹头盔、防暴头盔、防弹背心、防刺背心、防割手套、防沾染隔离服、警戒带等。通过警用装备使用技能训练，引导广大监狱人民警察掌握警用装备的使用、维护、保养方法，熟悉要领，提高依法履行职责的能力。

随着科学技术的发展，警用装备也在不断更新，操作要求和科技含量都在提高。因此，应适时更新警用装备的训练内容，适应形势，满足履职需求。

（4）射击训练。射击时使用的武器是指人民警察按照规定装备的枪支、弹药等致命性警用武器。武器使用训练一般特指手枪射击训练。熟练掌握射击技术和枪支的佩戴、保管、使用等方法是该项训练的重要内容。首先，应当学习《中华人民共和国人民警察使用警械和武器条例》有关使用武器的条件和基本要求；其次，熟悉枪支的结构并能熟练地进行分解、组装，同时掌握枪支保管、擦拭、检查及故障排除的方法；

最后，在进行实弹射击训练时要严格执行射击场的组织规则和安全规则，掌握要领。

（5）其他警务技能训练。

①安全防范装备使用训练。安全防范工作是监狱的首要工作任务，是监狱人民警察能力建设的重要内容和监狱人民警察履行的职责之一。

监狱人民警察安全防范装备训练的主要内容包括：报警系统的使用，安全防范监控系统的使用，身份识别智能管理系统的使用，防冲击、防冲撞设施的使用，防暴（爆）、防护器材的使用，车底检查镜的使用，危险液体检查仪、爆炸物品探测仪等专用检测、探测设备的使用等。通过安全防范装备使用技能的训练，使广大监狱人民警察掌握和熟悉一般安全防范装备的使用、维护和保养方法。

②创伤急救技能训练。监狱人民警察在执行警务工作时，被告人因自伤、自残或其他原因引起创伤的情形时有发生；以及在制止不法行为时，监狱人民警察自身受到创伤的情况也会出现。通过创伤急救知识和技能的训练，使广大监狱人民警察了解一般卫生常识，养成良好的卫生习惯，提高创伤急救的意识和急救的技能，能处理一般创伤及常见病、多发病，学会自救互救，及时有效地防止有关创伤事态的扩大。

③心理素质训练。良好的心理素质是监狱人民警察必备的素质之一，也是预防和减少心理疾病的重要措施之一。心理素质培训主要包括心理健康常识、心理行为训练、警察心理学、犯罪心理学、心理健康疏导等内容。通过心理学基础知识学习和心理行为训练，使广大司法警察掌握心理学相关知识和自我调适的方法，提高基础心理素质和心理健康水平，在工作中遇事保持冷静，学会释放压力，能够善待自我、善待他人，适应环境、情绪正常，建立良好的人际关系；了解服刑人员的心理动机，提前采取应对措施。

④信息化运用能力训练。结合推进监狱信息化建设，积极开展信息化应用能力培训，切实提高广大监狱人民警察现代信息技术意识，熟练掌握和使用计算机、互联网、通信网络的能力，自觉运用网上办公、信息公开等信息化平台开展监狱警务工作和创新队伍管理。

⑤警用车辆驾驶训练。警用车辆驾驶是监狱人民警察执行警务工作的一项基础技能，也是安全、高效执行警务工作的重要手段。通过警用车辆基本知识学习和驾驶技能训练，掌握驾驶动作要领及一般道路驾驶技术，确保行车安全，更好地为执行警务工作提供必要的保障。

（二）监狱人民警察基本技能的培训形式

监狱人民警察基本技能的培训根据监狱实际工作需要设置，应紧紧围绕监狱工作的具体实际开展技能训练，避免教学与实际的脱节。监狱人民警察基本技能的培训形式主要有以下几种：

1. 讲解示范法。教官讲解示范技术的基本姿势、动作要领、应用条件及注意事项，练习者原地进行模拟练习。

2. 模拟训练法。根据格斗的实战要求，创造相近的环境、条件等，其目的是使练习者在技术、素质、心理等各方面得到较多的锻炼，以适应真正的实战对抗练习。

3. 对抗训练方法。练习者分为进攻者和防守者进行实战训练。这是全面检查和提高练习者技术运用能力，获得临场经验的有效方法。

三、岗位技能培训

1. 岗位技能培训的内容。岗位的含义很广，一般是指管理教育岗位、生产劳动管理岗位、政治工作岗位、行政后勤岗位、领导岗位等。岗位技能培训的对象和内容要根据不同的岗位设置，应重视和加强对突发性事件的防范和处置能力的研讨、教学和培训，使警体训练具有较强的应用性、针对性和易学性。一是突出应用性，从实战出发，加强自我保护，强调监狱人民警察的被动防守，尽量减少主动攻击动作，充分体现学以致用、学之有用；二是突出针对性，对在职监狱人民警察分层次、分类别、有针对性地进行培训，根据不同的专业、职衔、年龄、体质等现状，安排不同的培训内容，避免因职衔不符、级别混乱导致的重复培训，确保不同职衔的警员在从警过程中得到相应的提高；三是突出易学性，所学技术动作易于接受和掌握。当前，监狱人民警察岗位技能培训的具体内容有以下几个方面：

（1）管理教育岗位的监狱人民警察技能培训的内容重点是：要进行公正、文明执法，刑罚执行，狱政管理，生活卫生管理，思想、文化教育，警戒护卫等岗位职责的业务知识学习和技能训练。其目的是提高组织管理罪犯的能力、处理突发事件的能力、个别教育能力、课堂讲授能力、队列讲话能力、执法文书制作能力。

（2）生产劳动管理岗位的监狱人民警察技能培训的内容重点是：要进行生产劳动现场管理、安全管理、设备管理、规划计划等岗位职责的业务知识学习和技能训练。其目的是提高生产劳动组织能力、生产现场管理能力、预防和处置安全生产事故能力。

（3）政治工作岗位的人民警察技能培训的内容是：重点进行组织人事、宣传教育、劳动工资、警务、纪检监察等岗位职责的业务知识学习和技能训练。其目的是提高了解、分析警察队伍思想动态的能力，做好思想政治、人事警务和纪检监察工作。

（4）行政后勤岗位的人民警察技能培训的内容包括：进行综合研究、公文处理、安全保卫、接待信访、车辆管理、财务会计、医疗医务、后勤服务等岗位职责的业务知识学习和技能训练。其目的是提高调查研究能力、协调能力、掌握办公自动化技术的能力、理财能力、服务能力等。

（5）领导岗位（副处级以上领导职务）技能培训的内容重点是：进行管理科学、领导科学、宏观决策等方面的业务知识学习和技能训练。其目的是提高领导和驾驭全局的能力、科学决策能力、开拓创新能力、语言表达能力、公文写作能力。

2. 岗位技能培训的方式。岗位技能培训开始前必须结合不同的岗位制定培训大纲或培训专题。明确培训的目标和任务，从切实提高监狱人民警察的岗位能力出发，围绕培训的基本原则，坚持"干什么练什么，缺什么补什么"，岗位知识培训和技能培训相结合，在岗培训和集中培训相结合的原则。

培训的方法有：采取上级统一培训和单位培训、集中学习和个人自学、课堂学习和实战培训、请进来和走出去等办法。加强组织领导和考核，定期进行总结评比，兄弟单位之间进行交流学习。当然，不同岗位之间对培训要求不同。因此，需要成立相应培训领导机构，以确保培训规范性和实效性。

学习任务四　监狱人民警察培训的创新与发展

当前，监狱正处于高质量发展和变革的现代化进程中。监狱人民警察的培训也需要与时俱进，不断创新和发展。监狱人民警察培训要想保持其重要的价值，至少要对如下几方面进行完善：

一、坚持思想引领，"以警为本"

在做好教育培训的诸要素中，思想政治建设应始终居于首要地位。

1. 更多地注重政治育警。政治育警是民警队伍建设的重要方面，其主要目的是通过加强政治理论学习和思想政治教育，提高监狱人民警察的政治觉悟、理论水平和职业素养。加强思想政治教育，通过开展各种形式的主题教育、谈心谈话、心理辅导等，帮助监狱人民警察树立正确的世界观、人生观和价值观，增强党性修养和职业道德观念，提高自我约束和自我管理能力。

2. 更多地关注监狱人民警察需求。监狱人民警察作为一个职业群体，有其自身的职业发展规划和需求。培训中应注重监狱人民警察的职业发展需求，为其提供个性化的培训计划。例如，对于有志于晋升为管理层的监狱人民警察，可以加强管理理论和管理能力的培训；对于希望在专业领域有所建树的监狱人民警察，可以提供专业技能和知识的深入培训。

3. 注重培训数量向培训质量的转变。提高培训质量，必须坚持以发展着的马克思主义为指导，在监狱人民警察教育培训的理论创新方面走在前沿，监狱人民警察研究部门要加强对监狱人民警察教育培训工作的战略性、前瞻性、系统性研究，在难点问题上求突破、在重点问题上创特色、在热点问题上出成果。及时总结和推广不同监狱在培训实践中创造的新经验，进一步丰富和发展监狱人民警察培训的理论和实践。

二、实现监狱内训练向监狱外训练转变

内训是基于监狱内部资源的培训，通过内训可以很好地将上级最新要求和实践中积累的经验迅速落实、普及；外训则是整合社会资源获取最新的知识和理念，涉猎较为宽泛。内训和外训相互联动、互为犄角，更能有助于监狱人民警察培训工作的推进。

1. 建立监狱人民警察培训中心师资库。监狱可以从党建、刑罚执行、狱政管理、狱内侦查、教育改造、生活卫生、生产经营、环境保护与劳动安全、医院、行政后勤等各条战线选拔优秀监狱人民警察成立讲师团，建立岗位业务咨询和顾问制度，定期开展"狱警讲堂"工作交流活动。师资库应制定讲师入库、退库考核标准，实行"择优入库+常态建库+动态管理"模式，并给予培训讲师更多的在职进修、外派学习等学习机会，保证讲师团始终处于高质量、高水平。在开展培训时，则根据实际培训内容和讲师风格选择相应讲师进行授课。

2. 加强岗位练兵。集中培训是从"面"上帮助监狱人民警察解决典型问题、更新知识观念、优化知识结构、提升整体技能，但对于实际工作中的突发状况、特殊事件、疑难杂症等"点"对"点"的问题，更多地需要监狱人民警察通过在岗自学自练、积累经验。监狱人民警察也应每年分批组织一次业务知识和技能考核，巩固、强化罪犯

管理应知应会知识。加强监狱人民警察岗位练兵是一项长期而艰巨的任务，需要监狱管理部门高度重视、科学规划、周密组织，确保训练质量和效果。通过加强岗位练兵，可以提高监狱人民警察的综合素质和执法能力，为监狱的安全稳定提供有力保障。

3. 逐步完善配套训练设施。随着政法队伍"四化"建设的推进，对监狱人民警察的知识、技能等方面的要求势必会有所提高，与之配套的训练装备、教学设备及训练场地等也应随之完善，才能满足监狱人民警察的培训需求。监狱外培训离不开培训基地，因此监狱一方面要将监狱人民警察送出去培训、学习，另一方面建立多级调研培训基地，为参训监狱人民警察创造良好的学习环境，使他们掌握实情。如，我国香港警方投入巨资建成占地1.5公顷的战训大楼，拥有高水平的电脑制作专家和专门的电脑制作中心，形成较完备的科技网络系统，能够模拟各种突发性事件，保证警员受到全面、系统、有针对性的培训，提高警员的综合素质。我们在经济条件允许的情况下，可以创新监狱外培训的新形式。

三、搭建线上线下相结合的培训平台

灵活多样、生动活泼的培训形式，往往可以提升监狱人民警察的培训热情。监狱人民警察的工作特性和现代科技的发展，为培训方式提供了更多的选择。传统的线下培训方式虽然有其优点，但受限于时间、地点和资源等因素，往往难以满足所有监狱人民警察的学习需求。而线上培训方式则具有灵活性强、资源丰富、互动性好等优势，可以弥补线下培训的不足。因此，将线上和线下培训方式相结合，可以形成一种更加全面和有效的培训模式。

首先，将线上预习和线下深入讲解相结合。线上平台提前发布培训材料，供监狱人民警察预习。这样可以让监狱人民警察在参加线下培训前对培训内容有一个初步的了解，提高培训效率。线下培训时，则可以针对监狱人民警察的疑问和难点进行深入讲解和讨论，确保监狱人民警察对培训内容有深入的理解和掌握。其次，将线上模拟和线下实战演练相结合。线上模拟可以通过虚拟现实技术，让监狱人民警察在虚拟环境中进行实战模拟演练，锻炼其应对突发事件的能力。线下实战演练则可以结合真实场景和实际情况，让监狱人民警察在真实环境中体验并应对各种突发情况，提高其实战能力。再次，将线上互动交流和线下团队合作相结合。线上平台可以提供监狱人民警察之间互动交流的机会，分享工作经验、讨论问题、寻求帮助等。线下培训则可以组织团队合作互动，让监狱人民警察在团队合作中锻炼协作能力和沟通能力，提升团队凝聚力。最后，将线上测试和线下考核相结合。线上测试可以通过在线平台进行，让监狱人民警察进行自我检测，了解自己的学习情况和掌握程度。线下考核则可以结合实际情况进行，对监狱人民警察的实际工作能力进行评估和考核，确保培训效果。

四、完善民警培训评估体系

完善培训评估体系有助于推进监狱人民警察培训工作。要建立监狱人民警察训练的考核和激励机制，将监狱人民警察的教育培训情况作为监狱人民警察考核的内容和任职、晋升的重要依据之一。

1. 建立培训反馈机制。每节课程或整个培训完结，可以通过网上无记名问卷调查形式，及时收集参训监狱人民警察对课程设置、培训内容、培训方式、教学水平、学

习效果等建议或意见，由政治处组织人员分析，建立评估档案，为下次培训提供参考。

2. 完善培训考评机制。结业考核可以是书面答卷、论文撰写、心得体会，也可以是实战演练、体能测试，基于不同的培训内容，采取不同的考核形式。此外，还要注重参训人员训后工作表现，主要对监狱人民警察训后工作态度、工作方法、完成任务情况、团队协作等进行评估，对比其参训前后变化，并以书面报告的形式确认评估结果。通过多角度评估，更为全面、科学的掌握培训效果，作出培训考核鉴定，并建立台账，动态跟踪。

总之，监狱人民警察培训的创新和发展是一个持续的过程。只有不断探索和实践新的培训方法和手段，才能适应不断变化的工作环境和工作要求，提高监狱人民警察的专业素质和工作能力。

思考练习

1. 监狱人民警察培训工作有哪些作用？
2. 思考如何提高监狱人民警察的岗位工作技能？
3. 实践中有哪些监狱外培训的工作方法可以借鉴？

思政园地

创新园地

拓展学习

西方发达国家警察培训制度简介

西方发达国家的警察教育更加注重依据不同的教学目标开展多种形式的职业技能培训，并在此基础上建立了一套层次分明、体系完整的教育体系。

1. 英国的警察培训制度特点。英国是世界上最早实行警察制度的国家，英国警察培训以系统化、专业化著称。它分为三个层次：一是基础训练，主要担负新警培训任务，一般为104周即2年，包括1年的在校训练，6个月的见习和6个月的返校训练。二是专业训练，每个警察在岗位轮换前都要进行集中训练。三是晋升训练，英国警察的警衔和职务相一致，每晋升一级都要参加培训考试。

英国经历了不同时期的社会发展变革，这使英国的警察培训体制由之前的国家警察学院改为中央警察培训发展机构，这个变化有三大优势：一是培训网络较完备，国家和地方有不同的警察学校，各级警察机构都有单独的培训中心。二是人事制度与教育制度结合起来，设置规范适用的培训制度。三是课程设置专业化，针对性强，更具实用性，主要体现为注重现场模拟演练。

英国招录警察面向社会工作人员、大学生等，对新招录人员要进行职业方面的培训，在职警察可利用空余时间自己选择到各大学去进修学习，以提高自身知识和能力水平。英国新入警培训通常为2年，并要求在训练中心训练一段时间约12周再分派到各警局进行实习工作，之后到训练中心进行再培训，充分将理论知识和工作实践紧密结合起来。同时，英国警察学院定期进行教官与警察间轮换交流，严格按照每3年必须进行一次轮换交流，并要求警察局长必须是警察院校的董事之一，而校长和教官也必须全部从警察队伍中挑选。

2. 美国的警察教育培训特点。美国的警察教育，不论是高等教育，还是职前教育或在职进修，都是以培训及补充知识为主的职业教育模式。这种教育模式不计学历，也不授予学位，主要是为职前警察和在职警察提供必需的警察业务技能和知识。美国警察的培训具有学制短、收效快，针对性、实用性很强，特别注重知识更新的特点。在美国，教育培训对警察机关来说是经常性的工作，对警察个人来说是终身性的任务。警察部门要经常对全体现职警察进行在职教育和回归教育，以提高其智能水平和业务素质，使其更好地适应警务工作的需要。

美国的警察教育自成体系，具有很强的独立性。这是由美国警察体制及其政治方面的分权制所决定的。它不受国家教育部门的领导和制约，只由警察部门自己负责；其教育规章制度严格而完善，计划规范，未经教育训练者不能从警，也不得晋升。各警察学院招生不受国家普通招生规定的限制，只受当地警察局的领导，上下左右之间均无隶属关系，自主性强，各地均办出了自己的特色。在录用警察时，各地警察机关根据社会制度和文化差异，会考虑不同种族的比例。美国警察职业教育培训内容明确而实用，各警察院校和训练中心所设课程虽不很一致，但教学内容均是从警察工作实际出发，课程设置十分重视理论与实践相结合，把技术训练放在高于知识训练的地位，实践技能教学占比较大。一般来说，课程的一半时间进行课堂理论讲授，另一半时间让学生参加实践。有些专业课程实践时间更长，占总课时的70%~80%，教学多运用模拟教学和电化声像的现代化教学手段，内容逼真形象，训练基础设施完整，教学效果突出。

美国各级各类警察院校或培训中心都不设专职教师，各类课程的教学均由资深警官或有一定工作经验的优秀年轻警官轮流兼任，或向社会普通大学、科研机构以及社会其他部门临时聘请教师。这些兼职教师可以边办案边授课，把办案过程中遇到的实际问题在课堂上向学员讲述，让学员分析和解疑。这种教学方式具有很强的针对性和时效性，能使理论与实践的结合更加紧密统一。

3. 法国的警察教育培训体制。法国的警察教育培训体制也是当今西方国家最完善、效率最高、最具特色的警察教育培训体制之一，是大陆法系国家的典型代表。法国建立了独立的警察教育培训体制，全国警察教育培训工作由内政部、人事培训部统一领导，并负责审定教育培训计划，指导学校工作和招收分配学员。大行政区设培训领导小组，负责本区的警察教育培训工作；省以下设具体培训点，负责具体落实教育培训任务。如此形成的自下而上、层次清楚并且独立的警察教育培训体系，使得其组织健全、分工明确，保障和推动了警务工作的发展。警察培训重点是进行职业和技能的训练，立足于学员从事未来警务工作和担负的责任所需要的各种品质和能力的培养，并根据警务工作的需要而不断调整变化。

法国警察培训体系是世界上建立最早、最完整的体系，其中内政部所属警察培训学校就有6所，包括里昂圣西尔高级警长学校、尼斯高级治安警官学校、加纳爱克兹高级探长学校、巴黎国家警察学校等，其他22个大区和96个省根据情况大多设有自己的培训中心。各培训机构根据功能和培训对象的不同，分为三个层次。第一层是法国国家高等警察学院，具体负责高级警监的初任培训和继续教育。第二层是专门对警官进行初任培训和继续教育的两所国家警察学院，一所是治安警察学院，具体负责对初任治安警官及在职治安警官进行为期18个月的教育训练；另一所是刑事警察学院，负责对初任刑事警官及在职刑事警官进行为期16个月的训练。第三层是根据警察数量和人口密度，合理分配培训地，具体分配在全国的专门对警员进行培训的14所警察学校和16所规模小于警校的培训中心。

学习单元四　监狱人民警察绩效评价

> 习近平在中央政法工作会议上发表重要讲话："政法系统要在更高起点上，推动改革取得新的突破性进展，加快构建优化协同高效的政法机构职能体系。要优化政法机关职权配置，构建各尽其职、配合有力、制约有效的工作体系。要推进政法机关内设机构改革，优化职能配置、机构设置、人员编制，让运行更加顺畅高效。"
>
> 一、知识目标
> 1. 识记：监狱人民警察绩效评价的概念和特征。
> 2. 领会：监狱人民警察绩效评价的原则。
> 二、能力目标
> 1. 简单应用：监狱人民警察绩效评价的方法和对结果的运用。
> 2. 综合应用：设计科学合理的监狱人民警察绩效评价体系。
> 三、素养目标
> 1. 通过绩效评价，培养客观、公正的职业素养。
> 2. 在绩效评价工作中，树立竞争意识，弘扬创先争优的担当精神。

> 🔍 **案例导入**

自动统计考核、全员可查阅
——监狱民警自主研发二级考核平台[1]

随着贵州省海安监狱信息技术科民警杨国鑫最后敲下回车键,服务器部署完成,海安监狱自主研发的二级考核平台正式上线投入使用。

这是一款适用于对监狱民警日常工作表现及党建工作指标、高质量发展指标等多方面进行监测考核的监狱内网平台。民警使用其记录每日工作内容,再由部门主要领导考核民警每周工作表现,并将民警周、月、年的考核得分进行统计排名,全员可查阅。后期,二级考核平台还将拓展相关功能,帮助人事部门实现人员调整一键查询及民警信息维护、权限分配等。

"方便快捷""全程线上完成"是海安监狱二级考核平台的最大亮点。过去,监狱对民警的二级考核往往伴随着大量纸质材料的填写,以及线下反复报送。如今,随着二级考核平台的出现,监狱对民警的日常工作考核从指标申报、指标审核到绩效评价等七个环节均可全程通过内网完成,进一步解放了警力,实现高效办公。

学习任务一 监狱人民警察绩效评价的特征与作用

绩效管理作为一种现代管理方式,可以有效提高组织管理水平和绩效。建立和完善监狱人民警察绩效评价体系,有利于科学评估和管理监狱人民警察的工作实绩,加强监狱人民警察队伍建设,推动监狱规范化建设,提高工作效能和执法水平,对促进监狱工作发展具有十分重要的现实意义。

一、监狱人民警察绩效评价的概念和特征

(一)监狱人民警察绩效评价的概念

"绩效"一词,英文为performance,其直接含义是"表现",是个体或群体的工作表现、直接成绩和最终效益的统一体。"考核"一词,其含义是评价、评估。绩效考核,是指对员工在工作过程中表现出来的工作业绩、工作能力、工作态度以及个人品德等进行评价,并用之判断员工与岗位的要求是否相称。绩效考核的目的是确认员工的工作成就,改进员工的工作方式,提高工作效率和经营效益。

监狱人民警察的绩效评价是运用一套科学的考核评价方法、标准和程序,参考岗位职能、标准、要求、目标、任务等方面的因素,通过对不同岗位中不同警察的品德表现、是否正确依法有效地履职、是否创造性地开展工作等,作出准确的综合分析和评估。监狱通过绩效评价这一自我组织管理,实现监狱人民警察履职效能的不断提升。

---

[1]《自动统计考核、全员可查阅……监狱民警自主研发二级考核平台!》,载 https://mp.weixin.qq.com/s/AdZWVVnds3caP0ti2uNPmg,最后访问日期:2023年8月17日。

(二) 监狱人民警察绩效评价的特征

监狱人民警察绩效管理不同于企业员工的绩效管理，也有异于其他的公共行政部门的绩效管理，监狱人民警察绩效管理有其自身的特征。其特征主要表现在以下几点：

1. 评价主体的特定性。监狱人民警察绩效评价是一种自我组织行为。它既是监狱的自我管理活动，又是监狱的自我督察活动。这就决定了监狱人民警察绩效评价的主体只能是监狱或监狱的上级主管机关。监狱或监狱的上级主管机关依据管理权限，通过在内部成立专门的机构和组织相关人员，具体负责对监狱人民警察的绩效进行评价。其他国家机关、人民群众或社会组织对监狱人民警察的绩效评价，只是一种外部督察活动，而不具有管理的属性。

2. 评价内容的系统性。监狱人民警察绩效评价，是对监狱人民警察个体的履职行为和履职结果进行有机统一的评价，是一种目标评价模式，注重对履职目标实现程度的评价。它是一个在对个体的履职行为进行观察和控制的基础上，着重对履职结果进行评价，并及时进行反馈和跟进，持续提高履职质量的系统活动过程。

3. 评价方法的定量性。马克思说过："一种科学只有成功地运用数学时，才算达到了真正完美的地步。"监狱人民警察绩效评价要达到科学化的标准，就要注重评价的量化。这主要是通过定量分析手段进行，即根据不同的评价内容，采用相应的项目标准、量表、评价表、公式等，对监狱人民警察的履职行为和履职结果进行计分和量化，在此基础上再进行定性分析，从而做出实事求是的评价，得出客观公正的结论，为今后的工作提供参考和指导。

4. 评价过程的动态性。监狱人民警察的履职行为本身就是一项动态活动，对监狱人民警察履职绩效的评价也是一个动态的管理活动。评价过程的动态性，还表现在评价结果的跟进上。监狱人民警察绩效评价结果的跟进路径，主要是反馈和跟踪，它是由培训、任用、学习、训练、激励、改进、修正等具体跟进方式方法构成的有机统一体，是一个不断调整和完善履职行为的动态过程。

5. 评价系统的有效性。有效的绩效评价系统应该具备符合实际、敏感性、可靠性、可接受性和实用性五项要求。一是符合实际。评价过程中要把工作标准与组织目标联系起来，要把工作指标与评价范围联系起来，即明确工作要求的数量和质量。二是敏感性。评价系统要有区分监狱人民警察工作效率高低的能力，如果评价系统缺乏这种区别的能力，就会出现不公正的局面，挫伤管理双方的工作积极性，监狱也无法依据该系统进行人事决策。三是可靠性。不同的评价者对同一人员所进行的独立评价应大体一致。由于上级、下级和同事是处于不同角色的评价者，对同一个人的评价结果可能会有很大的差异，因此评价系统对不同主体做出的评价结果应分配科学的权重。四是可接受性。绩效评价方案必须取得该方案相关人员的支持，才能够真正实施，否则会遇到巨大的阻力。因此绩效评价必须要有监狱人民警察的普遍参与和支持。五是实用性。评价系统要易于被管理双方理解和使用。如果评价系统过于复杂，被管理者看不清楚工作和绩效之间的联系，管理人员不清楚或不理解评价的标准，就必然导致管理双方的不满和抗拒。

二、监狱人民警察绩效评价的作用

党的二十大报告指出："转变政府职能，优化政府职责体系和组织结构，推进机构、职能、权限、程序、责任法定化,提高行政效率和公信力。"监狱人民警察的绩效评价,能促进警察队伍的标准化和制度化,提升监狱管理能力,最大限度实现刑罚目的。监狱人民警察绩效评价的作用主要体现在以下几个方面:

(一) 科学利用警力资源的有效手段

目前,我国监狱警力资源还不宽裕,结构尚不合理,要提高监狱工作质量,必须提高个体的工作效率。通过对监狱人民警察的绩效评价,在掌握监狱人民警察履职能力的基础上,按照"优势互补、结构合理"的原则进行配置,有助于把有限的警力安排到最合适的岗位上,从而使他们的个人潜能得到充分发挥,有利于促进警力资源结构的不断改善。同时,通过绩效评价,有利于把优秀人才选拔到领导岗位上,也可以不断激发监狱人民警察的竞争意识,提高监狱人民警察的履职能力和工作效率。

(二) 实现科学管理的客观要求

运用绩效评价,将监狱工作的总目标分解成若干具体的量化指标,转化为各部门和每名员工的行动计划,使得整个组织的成员目标与战略目标保持一致。在组织变革的过程中,绩效评价又能够让监狱人民警察形成行动自觉,引领他们向着组织期望的方向前进。建立系统、完善、科学的监狱人民警察工作的绩效考评体系,有利于监狱工作方针的贯彻和落实,并能形成强有力的目标导向;有利于深化监狱体制改革,为监狱的发展添加新的动力;有利于深化监狱人事制度改革,促进监狱的政治文明建设。

(三) 促进监狱人民警察个人发展的有效工具

绩效评价将上下级之间的目标分解与确认,使监狱人民警察明确自己的任务和目标,在绩效实现过程中获得持续、规范的指导、帮助、评价、激励,并通过绩效结果的反馈认清自己的能力和绩效情况,明确改进和发展方向。同时,绩效任务的分解将组织共同愿景与个人发展目标有机结合,有利于增强团队协作精神,促进团队和个人的共同成长。

(四) 实现刑罚目的的必要措施

作为国家的刑罚执行机关,安全目标和矫正目标是监狱工作的两个重要目标。绩效评价的跟进反馈,一方面,让监狱人民警察及时了解自己的履职目标及其实现程度的差距,从而调整和改进自己的行为和工作方式;另一方面,通过及时反馈,让各级领导掌握工作中的各类信息,帮助他们分析工作中的薄弱环节,为他们及时有效地进行决策提供依据和参考,从而不断促进安全和矫正目标的最优化实现,更好更快地实现刑罚目的。

学习任务二　监狱人民警察绩效评价的原则与方法

一、监狱人民警察绩效评价的原则

原则是指人们观察、处理问题的法则和标准。监狱人民警察绩效评价的原则是对监狱人民警察进行绩效评价时所必须遵循的基本准则。它既是监狱人民警察绩效评价工作本质属性的具体体现,也是监狱人民警察绩效评价工作实践经验的科学总结,更是制定监狱人民警察绩效评价方案、确定评价标准、选择评价内容与方法以及组织实施评价的指导思想和依据。根据监狱人民警察绩效评价工作的规律，监狱人民警察绩效评价必须遵循以下几项原则：

1. 公正公开原则。绩效考核要做到公平、公正，这是绩效考核能够顺利开展的重要保障，考核中各环节均应接受被考核者的监督，尽可能消除被考核者心理的不平衡因素，增强绩效考核的说服力，如不能做到公平公正，那绩效考核的功能及作用将难以实现。监狱人民警察绩效评价定量化程度本就偏低，由于岗位不同所带来的评估误差客观存在，最典型的例子就是基层监区民警与机关科室民警绩效评价过程中客观存在的不平衡。如果再不能保证评估过程的程序公正、结果公开和出发点善意客观，必将引发监狱人民警察队伍内部的矛盾。

2. 奖惩结合的原则。考核结果应及时反馈给被考核者，以实现绩效考核对员工的教育引导作用，让被考核者认识到自己的优势和不足，通过绩效考核不断提升自己。根据绩效考核的结果，给予相应的激励或奖励；反之对于考核结果不理想的可考虑给予降低福利、奖金或者岗位调整等举措来惩罚。只有这样，各级人员才能将绩效考核放在重要地位，利于绩效考核工作的开展。

3. 积极反馈和沟通的原则。绩效考核过程中需实现多次多向沟通和反馈，应做好考核者与组织、组织与被考核者、考核者与被考核者的有效沟通，保持各主体之间信息的流通及流畅，确保各方有效信息的畅通。信息畅通不仅有利于各层级意见的传递，还有利于绩效考核体系的不断完善，促进绩效考核体系的更加科学化。要把评估后的结果及时反馈给监狱人民警察个人，如果不注重沟通，极易堵塞上下级之间的信息交流，使上下级关系疏离化。

4. 定量考核与定性评价相结合的原则。定量考核中量化指标明确，较容易操作，因此较客观公正。定性评价主要是针对评价指标中无法进行量化，由评价者对评价对象直接做出的价值判断，涉及人为的主观因素。因此，要大力引进适合监狱人民警察绩效评估的定量化考核方法，做到既有定性的考核指标，又要有定量的要求，对监狱人民警察进行综合全面的衡量，从而公平合理地对监狱人民警察工作绩效作出评价。

二、监狱人民警察绩效评价的方法

监狱人民警察绩效评价的方法是指对监狱人民警察工作绩效进行评价时为实现评价的目的而采用的方式和手段的总称。实践中，监狱人民警察绩效考核中较为常见的考核技术主要有以下几种：

1. 日清日结法。日清日结法即监狱通常所说的监狱人民警察日考核法，具体是指全方位地每天对每名监狱人民警察、每件事情进行控制和清理。该方法是根据监狱总体目标，对照监狱人民警察岗位的专业化说明，对监狱人民警察的执法行为、管理活动进行精细的量化监督与控制，从而形成一种日常性的、常规性的管理机制和方法。这种方法在运用时，首先要设定目标，对全监狱所有监狱人民警察的工作进行详细分工，明确要求，形成人人都管事，事事有人管的目标管理体系。其次是控制，日清日结法将绩效管理的循环系统的周期压缩为一天，对反映出来的问题进行纠正，对暴露出来的隐患进行整改，对突发事件进行处理，使偏差、矛盾在最短时间、最小环节内得到控制和消除。最后是考评与激励，根据日清日结记录进行考核评价，使监狱人民警察的绩效考核有据可查、事实清楚，体现了公正公平公开的原则。采用日清日结法时，应形成管理闭环即 PDCA 循环（PDCA 循环是螺旋式上升的改进机制，包括计划、执行、检查、处理四个环节，针对未解决的问题，制定改进措施，进入下一循环），并纵向与自己的过去比，横向与其他监狱人民警察比，还要找出相关薄弱环节，及时进行整改。

2. 报告法。报告法又称自我报告法，是利用书面报告的形式对自己的工作进行总结。每名监狱人民警察年中和年底要撰写工作总结，特定任务和事项完成后也要及时提交报告。监狱人民警察对照岗位要求回顾半年或者全年的工作，并列出下个周期的工作计划和设想，便于监狱人民警察对自我的业绩和行为表现进行反省、评估和自我评价。

3. 关键事件法。关键事件法是以记录直接影响工作业绩优劣的关键性行为为基础的考核方法。使用关键事件法需要监狱绩效考核部门将监狱人民警察工作中的非同寻常、特别重要的好行为和坏行为认真记录下来，然后在本次考核周期结束时根据记录讨论监狱人民警察工作绩效。

4. 行为观察量表法。行为观察量表法是在关键事件法的基础上进行的，将监狱人民警察具体工作行为分为特别有效行为、有效行为和无效行为，根据出现的频率和所赋权重计算出相应得分，得到一个综合的考评结果。表 1-1 所示即为某监狱监区民警行为观察量表。[1]

表 1-1　×监狱监区民警行为观察量表

序号	考核行为	选项				
1	民警三大现场管理到位	很到位 5 分	到位 4 分	基本到位 3 分	基本不到位 2 分	不到位 1 分
2	清监搜身工作到位	很到位 5 分	到位 4 分	基本到位 3 分	基本不到位 2 分	不到位 1 分
3	重点人员管控到位	很到位 5 分	到位 4 分	基本到位 3 分	基本不到位 2 分	不到位 1 分
4	狱情分析研判到位	很到位 5 分	到位 4 分	基本到位 3 分	基本不到位 2 分	不到位 1 分
5	零星罪犯管理到位	很到位 5 分	到位 4 分	基本到位 3 分	基本不到位 2 分	不到位 1 分

5. 因素考核法。因素考核法是将一定的分值分配给各项考核项目，每个项目都有一个评价标准，据此评分得出总分。这种方法使用计算机进行数据处理，大大提高了考核的效率和质量。表 1-2 是某监狱民警"德、能、勤、廉"考核指标。[2]

---

[1] 乔成杰、宋行主编：《监狱人民警察管理实务》，化学工业出版社 2012 年版，第 137 页。
[2] 朱喆：《上海市监狱系统民警绩效考核研究——以 A 监狱为例》，上海海洋大学 2021 年硕士学位论文。

表 1-2　×监狱民警"德、能、勤、廉"考核指标

一级指标	二级指标	三级指标	分值
德	思想品德警察素质	政治立场	10
		警容风纪	5
		基础要求	5
能	业务能力	专业知识、岗位知识	5
		分析能力、发展能力	5
		解决问题、创新开拓	5
	管理能力	决策管理	5
		统筹协调	5
		贯彻执行	5
勤	工作作风	敬业精神	5
		业务研究	5
	工作纪律	考勤情况	5
		保密情况	5
	工作态度	积极性	5
		主动性	5
		创造性	5
廉	廉洁自律	廉政学习	5
	廉洁勤政	遵纪守规	5
		公正执法	5

学习任务三　监狱人民警察绩效评价结果的运用

监狱人民警察绩效结果运用可以概括为两个方面，即正向的激励和负向的激励，简单地说就是奖惩两种运用情况。通常情况下，绩效结果一般运用在员工薪酬、职位变动和个人发展等领域。科学运用绩效考核结果，能激励监狱人民警察干事创业的动力，发挥绩效管理的功用。对领导职务警察和成长需求型警察，考核结果可多应用于职务升降变化和培训。对非领导职务警察和非成长需求型警察，考核结果多应用于工资调整、休假和福利待遇等。监狱人民警察绩效结果的运用途径主要有以下几种：

1. 薪酬管理。"阳光工资"体系下监狱人民警察工资结构法定，不再发放奖金，但是对于绩效评估结果优秀的监狱人民警察可以提高福利待遇等。

2. 精神嘉奖。这是当下绩效结果一种主要的运用形式。比如江苏省各监狱每月评比"岗位先锋""每月之星",年度评比"优秀团员""优秀党员""优秀党务工作者""个别教育能手""优秀内勤""岗位标兵""优秀工作者"等,对绩效突出的监狱人民警察呈报立功嘉奖,营造鼓励先进、勇当先进的氛围,由物质驱动型转变为事业驱动型激励。

3. 职务晋升。对于绩效结果优秀的监狱人民警察,优先晋升(评聘)领导职务、非领导职务和技术职务(职称);对于能力差、主观不努力等原因不适合担任领导职务的监狱人民警察予以降职,实现职务(职称)升降与年度绩效挂钩。

4. 职业发展。目前的监狱人民警察都是普通的公务员,监狱属于省直属单位,狱警需要参加全国统一考试才可以从事工作。许多刚踏入社会的大学生,对未来迷茫,没有合理规划未来,也没有自己职业发展的目标。参加工作后,通过对他们的绩效考核,可以发现他们的专长特长,针对性地就将这些人安排在能够发挥他们特长的岗位。这一举措,不仅能提高监狱的整体工作效率,提升发展效能,还能激发监狱人民警察工作自信心。

5. 与外出考察和培训学习统筹配合。对于评为优良等次和连续3年以上获评为称职级别等次的普通监狱人民警察,在外出考察、培训和学习时都会优先选择,特别要求对于考核"职称"的普通监狱人民警察,应根据他们经过考核的结果及个人状况,要加强定期组织的常规化培训。比如根据各级监狱人民警察的专业技术素质特长、业务短板、兴趣喜好等,针对性地进行人才培养。

思考练习

1. 请简述我国监狱人民警察绩效评价的基本原则。
2. 思考我国监狱人民警察目前运用了哪些绩效评价方法?
3. 思考如何运用监狱绩效评价结果?

思政园地

贵州省监狱管理局:"三注重三提升"强化综合考核"指挥棒"作用[1]

2023年以来,贵州省监狱管理局以高质量推进监狱事业为主抓手,聚焦主责主业,充分发挥年度综合考核的综合性和统筹性作用,切实调动全系统党员、民警、职工工作的积极性、主动性、创造性,在坚守安全底线、践行改造宗旨、深化改革攻坚、提高治理能力,持续巩固"五安全一稳定"成果基础上主动担当作为,实现了监狱安全稳定常态长效,年度综合考核"指挥棒"作用更加明显。

注重业务培训,提升整体水平。贵州省监狱管理局考核办通过平台会议APP对全系统开展线上视频培训,线上参训近300人,培训重点对如何制定2023年度服务高质

---

[1]《贵州省监狱管理局:"三注重三提升"强化综合考核"指挥棒"作用》,载http://gz.people.com.cn/n2/2023/0906/c194849-40560294.html,最后访问日期:2023年9月6日。

量发展绩效考核指标和制定常见问题等进行详细讲解，精准指导全系统垂管单位定准定实服务高质量发展指标；针对季度监测存在的"问题"和上年度考核名次靠后的单位做好"靶向治疗"，了解其存在的问题和困难，有针对性地"送培训"上门，开展综合考核业务培训。

注重过程督察，提升考核质量。聚焦"五安全一稳定"，将新国发2号文件及司办通103号文件，司法部、厅、局监狱工作相关文件重点纳入核心考核指标，通过不定期督察，指导各单位工作任务落实。省监狱局每季度采取"自查自评+网上评审+综合研判"的方式，在"贵州省监狱系统综合考核平台"对局属35个单位313项服务高质量指标和1715项党建指标，局机关各党支部17项党建指标和104项处室服务高质量指标进行全覆盖监测；结合监狱系统实际，分别召开了贵阳片区、黔南片区、安顺片区、六盘水片区、遵义片区、黔东南片区综合考核工作推进会，35家单位全覆盖，对各片区单位第一、二季度各项指标的印证资料进行实地监测，通过交叉检查，使各片区内单位相互交流学习、共同查找问题；根据季度监测和实地监测掌握的情况，了解各单位各部门重要动态、重大任务、重要政策落实进度，对推进任务"滞后"和存在"问题清单"的单位，点对点进行实地调研。

注重队伍建设，提升专业技能。为充分发挥考核工作的导向作用、激励作用和约束作用，切实提高全系统考核工作的整体质量，局考核办探索组建一支"政治过硬、品行端正、业务精通、作风扎实"的高素质专业化考核人才队伍，发挥"人才库"的辐射带动作用，择优将70余名考评员选拔入库，对考评员常态化组织学习培训，使考评员及时了解新政策、新规定、新要求，不断夯实理论基础，完善知识结构，提高其综合考核工作能力和水平，为服务全系统综合考核工作提供组织保障。

创新园地

浙江省金华监狱：这样考核，让"躺平式"干部"站起来""跑起来"[1]

走进浙江省金华监狱二监区，公示栏上展示的每月民警实绩考评分和"金监先锋"名单尤为显眼。

2023年以来，浙江省金华监狱以开展主题教育为契机，把脉队伍管理，深入调查研究，盯紧考核和监督手段对民警难以奏效的沉疴，按照分层分类相结合、平时定期相结合、定性定量相结合、正反激励相结合的方式，建立更科学、更智能的实绩考评体系，真正让民警"站起来""跑起来"，源头上促进民警强党性、建新功。

平时考核+定期考核，让源头活水长流

为打破"干与不干一个样，干多干少一个样"的弊病，浙江省金华监狱设置了多维度的考核方式，对日常工作、专项工作、重点工作和临时性任务进行分类赋分。

"现在的考评办法包括基础分、出勤分、平时分、业绩分、岗位分、专项分、年奖

---

[1]《浙江省金华监狱：这样考核，让"躺平式"干部"站起来""跑起来"》，载 https：//finance.sina.com.cn/jjxw/2023-06-27/doc-imyytqer0251017.shtml？cref=cj，最后访问日期：2023年6月27日。

分、政治素质分、民主测评分。其中专项分是针对月度、季度或者年度内完成重点工作任务的考核得分，年奖分是针对专业化岗位业务考核较上年度有较大进步给予的得分。"金华监狱组织科长章某介绍，这样的赋分方式是为了改善监狱警力资源"无增长"现状，实现监狱人事的"以人为本、人尽其才、才尽其用"管理。

在二监区公示栏上显示，民警月度实绩考评分为70分，出勤分每个人不同，按民警实际执勤情况进行加分。

层级管理+分类考核，让优劣一目了然

科室与监区之间、科室与科室之间、监区与监区之间业务各不相同，如何统一量化？

翻看考核结果表单，每一项考核都十分细致。"业绩分和岗位分根据岗位不同，加分不同。比如业绩分就分为科监区领导、分监区领导、一般民警三类，而岗位分根据民警岗位等级所赋得分。最终排名时，也从科监区领导、分监区领导、一般民警三个维度进行同类排名。"在培训会上，组织科对所有支部考核员分析这两项的分数意味着考评分是"同场赛马+分道赛跑"，促使考评结果更加公平公正。

"考核细则非常详细全面，对我们来说，指明了工作方向，是规范也是激励。"监狱对于各监区业务线考核结果决定科监区领导业绩分，监区对各业务线考核结果决定分监区领导业绩分，一般民警以包干职责和岗位职责的考评结果为依据决定当月业绩分。

对于三监区二分监区指导员吴某来说，2023年工作"好做了很多"，他说："实绩考评里有一项岗位分，除了领导岗位有加分外，一般民警有专业化岗位的加1分，兼任网格长的再加0.5分。这让很多民警干劲更足了。"

让所有人想干愿干，让民警在职场中比业绩、赛能力，也增加了监狱"选人"的余地，由"伯乐相马"转变为"赛场选马"，避免"急拿现用""临时找人"。

定量指标+定性考核，让结果更加精准

除了考核细化量化，浙江省金华监狱评分主体也变得多元。

金华监狱平时考核根据不同职位、层级特点，采用以民警实绩考评为主的定量考核与以"金监先锋"等评比为主的定性考核相结合的方式，以支部为单位实行分类考核。

每周各党支部开展"金监先锋"评比，评比名额不超过本支部民警总数的10%。评为"金监先锋"并且实绩考评排名在同类别前2/3的民警当月平时考核结果原则上评定为"好"等次。同时，实绩考评中还存在民主测评分，每季度通过综合表现评出优秀、良好、较好、一般、差五个等次，从而确定分值。

"以前有些科监区领导脾气火暴，有时候工作不讲究方式方法，态度很差"，章某说，"现在干部都会思考自己的沟通交流方式，不然民主测评分肯定会很低。"在章某看来，监狱对于考核的一个特色做法就是科监区领导和分监区领导的民主测评分中，普通民警对其的评分占了30%，考核结果更加客观真实。

正向激励+反向约束，让活力扑面而来

实行新的考评办法以后，变化是确实的，也是可见的。

平时考核成为民警年度考核的基础和重要依据，与年度考核结果挂钩。年度公务员考核优秀等次的人选从月考核结果均在"较好"以上等次，且年内"好"等次占6个以上的民警中产生。

"对平时考核一贯表现优秀的，同等条件下，在选拔任用、职级晋升等方面我们会优先考虑；对平时考核结果为一般等次的，我们会及时谈话提醒；对平时考核结果为较差等次的，也会及时批评教育。"金华监狱副政委凌某介绍，现在考核能直观反映民警日常工作的状态、作风和实绩，工作上若疏漏怠慢，考核结果就会受影响。

根据实绩考评办法，科监区领导、分监区领导考评分包含政治素质分，具体参照《领导干部政治素质考核负面清单》进行。民警扣分条款包括职业操守和岗位职责两大类，大类下还划分有出勤纪律、警容风纪、职业准则等185条具体细则。其中，"对群众合理诉求消极应对、不催不办、不推不动"条款也成为考核民警工作的一部分。

拓展学习

绩效评价的主要方法

在绩效考核中，可以选择多种考核方法。通常使用的绩效评估方法可分为以下几种：第一种是面向结果的绩效评估方法，如目标管理方法和关键绩效指标方法；第二种是基于行为的绩效评估方法，如观察比较法、行为刻板印象评价法、360度绩效评价法等；第三种涉及评价业绩的特殊方法，如图形评价量表。根据评价的角度和目的，可以选择不同的评价方法进行绩效评价。目前国内外绩效评估的方法大抵相同，主要有以下几种：

1. 关键事件法。这是客观评价最简单的方法。它是于1954年由美国研究人员Flaregen和Bayless提出的。通用汽车在1955年成功地使用了这种方法。这是一种通过分析工作中最好或最坏的事件并确定导致该事件的行为来评估工作绩效的方法。这种方法的优点是，它更有针对性，在评估好成绩和坏成绩时非常有效。缺点是在理解和分析重大事件方面可能存在差异。

2. 目标管理法（MBO）。1954年，美国第一任商人彼得·德鲁克（Peter Drucker）在其著作《商业实践》中提出的企业哲学体系是目标管理。其目的是将公司的工作目标和任务从上到下转移到所有员工身上，让他们在此基础上进行评估。目标管理的方法是管理行动过程，但重点是结果。可以客观地设定和修改下级管理和下级管理的目标。员工可以根据自己的积极性进行评估，完成目标。这有助于促进管理者与被管理者之间的关系。

3. 关键绩效指标（KPI）。类似于"二八法则"，即80%的结果来自20%的主要行动，因此20%的主要行动是绩效评估和决策的中心。也可以说，它是目标管理和帕累托定律两者的结合。要确定关键的绩效评估指标就要通过SMART原则。S是具体的，绩效考核是指要达到一个具体的目标，而不是一般的目标。M表示性能的可测量性。

它是定量的或动态的，数据或信息可以用来检查指标。A 是可以实现的，绩效指标表明这是可以通过努力工作来实现的。R 代表现实，这意味着绩效指标是真实的，可以查证的。T 为时间，代表完成绩效指标的最后时间。

4. 360 度绩效评价法。这种方法的创始人是爱德华和伊万，它受到广泛关注和使用源于《华尔街时报》和《财富》杂志引用了这一方法。它的评估方式就是通过上下级、同级、本人以及内外部客户来进行全方位的评估，评估内容包括员工的各个方面。使用这种方法进行评估比较全面和公平，结合多方面的反馈意见可以更好地进行沟通改进，提高员工的工作能力。但由于范围广，收集信息工作量相对较大，实施比较困难。

5. 平衡记分卡（BSI）。由哈佛大学的罗伯特·卡普兰（Robert Kaplan）和戴维·诺顿（David Norton）提出，从 1992 年成立至今，它不仅是绩效管理的工具，也成为了战略执行的工具。孙海杰、薛兰霞、顾凯等学者都强调了平衡记分卡在金融、客户、流程和学习四个方面的优势，将公司到部门到员工按层分类。它不仅强调纵向管理的一致性，而且强调横向管理，即各部门之间的协调。张晓毅认为平衡记分卡的管理方法有以下优点：平衡长期目标和短期目标等重要变量，使员工能够理解总体目标，进行沟通，提高个人素质和能力。

学习单元五　监狱人民警察警务保障

> 习近平向中国人民警察队伍授旗时致训词："我国人民警察是国家重要的治安行政和刑事司法力量，主要任务是维护国家安全，维护社会治安秩序，保护公民人身安全、人身自由、合法财产，保护公共财产，预防、制止、惩治违法犯罪。新的历史条件下，我国人民警察要对党忠诚、服务人民、执法公正、纪律严明，全心全意为增强人民群众获得感、幸福感、安全感而努力工作，坚决完成党和人民赋予的使命任务。"
>
> 一、知识目标
> 1. 识记：监狱人民警察警务保障的特征、作用、目标和基本内容。
> 2. 领会：监狱人民警察警务保障的要求及其实践落实。
>
> 二、能力目标
> 1. 简单应用：监狱人民警察警务保障的要求，如何通过组织架构设计和制度安排予以实现；在新媒体条件和社会化行刑背景下，监狱警察资源保障面临的挑战和应对方式。
> 2. 综合应用：在监狱惩罚与改造面临新情况的背景下，如何落实监狱警察制度保障，尤其是权益保障的内容。
>
> 三、素养目标
> 1. 增强法律意识、权利意识和创新意识。
> 2. 树立警察职业自豪感和使命感。

案例导入

爱警用真情 惠警出实招 黑龙江监狱系统打好"从优待警"组合拳[1]

2020年以来,黑龙江省监狱系统人民警察因公牺牲5人、负伤54人。

抗疫是一场没有硝烟的全民"战争",监狱作为一个特殊的"战场",作为主力军的监狱民警守护着社会安全的底线。疫情变化无常,"14+14+14"勤务模式使得干警们一个多月不能回家成为常态,付出了时间、亲情、健康乃至生命。从优待警成为黑龙江省司法行政系统工作的重中之重。

2022年初,《黑龙江省司法厅关于进一步加强从优待警工作的意见》发布,省监狱管理局党委多次召开专题会议进行研究部署,将"爱警用真情、惠警出实招、落地见实效"作为从优待警工作的出发点和落脚点,全面提升民警队伍的凝聚力和战斗力。

绿色就医通道守护民警生命

2022年7月21日中午,牡丹江监狱备勤室的民警突然发现三级警长杨秀龙呼吸沉重,上前呼唤时看到杨秀龙意识模糊,当即拨打120送医。当地医院认为杨秀龙病情危重,采取急救措施后建议立即转往哈尔滨医院检查、治疗。省监狱管理局接到监狱报告,立即启动民警就医绿色通道,紧急联系定点医院哈尔滨医大二院。7月22日,杨秀龙转入医大二院ICU病房,经紧急抢救脱离生命危险,生命体征趋于平稳后转入普通病房。

2022年以来,已有10名像杨秀龙这样的监狱民警突发病情,因启动"绿色通道"得到及时救治。"优先门诊服务、检查、手术、安排病房,特殊情况可先救治后缴费。"黑龙江省监狱干部处副处长郑玉敏告诉《法治日报》记者。

2022年初,省监狱系统采取措施,全面健全民警医疗保障体系,搭建民警紧急救治"绿色通道",与哈尔滨医科大学附属第一医院等5家重点医疗机构签订了民警紧急医疗救治协议,覆盖省属20所监狱。每家定点医疗机构、省监狱局、各监狱分别指定专人负责救治工作的协调联络,保障需要救治人员得到及时有效救治。

"团圆工程"解决夫妻两地分居

"是局党委的暖心决策,让我和爱人结束了长达8年的两地生活。"2022年5月,这样一封感谢信从七台河监狱邮寄到了黑龙江省监狱管理局。

写信的杜金萍原是佳木斯监狱民警,其爱人是七台河监狱的一名监区教导员,近400公里的距离将他们长期分隔在两个城市。"疫情期间我和爱人见面的机会屈指可数,特别是公婆都已八旬高龄,公公还常年卧床,没人能帮忙照料。"杜金萍说,2022年2月,省监狱局通知统计上报民警两地分居情况,让她看到了曙光。

"4月18日,我接到了调令,通知我正式调入七台河监狱工作,当时我喜极而泣。"杜金萍说。

---

[1]《爱警用真情 惠警出实招黑龙江监狱系统打好"从优待警"组合拳》,载https://baijiahao.baidu.com/s?id=1742177046117320804&wfr=spider&for=pc,最后访问日期:2022年8月26日。

据省监狱管理局政治部主任侯雪锋介绍，2022年初，省监狱管理局启动夫妻异地分居民警"团圆工程"，上半年监狱系统申请调动民警151人，其中，申请调入哈单位民警64人，申请调入哈外监狱、戒毒所、司法局民警87人。目前，已解决第一批分居时间8年以上、哈外监狱间调动9人。第二批调动工作条件以分居5年以上、双警3年以上为主，拟调动15人，正在审查核实中。

省监狱管理局党委书记、局长伊建民告诉记者，2022年5月18日省司法厅发布从优待警工作意见以来，聚焦"强化政治激励、加强物质保障、关爱身心健康、解决实际生活困难"四大方面，破解从优待警难点问题，目前，已有16项政策落地见实效。

学习任务一　监狱人民警察警务保障的特征与功能

在现代社会，任何组织要维持运行和发挥功能，都离不开人、财、物，以及信息、技术、社会关系等资源。监狱机关和监狱人民警察要实现法定职能、履行法定职责，也必须得到国家和社会的支持和保障，这种保障落实到监狱人民警察的职务活动中就可以称为监狱人民警察警务保障。警务保障是保证监狱人民警察履行监管改造职能，实现监狱人民警察队伍正规化、现代化、法治化的必要前提。步入后工业化和信息化的当今时代，作为维护社会秩序、保障社会安全的警察机关，现代警务呈现出警务体制的集中与统一、警察人员的专业化、警察职能的扩张化、警察专业的广泛化、警察勤务的科学化、警务类别的多元化趋势。

一、监狱人民警察警务保障特征

监狱人民警察警务保障是对监狱人民警察警务活动的保障，即政府、社会和公民为监狱机关能够实现法定职能，监狱人民警察能够依法履行法定职责所提供的一切必要条件和支持活动的总称。监狱人民警察承担着国家刑罚执行的重要使命，履行惩罚改造罪犯、预防和减少犯罪的神圣职责，从事的警务活动非常复杂。从罪犯收监到释放，从罪犯监管到处遇，从罪犯惩罚到权益保护，从罪犯处罚到教育，从服刑人员到守法公民，都需要国家和政府提供大力的保障，否则，监狱的职能和功能就失去作用或者无从发挥。

监狱人民警察的警务保障是一项复杂的系统工作，保证着监狱人民警察警务活动的正常进行，它具有以下特征：

（一）保障对象的特殊性

警务保障的对象是人民警察，而作为保障对象的监狱人民警察具有特殊性。监狱人民警察是人民警察中的特殊警种，代表国家依法行使刑罚执行权，其职责是惩罚和改造罪犯、预防和减少犯罪行为发生，各类保障必须围绕这一神圣职责提供。

（二）保障主体的专门性

警务保障的主体是指与人民警察警务活动有关的组织和个人；监狱人民警察保障的主体是与监狱人民警察警务活动有关的监狱主管部门（包括司法部、厅、局、监狱管理局）、驻狱武警部队、公安部门、当地人民政府、社区街道及相关社会保障部门等专门部门。

（三）保障客体的特定性

警务保障的客体是警察机关和人民警察依法执行职务的行为；监狱人民警察保障的客体是监狱人民警察依法惩罚改造罪犯的行为，具体体现为监狱人民警察的权利义务，这些权利义务是法定的，具有特定性，不能任意扩大，也不能随意缩小。

（四）保障目的的明确性

警务保障的目的是保障警察机关和人民警察依法有效发挥警察的作用，实现国家机器的职能。监狱人民警察保障的目的比较明确，从理论上讲就是在保障作为国家机器的监狱良性运转的基础上能够顺利实现行刑目的。这种运转取决于代表监狱行使刑罚执行权的实践主体——监狱人民警察的"操作"，只有正确的操作才能使机器有效运转，因此保障监狱人民警察的目的就比较清晰。

（五）保障内容的全面性

警务保障的内容涉及方方面面，监狱人民警察保障的内容更为具体，不但包括政治保障、制度保障、资源保障，还包括权益保障，以使保障工作与监狱人民警察警务活动的实际需要相适应。

二、监狱人民警察警务保障功能

建立完善的监狱人民警察警务保障体系对国家、社会、群众、监狱机关和监狱人民警察都具有重要的作用和功能。具体而言，其主要功能可以概括为以下四个方面：

（一）国家保护功能

国家保护功能是指国家对推动监狱监管改造功能的实现所发挥的效能。监狱的监管改造工作实质上是监狱机关及其人民警察为实现国家法治建设的目标，代表国家而实施的警务活动。因此，监狱人民警察警务保障必然体现国家保障的基本特性，具有国家保护的功能。总体而言，该功能应当贯穿于保障的全过程，涉及保障的各个方面。国家保护功能的具体发挥主要通过两种方式：一是通过国家立法对监狱人民警察警务保障的法律地位以及具体内容和形式加以规定，使各社会主体明确其履行警务保障的责任和义务；二是通过国家和各级政府实施的警务保障措施和手段，保证监狱人民警察职务活动的有效开展，以国家保障为后盾，从而使监狱机关及其人民警察增强执法信心，消除后顾之忧，认真履行监管改造的工作职责。

（二）群众参与功能

忠于人民，全心全意为人民服务，保护人民群众的合法权益，是我国监狱机关及其人民警察的根本宗旨。监狱监管改造工作与人民群众的利益息息相关，实行狱务公开，人民群众依法参与监管改造工作，是现代监狱工作的基本趋势。监管改造工作离不开人民群众的支持、协助，反映了监狱人民警察警务保障具有人民群众参与实施的功能，其是监狱人民警察警务保障的一项不可缺少的内容。这一功能对于发挥公民和其他社会组织在监狱人民警察警务保障中的参与作用，特别是对于树立公民和组织支持和协助监狱人民警察依法履职，形成监管改造工作良好的外部保障环境，有着不可低估的作用。

（三）排除妨碍功能

监管改造是监狱机关及其人民警察的执法活动，对妨害监管改造工作的各种情况，需要依法采取措施加以制止、排除，具有杜绝功能。如果缺少这种功能，就可能出现执法过程中的偏差与失误，或发生不执行、错误执行或拖延执行职务的情况；或出现指派监狱人民警察从事非职责范围的工作，使其承担超越法定范围的非警务活动。比如，有些地方政府曾经指派监狱人民警察参与生产经营、市政建设等活动。因此，监狱人民警察警务保障规定对于抵制和拒绝非警务活动，排除对监管改造工作的干扰和影响，使监狱机关及其人民警察集中精力做好本职工作，保证监管改造工作的正确性、有效性和权威性，有效实现监狱监管改造的各项职能，是十分必要的。

（四）有效激励功能

监狱人民警察警务保障的重要目的之一，就是调动监狱机关及其人民警察的工作积极性和敬业精神，使他们尽职尽责，积极主动地完成任务。我国《人民警察法》《监狱法》对监狱机关的经费、装备、设施建设，以及对监狱人民警察身份权益方面均作出了保障规定，其意义不仅仅是明确地使监狱监管改造职能有了坚实可靠的物质基础，使监狱人民警察的工作需要、生活需要有了法律上的保障，更重要的是，使监狱人民警察体会到了职业荣誉感和社会责任感。同时，合理的、较为优厚的物质利益保障条件，对促进监狱人民警察廉洁自律、严格执法，激励工作热情，提高工作效率，调动其工作的主动性、创造性有着重要作用。

学习任务二　监狱人民警察警务保障的目标与要求

一、监狱人民警察警务保障目标

目标是指根据组织的使命而提出的组织在一定时期内所要达到的预期成果，是使命的具体化。监狱人民警察的警务保障是围绕着监狱机关和人民警察依法有效发挥警察的作用，实现国家机器的职能来展开的。具体来说，当前加强和完善警务保障工作要围绕以下三个方面的目标予以进行：

（一）保证监狱人民警察有效完成国家赋予的职责使命

监狱人民警察的性质、特点和任务，决定了国家必须从各个方面保证监狱人民警察能够有条件、有效地完成各项任务。监狱人民警察是国家政权的重要组成部分，是人民民主专政的重要工具之一。监狱人民警察是国家刑罚意志的忠实执行者，必须根据国家的法律法规，代表国家行使刑罚执行权力，承担惩罚改造罪犯、预防和减少犯罪，以维护国家安全、社会稳定和保障人民合法权益不受侵犯的重要任务。因此，国家必须以强大的力量去维持和保护监狱人民警察依法执行警务。只有这样，才能有效地保证监狱人民警察圆满地完成国家赋予的各项任务。有一个时期，由于监狱经费保障的不足，监狱人民警察福利待遇水平相对较低，许多监狱单位不得不以唯生产经营效益为本来保证监狱的运行，直接影响了罪犯改造工作的质量，国家刑罚执行目标难以有效实现。

（二）保障监狱人民警察的合法权益，提升监狱人民警察依法行政的自觉性

当代中国，随着全面建成小康社会和国家经济社会各项事业的发展进步，人民群众对于公平正义的期待和追求越来越高，人民警察承载了全社会很高的期望，但由于

保障不及时、不到位，我国人民警察成为和平时期为公众利益牺牲最多的一个群体。长期以来，监狱人民警察因其行业的特殊性和历史原因，大多工作、战斗在远离城市的边远地区，默默无闻，守卫着"火山口""炸药库"，用青春、健康甚至生命履行着使命，为保护人民群众根本利益和维护社会和谐稳定做出了重大贡献。近年来，我国对作为监管对象的罪犯权益保障方面有了长足的进步，但在监狱人民警察的权益和保障方面相对比较落后，在立法和制度层面出现义务性、禁止性的要求多，而权利性、保障性的要求较少的现状。因此保障监狱人民警察的合法权益，保障监狱人民警察依法行使职权时的执法强制属性以及不容侵犯的个人正当权益，具有十分重要的现实意义。

（三）促成和推动监狱人民警察警务活动的开展

警务活动的开展同任何事物一样，一方面要有其内在的根据，即警察机关和警察人员自身具有完成法定任务与职责的素质和能力；另一方面，要使警务能够正常的开展和取得应有的成效，必须要有外部条件的支持和保障。监狱人民警察的警务保障有利于监狱人民警察依法执行警务活动。比如，随着国家经济发展方式的转变，监狱生产面临着大的布局调整和产业调整，大多数监狱单位罪犯开始从事劳务加工，监狱生产的现场管理变得更加重要，由于监狱技术装备保障的不到位，每年都会发生罪犯脱逃等重大恶性事故，严重影响了监狱人民警察的警务执法活动。这些问题亟待国家对于监狱保障的到位。

二、监狱人民警察警务保障要求

监狱人民警察警务保障的目的是保障监狱机关和监狱人民警察更好地实现国家机器的职能与作用，能够依法行使职权，全心全意为人民服务。监狱人民警察警务保障属于行使国家公共权力的活动，这就决定了监狱人民警察警务保障活动必须符合依法保障、科学高效、基层优先、有效监督四个方面的要求。

（一）依法保障

监狱机关是政府的一个重要职能部门，其特殊的性质和职责决定了其法定职能的有效实现，需要国家从立法上对监狱人民警察警务保障的职能、内容、形式和程序加以确认。监狱人民警察警务保障工作的开展也必须严格按照法律的规定依法进行。具体而言，依法保障需要从以下几个方面进行：

1. 我国的法律法规对监狱人民警察警务保障的实施作出了一些原则性的规定，这就要求我们通过完善的立法，科学地设定警务保障的各项标准，从而保证警务保障有法可依，权责明确，各项资源配置合理。《人民警察法》对警务保障的原则、措施和条件等作了明确的规定。《监狱法》第 5 条规定，监狱的人民警察依法管理监狱、执行刑罚、对罪犯进行教育改造等活动，受法律保护；第 8 条规定，国家保障监狱改造罪犯所需经费。监狱的人民警察经费、罪犯改造经费、罪犯生活费、狱政设施经费及其他专项经费，列入国家预算。国家提供罪犯劳动必需的生产设施和生产经费；等等。

2. 在有法可依的前提下，监狱人民警察警务保障工作应严格做到有法必依，真正按照法定标准和法定程序科学配置各种资源。依法履行监狱人民警察警务保障职能的组织和个人，都应该严格按照法律规定的内容和程序开展警务保障工作。一方面，负责管理和配置各项警务资源的组织和个人，有义务妥善管理并合理利用警务资源，积极主动地开展监狱人民警察警务保障工作；另一方面，其他组织和个人都有义务配合和支持监狱人民警察的执法活动。

3. 任何组织和个人如果违反了监狱人民警察警务保障相关法律法规，应依法追究其责任。一方面，负责管理和配置警务资源的组织和个人不得违反程序乱作为，不得消极怠工、敷衍塞责不作为，更不得贪污腐败、中饱私囊、浪费资源；否则，将会受到相应的党纪政纪处分，甚至因为触犯法律而受到法律的严惩。另一方面，拒不配合或妨碍监狱人民警察执法活动的组织和个人也应受到相应制裁。

（二）科学高效保障

科学高效保障要求在开展监狱人民警察警务保障工作时，应该按照监管改造工作的实际需要，科学合理地配置各类警务资源，在提高警务保障活动质量的同时，尽可能地降低警务保障的成本，实现警务保障活动较高的效率、效益和效能。具体而言，科学高效保障主要要求做到以下几个方面：

1. 科学配置监狱人民警察人力资源。监狱人民警察人力资源，主要包括监狱人民警察人力资源的数量、素质、结构三个方面。总体而言，与日益增加的监管改造工作压力相比，我国监狱人民警察的数量有待增加，素质有待提升，结构有待优化。这就要求监狱人民警察人力资源需科学计算配置，综合各种因素，科学周密计算，以求最佳配置、最佳效果，发挥监狱人民警察人力资源的最大效能。

2. 科学预算监管改造经费。经费保障是监狱人民警察警务保障的基础。因此，要做到监管改造经费的科学预算才能实现有力保障的目标。首先，监狱机关的正常办公经费应当由财政部门进行科学预算，监督使用；其次，监狱监管改造工作经费应当根据监管改造工作的实际情况，提供强有力的经费保障；最后，监狱人民警察的工资、福利、抚恤等应与社会经济发展水平相适应，并适当体现出"从优待警"，做到稳中有升。

3. 科学配置监狱警务装备。监狱警务装备的现代化是监管改造的有力设备保障。因此，警务装备的科学配置要求与一个国家和地区的科技发展水平相适应，政府应组织研发先进的、科技含量高的警用产品和装备，并用来科学武装监狱人民警察队伍，以应对监管改造工作日益复杂化的挑战。

4. 科学规划监狱基础设施。《人民警察法》第38条规定，人民警察工作所必需的通讯、训练设施和交通、消防以及派出所、监管场所等基础设施建设，各级人民政府应当列入基本建设规划和城乡建设总体规划。《监狱法》第9条规定，监狱依法使用的土地、矿产资源和其他自然资源以及监狱的财产，受法律保护，任何组织或者个人不得侵占、破坏。因此，监狱基础设施建设要由各级政府依法进行科学规划。

（三）基层优先保障

监狱工作的压力主要集中在与罪犯直接接触的监管改造一线。与此同时，我国监狱人民警察，尤其是一线监狱人民警察警力不足，这种"人"与"事"之间的矛盾，加剧了监狱基层人民警察力量薄弱、不堪重负的状况。这种现状既造成基层监狱人民警察超负荷工作，影响到他们的身心健康，又会给基层监狱人民警察的工作绩效带来负面影响。因此，监狱人民警察警务保障工作的重点也应该向广大处于工作第一线的基层监狱人民警察倾斜，坚持服务基层一线，切实提升基层警务保障水平，着力夯实监狱事业长远发展的根基。监狱人民警察警务保障作为保障基层监狱人民警察安全的重要工作之一，不能有半点马虎和松懈，必须精确到位、切实有力。

（四）有效监督

监狱人民警察警务保障工作应严格做到有法必依，还要求警务资源的配置要公开、透明。具体地讲，就是各项资源配置的缘由、去向、利用效果等都应按照规定及时向权力机关及时主动汇报，同时按照狱务公开的要求向社会公布，接受全方位的监督，从根本上保证有限的警务资源能够真正配置到位，并合理利用，发挥出最佳效能。监狱人民警察警务保障的资源来自各级政府的财政转移支付，从宏观的角度来说，这些资源来自纳税人的支持。因此，监狱人民警察警务保障必须置于严格的监管和审计框架之下，对每笔资金、每批物资都要进行有效监督管控，既要保证会用钱，也要确保钱用得合法、合理。

学习任务三　监狱人民警察警务保障的基本内容

监狱人民警察警务活动，是监狱机关及监狱人民警察为实现国家管理的目标，代表国家而实施的管理活动。因此，监狱人民警察警务保障必然体现国家保障的特性，具有国家保护的功能。此功能应当贯穿于警务保障的全过程，涉及警务保障的各方面内容。

一、政治保障

（一）监狱人民警察警务保障中政治保障的内涵

监狱人民警察警务保障中的政治保障，指的是通过在监狱机关确立党的领导和开展思想政治教育等方法，保证监狱机关人民民主专政的阶级属性，保证监狱人民警察为人民服务的公仆性质。政治保障的核心是必须牢固确立中国共产党对监狱人民警察的绝对领导权。这一点，是由我国的国家性质、党的阶级性质和监狱人民警察的政治属性所决定的。在任何国家，警察都是阶级统治的工具，是维护阶级利益的国家暴力机器的重要组成部分。中国共产党是我国的执政党，是人民民主专政和社会主义建设事业的领导力量，全心全意为人民服务是其根本宗旨。这就决定了我国监狱人民警察必须是维护人民民主专政的武装力量，必须以全心全意为人民服务为宗旨。由此可见，中国共产党的阶级性质和我国监狱人民警察的政治属性具有一致性，二者统一于我国人民民主专政的国家性质，统一于全心全意为人民服务的根本宗旨。因此，必须确立中国共产党对监狱人民警察的绝对领导权。

（二）监狱人民警察警务保障中政治保障的主要内容

党的二十大报告把坚持和加强党中央集中统一领导作为党的建设第一项战略任务。党的领导主要体现在政治领导、组织领导和思想领导三个方面。与之相应的，监狱人民警察警务保障中的政治保障也包含以下三个方面内容。

1. 在监狱机关建立党委集体领导下的决策体制。党的十七届四中全会决定首次以中共中央的名义提出完善党委常委会议事规则和决策程序，党的十八大对此加以重申和确定。近年来，为了完善党的地方领导体制的工作机制，党的地方各级常委会陆续制定和颁布了地方党委常委会议事（决策）规则。同样，各级监狱机关也必须建立并严格执行党委会的议事规则和决策程序，在议事范围内的重大决策事项，必须由党委会集体讨论决定，任何个人或少数人无权作出决定。党委会在讨论决定重大事项时，要充分发扬民主，各党委委员充分发表个人意见，意见比较一致时，通过集体表决作出决定。在讨论干部人事任免等重要事项时，还应当实行票决。总的来说，在监狱机关建立党委集体领导下的决策体制必须严格贯彻落实民主集中制，将党委集体领导与行政首长负责制有机地结合起来。

2. 在监狱机关建立"党管干部"的用人机制。"党管干部"是我国公务员制度中区别于西方文官制度"政治中立"标准的一条重要原则，是我党干部工作的根本原则。它规定了干部工作的主体和体制，是党的领导在干部人事工作中的重要体现，是巩固党的执政地位、履行党的执政使命的重要保证。具体而言，在各级监狱机关中，选拔任用干部必须严格执行党制定的《党政领导干部选拔任用工作条例》等干部工作的路线、方针、政策；由各级党委管理和推荐重要干部，加强领导班子和干部队伍建设；党指导干部人事制度改革，改进"党管干部"方法，努力实现干部工作的制度化、规范化、科学化；加强党对干部人事工作的宏观管理和检查监督，保证干部工作的健康有序进行。

3. 在监狱机关开展思想政治教育工作。中国共产党的思想政治工作是以中国特色的马克思主义思想体系教育人民，动员人民为实现当前和长远的共产主义目标而奋斗的实践活动。党的二十大报告指出，坚持不懈用习近平新时代中国特色社会主义思想凝心铸魂，全面加强党的思想建设，加强理想信念教育，引导全党牢记党的宗旨，自觉做共产主义远大理想和中国特色社会主义共同理想的坚定信仰者和忠实实践者。监狱人民警察思想政治工作的责任主体是各级监狱机关的党组织，各级监狱机关党组织对本单位思想政治工作负有主体责任。其中，党委书记是第一责任人，领导及推动思想政治工作规划和举措的实施；其他党员领导干部对各自分管条线的监狱人民警察思想政治工作负指导责任。在各级监狱机关党委的统一领导下，由本单位政工部门承担思想政治工作主要责任。各级政治委员、政治教导员、政治指导员与各级政工部门的政治部（处）主任及机关各部门的政治协理员要负责在同级党组织的领导下和上级机关的指导下，组织开展各项思想政治工作。在实际工作中，较为常见的思想政治工作方法包括组织集体学习、召开民主生活会、个别谈话、组织红色教育或警示教育、各级评选表彰优秀监狱人民警察等。

二、制度保障

（一）监狱人民警察警务保障中制度保障的内涵

监狱人民警察警务保障中的制度保障，指的是国家通过完善监狱人民警察相关立法，使监狱机关履行职能，监狱人民警察执法行为有明确的法律依据，并排除非法干扰，保证社会协助，以保证监管改造各项活动的正常秩序和顺利开展。

监狱人民警察的制度保障为监狱机关履行职能和监狱人民警察的执法行为提供明

确的法律依据，也保证监狱机关履行职能和监狱人民警察执法行为的规范性，这也是对监狱人民警察的一种保护；同时，对非法干扰监狱人民警察执法的组织和个人进行惩戒，为监狱机关和监狱人民警履行职能创造良好的社会法律制度环境。

（二）监狱人民警察警务保障中制度保障的主要内容

1. 确保依法履职。《人民警察法》第1条开宗明义：为了……保障人民警察依法行使职权……制定本法；第5条规定："人民警察依法执行职务，受法律保护。"《监狱法》第12条第2款规定："监狱的管理人员是人民警察"；第5条规定："监狱的人民警察依法管理监狱、执行刑罚、对罪犯进行教育改造等活动，受法律保护。"这些规定是监狱人民警察执法活动的基本原则和警务法律保障的根据，既保证了监狱人民警察管理罪犯有法可依，依法管理，又保证了监狱人民警察正常行使职权能够受到法律的保护。监狱人民警察依法履行职务受法律保护包括以下两层含义：

（1）监狱人民警察依法履行职务，受法律保护，即只要监狱人民警察依法履行职务，就受法律保护，无论其执法行为的后果如何。但是，要受到法律保护，监狱人民警察的行为必须符合三个条件：执行警务的主体必须是法定的监狱人民警察；监狱人民警察警务行为必须符合法律规定和法定程序；监狱人民警察的警务活动必须在职权范围内进行。只有以上三个条件同时具备的行为才是合法的、受法律保护的警务行为。

（2）监狱人民警察依法履行职务是一种职务行为。监狱人民警察依法履行职责、行使职权的行为是代表国家行使的，是监狱机关的行为，而不是代表个人行使的个人行为，因此，其行为的后果应由该监狱人民警察所在的监狱机关承担。监狱人民警察执行公务活动，必须在法律、法规规定的职责、职权范围内进行。《监狱法》规定，监狱人民警察履行的职责有：依法执行刑罚，惩罚罪犯；依法对监狱实施管理；对罪犯进行教育改造；组织罪犯进行生产劳动；对未成年犯进行特殊的教育改造；法律、法规规定的监狱及其人民警察的其他职责。法律法规未规定或超出法律法规规定范围的活动是违法的，不受法律保护。

2. 保证警令畅通。所谓警令，是指上级人民警察机关对下级人民警察机关、上级人民警察对下级人民警察发出的执行警务的指令。由于我国警察机关实行双重领导体制，在受到上级警察机关业务领导的同时，也属于地方人民政府的职能部门，需要服从地方人民政府的政令，即地方人民政府对人民警察发出的法令。因此，广义的警令也包括政令。确保警令畅通，是指保证警令政令能够以较高的效率传达并得到贯彻实施的具体制度安排。具体而言，保证监狱人民警察警令畅通的相关法律规定主要体现在以下方面：

（1）监狱人民警察必须服从命令、听从指挥。《人民警察法》第32条第1款规定："人民警察必须执行上级的决定和命令。"这是警察职务关系所确定的一项法定义务，作为监狱人民警察也必须履行该项义务，这是由监狱人民警察的性质、任务和工作特点决定的。该规定明确了监狱人民警察的指挥关系，可以制止违抗上级命令的行为或制止不执行上级决定的情况，确保令行禁止，防止工作拖拉，提高工作效率，体现了执行上级警令的严肃性和权威性。这里的"上级"是指根据行政职务和警衔的高低区分上级和下级。行政职务和警衔高的为上级、低的为下级。在不清楚行政职务时，警衔高的为上级、低的为下级。这里的"决定"和"命令"是指由各级人民政府或者监狱机关就重要事项或者重大行动作出部署的制约性指令。监狱人民警察对上级的决定和命令的执行是无条件的、强制性的。

(2) 监狱人民警察对上级命令有异议权。监狱人民警察服从上级的决定和命令虽是一项法定义务,但这种服从不是盲目的。《人民警察法》第32条第2款规定:"人民警察认为决定和命令有错误的,可以按照规定提出意见,但不得中止或者改变决定和命令的执行;提出的意见不被采纳时,必须服从决定和命令;执行决定和命令的后果由作出决定和命令的上级负责。"监狱人民警察可以按照规定对自己认为存在错误的上级的决定和命令提出意见,这是法律赋予他们的异议权,这样做有利于及时发现和纠正错误,防止造成不良影响和不应有的损失。决定和命令是否真正存在错误,这仅是监狱人民警察的主观认识,因此,异议必须按照法定程序提出。提出异议的同时,决定和命令仍应不折不扣地执行,不得中止或改变。

(3) 监狱人民警察有权拒绝执行超越其职责范围的指令。《人民警察法》第33条规定:"人民警察对超越法律、法规规定的人民警察职责范围的指令,有权拒绝执行,并同时向上级机关报告。"这是对警察职务服从范围的界定,主要是针对政府和其他机关或个人对监狱人民警察职务所进行的非法干涉。监狱人民警察职务服从的范围仅限于法律法规规定的警察职责范围,对于超出其职责范围的指令,其有权拒绝执行。

实践中,超出监狱人民警察职责范围的指令主要有以下两种情形:一是监狱人民警察上级作出的指令,主要包括上级司法机关和上级警务人员作出的指令。如上级作出的超出其管辖范围的指令、违反法定程序的指令等。二是其他非警察部门和非警务人员作出的指令,这里主要指各级人民政府及政府部门和领导人员作出的指令。对于这些超越其职责范围的指令,监狱人民警察有权拒绝执行,同时,应当向其所属的上级机关报告。

3. 排除非法干扰。排除非法干扰指的是依法消除以各种方式阻挠、限制监狱人民警察依法履行职责的因素。《人民警察法》第35条规定,拒绝或者阻碍人民警察依法执行职务,有下列行为之一的,给予治安管理处罚:①公然侮辱正在执行职务的人民警察的;②阻碍人民警察调查取证的;③拒绝或者阻碍人民警察执行追捕、搜查、救险等任务进入有关住所、场所的;④对执行救人、救险、追捕、警卫等紧急任务的警车故意设置障碍的;⑤有拒绝或者阻碍人民警察执行职务的其他行为的;⑥以暴力、威胁方法实施前款规定的行为,构成犯罪的,依法追究刑事责任。《监狱法》第58条规定,"辱骂或者殴打人民警察"的罪犯,监狱可以给予警告、记过或者禁闭等行政处罚,直至依法追究行为人的刑事责任。按照这些规定:

(1) 任何组织和个人都不得以任何理由非法干涉监狱人民警察依法执行职务。这里的"任何组织和个人"是指国家、社会和政府、政党的各种组织和个人;这里的"干涉"是指通过各种方式阻挠和限制人民警察的正常执法活动,阻挠和限制的方式可能有网络舆论压迫、利益输送、人情感化、权力压迫等。

(2) 对干涉或者阻碍监狱人民警察依法执行职务的,或对监狱人民警察依法执行职务行为进行威胁、打击报复的,要依法追究其法律责任。领导干部干预监狱人民警察依法履职、插手监管改造工作的，党委政法委按程序报经批准后予以通报，必要时可以向社会公开，并依法追究其党纪政纪责任直至法律责任。

（3）要求监狱人民警察对干预执法办案活动、插手具体案件处理的情况进行全面、如实地记录，做到全程留痕，有据可查；对如实记录干预执法办案活动，插手具体案件处理情况的监狱人民警察，要给予法律和组织的保护。

4. 获得社会协助。我国《宪法》明确规定，"中华人民共和国的一切权力属于人民""中华人民共和国公民有维护祖国的安全、荣誉和利益的义务""人民依照法律规定，通过各种途径和形式，管理国家事务，管理经济和文化事业，管理社会事务"。加强警民联系是监狱工作长期坚持群众路线的具体实践，体现了执法工作中一贯实行的专门机关与群众路线相结合的原则，要求监狱人民警察必须同人民群众保持密切的联系。人民群众既是社会发展的基本力量，又是警察活动的重要保障。监狱人民警察的执法活动，不仅需要自身有良好的素质，还需要有一个民主法治和谐的社会环境，更需要人民群众的积极支持和协助。具体而言，法律对监狱人民警察依法获得行为协助的规定主要有：

（1）公民和组织有义务支持和协助监狱人民警察依法执行职务。警察的工作职责正是为了维护公民和组织的权利和利益，保护公民和组织的合法权益和生命财产安全免受不法分子侵害。公民和组织对于人民警察依法执行职务的行为给予支持和协助，归根结底还是维护其自身利益。《人民警察法》第34条第1款规定："人民警察依法执行职务，公民和组织应当给予支持和协助"。《监狱法》第44条规定："监区、作业区周围的机关、团体、企业事业单位和基层组织，应当协助监狱做好安全警戒工作"；第68条规定："国家机关、社会团体、部队、企业事业单位和社会各界人士以及罪犯的亲属，应当协助监狱做好对罪犯的教育改造工作。"这些规定都是为了维护法律的尊严，切实保障监狱人民警察公务活动的正常进行。由此可见，支持和协助警察依法执行职务，是公民和组织应尽的义务。监狱人民警察依法执行职务需要有关部门和其他社会主体的支持和协助，需要得到广大人民群众的支持和协助，这是监狱人民警察依法执行职务的基础和保证。通过法律的方式确认公民和组织支持和协助监狱人民警察依法执行职务的这个义务，再次体现了国家对监狱人民警察执行职务的有力保障。

公民和组织支持和协助监狱人民警察依法执行职务，具体内容比较广泛，包括物质上的支持和协助，如为警务活动提供交通工具、通信工具设施等；也包括精神上的鼓励与支持，如通过舆论弘扬正气、在道义上提供帮助等；还包括行为上的支持和协助，即当监狱人民警察执行职务需要支持和协助时，应挺身而出，以自己的实际行动提供帮助，如为监狱人民警察提供人力、物力帮助，提供抓捕逃犯的线索等。

（2）公民和组织协助人民警察依法执行职务的行为受法律保护。《人民警察法》第34条规定："公民和组织协助人民警察依法执行职务的行为受法律保护。对协助人民警察执行职务有显著成绩的，给予表彰和奖励。公民和组织因协助人民警察执行职务，造成人身伤亡或者财产损失的，应当按照国家有关规定给予抚恤或者补偿"。协助人民警察依法执行职务的行为是正当行为，符合法律的规定，因此而产生的后果不受法律追究。同时，任何人对公民和组织的协助行为不得非法干涉，更不允许进行威胁、报复，否则，将追究其法律责任，以保障支持和协助人员的安全。为了充分调动人民群众同违法犯罪行为作斗争的积极性，鼓励和提倡人民群众在警察遇到困难或有危难需要救助时挺身而出，对协助人民警察执行职务取得显著成绩者给予表彰和奖励，对见义勇为的先进事迹给予大力宣传，授予荣誉称号，予以表彰和奖励。这是对协助监狱人民警察依法执行职务行为的肯定性的社会评价，是国家给予公民和组织的荣誉，具有积极的舆论导向作用。同时，公民和组织在协助监狱人民警察依法执行职务过程中，难免会造成一定的人身伤亡和财产损失，理应得到国家相应的抚恤或者补偿。否则，不利于保护和加强人民群众协助人民警察依法执行职务的积极性。

（3）拒绝、阻碍监狱人民警察依法执行职务的行为，要承担相应的法律责任。《人民警察法》第35条规定，对拒绝或者阻碍人民警察依法执行职务的行为，给予治安管理处罚或依法追究刑事责任。给予治安管理处罚的行为包括：①公然侮辱正在执行职务的人民警察的行为。"公然侮辱"是指使用语言、文字图画、动作或者其他方法公开侮辱正在执行职务的人民警察的人格的行为。②阻碍人民警察调查取证的行为。调查取证是人民警察的一项重要工作，是执行职务的重要组成部分。对于监狱人民警察来说，当罪犯出现违法违纪行为时，经常需要调查取证，以查清事实，正确认定案件。阻碍人民警察调查取证，就会妨碍案件的正确认定和处理。③拒绝或者阻碍人民警察执行追捕、搜查、救险等任务进入有关住所、场所的行为。为了能及时抓捕违法犯罪分子，查获证据，法律赋予人民警察进入有关住所、场所的权力，任何人不得阻碍或拒绝。④对执行救人、救险、追捕、警卫等紧急任务的警车故意设置障碍的行为。"设置障碍"是指设置路障、进行拦截等，使警车无法行驶，从而达到阻碍人民警察依法执行职务的目的。⑤有拒绝或者阻碍人民警察执行职务的其他行为。以暴力、威胁方法实施上述规定的行为，构成犯罪的，依法追究刑事责任。上述规定同样适用于拒绝或者阻碍监狱人民警察依法执行职务行为时应当承担的法律责任。

5. 对监狱人民警察身份标志的保护。按照法律规定，监狱人民警察的警用标志、制式服装和警械、证件受法律保护。具体包括：

（1）监狱人民警察的警用标志是监狱人民警察身份的标志。《人民警察法》第36条第1款规定，人民警察的警用标志、制式服装和警械，由国务院公安部门统一监制，会同其他有关国家机关管理，其他个人和组织不得非法制造、贩卖。监狱人民警察的警用标志、制式服装和警械是监狱人民警察的身份标志，也是法治统一的象征，这些专用物品的制造、管理、持有使用资格的规定，是监狱人民警察依法执行职务权威性的法律保证。

（2）警用标志、制式服装、警械、证件，不得非法佩戴和使用。根据《人民警察法》第36条第2款的规定，人民警察的警用标志、制式服装、警械、证件为人民警察专用，其他个人和组织不得持有和使用。监狱人民警察的警用标志、制式服装、警械、证件只有国家正式在编的监狱人民警察才能使用和持有，禁止任何其他组织和个人制造、非法持有和使用这些警察专属物品。此种规定，对维护监狱人民警察良好形象具有重要作用。同时，有利于人民群众进行监督，保证执法质量。

（3）对非法制造、贩卖、持有、使用人民警察警用标志、制式服装、警械、证件予以处罚。《人民警察法》第 36 条第 3 款规定，如非法制造、贩卖、持有、使用人民警察警用标志、制式服装、警械、证件的，由公安机关没收这些警察专属物品，处 15 日以下拘留或者警告，可以并处违法所得 5 倍以下的罚款；构成犯罪的，依法追究刑事责任。此规定，亦适用于对监狱人民警察身份标志的保护。

（4）授予中国人民警察队伍"中国人民警察警旗"。2020 年 8 月 26 日，经党中央批准，中国人民警察警旗式样确定，中国人民警察警旗授旗仪式在人民大会堂举行。中共中央总书记、国家主席、中央军委主席习近平向中国人民警察队伍授旗并致训词。警旗旗面由红蓝两色组成，红色为主色调，长方形，警徽居旗帜左上角。红色体现党对人民警察队伍的绝对领导、全面领导，彰显人民警察队伍绝对忠诚、绝对纯洁、绝对可靠的政治本色；蓝色凸显人民警察的职业特征，代表人民警察对平安的守护。警旗是人民警察队伍的重要标志，是人民警察荣誉、责任和使命的象征。确定中国人民警察警旗，对于深入推进监狱人民警察队伍革命化、正规化、专业化、职业化建设，激励监狱人民警察忠实履行党和人民赋予的新时代使命任务具有重要意义。至此，我国形成了包括警徽、入警誓词、警歌、警察节、警旗在内的监狱人民警察荣誉制度和标志体系。

三、资源保障

资源保障是指国家为保证人民警察职能的履行，提供或者配置与警务活动相匹配的物质力量或者条件，主要包括经费保障、基础设施保障、技术装备保障和信息保障等。资源保障是监管改造工作顺利开展的先决条件，是影响监管改造效果的基础性因素之一。随着社会的发展、科技的变化，监狱人民警察工作面临巨大的压力与挑战。仅以狱内在押犯构成来看，传统的财产型犯罪呈上升的趋势，占据了犯罪构成的绝大多数；涉毒、涉黑、涉恶、涉高科技犯罪、跨国犯罪及职务犯罪等在绝对数量上有所增加，且这些在押犯的情况复杂，主观恶性较深，社会危害性较大，增加了监狱的危险性和安全防范的难度，也加剧了监狱人民警察改造罪犯的难度。这就要求监狱人民警察的技术装备必须现代化，基础设施及相应经费必须得到保障，以便能够迅速、有效地打击违法犯罪活动，用科学手段监管改造罪犯，提高改造质量。

（一）监狱人民警察经费保障

监狱人民警察经费保障是指国家为保证监狱人民警察依法履职，根据事权划分及实际需要，通过财政提供监管改造活动所需的资金和费用。任何一项警务活动的开展都需要花费一定的资金和费用。由于监狱监管改造活动具有行使国家公共权力的性质，并且是为了维护国家安全和社会公共利益、保护人民生命财产安全之目的展开，因此需要国家财政资金的有力保障。如果监狱监管改造经费得不到及时的保障，不但会阻碍监狱工作的顺利开展，还可能导致在监管改造中出现"权力寻租"的腐败现象。经费保障是监狱人民警察警务保障中不可或缺的基础性重要组成部分。监狱人民警察经费保障主要有以下的内容：

1. 监狱人民警察经费保障的法律依据。《人民警察法》第 37 条规定："国家保障人民警察的经费。人民警察的经费，按照事权划分的原则，分别列入中央和地方的财政预算。"本规定主要从以下三个方面理解：①人民警察的经费由国家承担；②人民警察的经费列入中央和地方的财政预算；③中央和地方具体承担经费的比例按照事权划分的原则来确定。所谓事权划分原则，是指按照承担警务活动的权限划分经费拨付的原则，即国家警务经费由中央政府财政部拨付，地方警务经费由地方政府财政部门拨付，承担国家警务和地方警务共同事项的，由中央政府和地方政府按比例拨付。

《监狱法》第8条规定："国家保障监狱改造罪犯所需经费。监狱的人民警察经费、罪犯改造经费、罪犯生活费、狱政设施经费及其他专项经费，列入国家预算。国家提供罪犯劳动必需的生产设施和生产经费。"以上规定为监狱人民警察的经费保障提供了法律依据。

2. 监狱人民警察经费保障的具体内容。具体而言，监狱人民警察经费保障包括以下几个方面：①监狱人民警察经费，是指监狱人民警察为履行其职务所需的各项经费，主要有工资、公务费、培训费、工勤人员经费等。②罪犯改造经费，是指监管、教育和劳动改造罪犯所需的经费。③罪犯生活费，是指保证罪犯基本生活所需的各项经费，包括伙食费、被服费、零用钱、医药费等。④狱政设施经费，是指监狱对罪犯进行实际劳动改造而组织的生产活动所需的各项经费，主要包括固定资产投资和流动资产投资。

（二）监狱基础设施保障

监狱基础设施，是指监狱为有效执行刑罚，确保监管改造安全而依法建造、设置和配备的建筑、器材、装置和用品等各种专用物品的总称。《人民警察法》第38条规定："人民警察工作所必需的通讯、训练设施和交通、消防以及派出所、监管场所等基础设施建设，各级人民政府应当列入基本建设规划和城乡建设总体规划。"监狱基础设施保障包含以下内容：

1. 监狱基础设施的建设。监狱基础设施的配置和使用，是监狱执法活动不可缺少的外部条件，为监狱人民警察顺利完成惩罚和改造罪犯的任务提供必要的物质基础和保证。因此，做好监狱基础设施的建设工作是十分重要的。监狱基础设施的建设需要资金的投入，这部分由国家保障，属于监狱基本建设投资，主要包括：①狱政基本建设投资，即监狱监舍、禁闭室、围墙等建设资金；②监狱办公设施投资，指监狱为有效地指挥、领导与管理罪犯而建设的办公楼、会议室、接待室、监控中心、通信中心等及其附属设施的投资；③特殊学校基本建设投资，指对罪犯进行法律、技术、文化知识教育的教学楼及其配套设施投资；④罪犯医院基本建设投资，指为建设罪犯医院包括特殊病犯（如精神病医院）所需要的房屋等建设物及其附属设施投资；⑤监狱人民警察宿舍投资，指为监狱人民警察居住、生活而建设、购置的房屋及其附属设施投资；⑥武装看押部队的营房投资，指为驻监狱武警部队建设房屋及其附属设施投资；⑦监狱人民警察训练设施、通信设施、交通设施等的投资也属于监狱基本建设投资的一部分。以上投资应列入国家或地方财政拨款计划，由相应的财政资金管理部门予以划拨。

2. 监狱基础设施的管理。监狱基础设施是开展监狱工作的基础，近几年，社会的迅猛发展、科技的不断进步，为监狱基础设施的完善和发展提供了机遇。现代化办公设施的使用、监管改造设施的建设、狱政管理设施的完善等，确实为监狱人民警察工作带来了很多便利条件，但也增加了管理的难度。因此，科学的管理和维护对设施的充分利用十分重要。具体要求有：①树立全局意识，重视建设规划。监狱基础设施建设固然重要，但要统筹安排，避免重复建设，充分利用监狱基本建设资金。②加强设施管理，提高使用效率。首先，进一步加强管理制度规范化。明确监狱基础设施的操作规程及管理办法，制定统一的管理标准。其次，落实岗位责任制。要求各部门积极主动地维护好各项监狱基础设施，使其处于良好的管理和使用状态，延长它们的使用寿命，最大限度地发挥其使用价值和积极功能。

（三）监狱人民警察的技术装备保障

监狱人民警察装备是监狱人民警察为了有效地对罪犯执行刑罚，防范和制止罪犯破坏活动，确保监狱安全而配备的警械、武器、交通与通信工具等各种专用器材的总称。它是监狱及监狱人民警察完成刑罚执行、惩罚犯罪活动所必需的基本物质技术装备，其范围主要包括武器、警械及从事指挥、追逃等工作的交通、通信设施。装备建设是监狱人民警察队伍实力的重要组成部分，是提高工作效率、增强队伍快速反应能力的物质基础。监狱装备和设施共同构成了监狱对罪犯实施惩罚和改造所必要的特殊的执法环境。它们对罪犯具有一种有形的威慑力，可以有效地制止罪犯脱逃及其他违反监规纪律现象的发生，同时，在控制罪犯的骚乱、暴动、越狱等突发事件和保证监狱人民警察、武装警察部队、罪犯以及其他人员的人身安全等方面都具有非常重要的意义。落实监狱人民警察装备保障时需要注意以下三点：

1. 监狱人民警察的装备是依法配备的装备。监狱人民警察装备具有明确的法定性，国家有关法律法规对监狱人民警察装备的种类、数量、配备对象、使用条件、管理办法等均有明确具体的规定。

2. 监狱人民警察装备有严格的使用条件。由国家专门机关统一监制，统一配发，统一管理，除人民警察依法配发和使用外，其他任何个人都不得随意制造、买卖和使用。即使是依法配备了装备的监狱人民警察，在使用装备时也必须严格按照现行法律法规的要求进行，尤其是对警械、武器的使用，法律规定了非常严格的条件。

3. 做好监狱人民警察装备的保障工作。警用装备的配备应当坚持保障必需、不断完善、实用高效、安全可靠的原则。《人民警察法》第 39 条规定："国家加强人民警察装备的现代化建设，努力推广、应用先进的科技成果。"这里所说的现代化是指通信装备现代化、指挥管理技术现代化、报警系统现代化等。根据这一规定，监狱机关应该根据社会经济和科学技术的发展进步，循序渐进地推进监狱装备设施的现代化。

（四）监狱人民警察信息保障

监狱人民警察信息保障是指通过配备专门的信息工作人员和信息设备，采用各种信息网络技术构建信息系统和平台，为监狱工作提供信息情报支持。其主要的功能活动包括对信息的搜集、存储、传递、处理、开发及利用等。由于信息化社会的长足发展和信息技术的不断提高，信息资源的重要性日益突出，信息保障对监管改造工作具有更加重要的意义。监狱人民警察信息保障具有以下三大部分内容：

1. 现代信息技术和装备的运用。现代信息技术包括大数据、云计算、物联网、"互联网+"、人工智能等；现代装备主要有通信设备、多媒体设备、监控设备、计算机和网络设备、门禁设施、指纹识别设备、人脸识别设备等。这些现代信息技术和装备，被广泛运用于罪犯监管改造、安全生产管理、监狱内部行政管理、监狱对外工作联系等活动过程中。

2. 建立一套高效的信息网络系统。具体指在完善的硬件装备设施基础上，建设以计算机情报信息网络为主的各种应用系统和各级各类网站。包括智慧办公系统、智慧改造系统（智慧安防系统、智慧教育矫正系统、阳光执法系统、基于大数据的帮教系统和狱务公开系统等）、智慧工厂系统（智慧生产系统、劳动技能培训系统、智能劳动报酬系统等）。同时，在保证信息安全的前提下，实现各信息系统的互联互通，建设统一的监管改造信息工作平台。

3. 建设一支专业化的信息工作队伍。具体指监狱系统自上而下的信息情报机构设置健全；信息工作人员队伍的数量满足监狱信息化建设的需求；从事信息工作的监狱人民警察专业对口，业务精熟，训练有素，熟练掌握各种现代化信息技术，熟练运用各类现代化信息装备和监控系统。

四、权益保障

监狱人民警察权益保障是指国家和政府给予监狱人民警察履行职务时依法享有的公民权利和利益保护。其主要内容包括组织权利保障、职业薪金保障、职业安全保障、职业优抚保障、职业免责保障等。监狱人民警察权益保障主要是对监狱人民警察个人及其亲属提供的各项保障措施。

（一）监狱人民警察组织权利保障

监狱人民警察组织权利保障主要是指对监狱人民警察参与国家政治生活和参与组织管理各项权利的保障。

1. 监狱人民警察的政治权利保障。监狱人民警察是具有警察职业身份的公民，因此同样享有宪法和法律规定的公民的政治权利。政治权利，是指公民依法享有的参与国家政治生活的权利。主要指选举权、被选举权，参加管理国家，担任公职和享受荣誉称号等权利。我国《宪法》规定，凡年满18周岁的公民，除依法被剥夺政治权利者外，都有选举权和被选举权。国家保障人民管理国家事务，管理经济和文化事业，管理社会事务，监督国家机关及其工作人员等权利。公民有言论、出版、集会、结社、游行、示威的自由。同时，规定公民对任何国家机关及其工作人员的违法失职行为有向有关机关进行申诉、控告或检举的权利。

2. 监狱人民警察的名誉权保障。《宪法》第38条规定："中华人民共和国公民的人格尊严不受侵犯。禁止用任何方法对公民进行侮辱、诽谤和诬告陷害。"第41条第1款规定："对于任何国家机关和国家工作人员的违法失职行为，有向有关国家机关提出申诉、控告或者检举的权利，但是不得捏造或者歪曲事实进行诬告陷害"。因此，监狱人民警察在履职过程中因职务行为受到侮辱和诽谤，或者被他人借检举之名侮辱、诽谤时，可以名誉权受损为由提起民事诉讼。

3. 监狱人民警察的退休权利保障。监狱人民警察的退休权利保障，是指保护监狱人民警察依法退休的权益。《宪法》第44条规定："国家依照法律规定实行企业事业组织的职工和国家机关工作人员的退休制度。退休人员的生活受到国家和社会的保障。"《公务员法》第92条规定："公务员达到国家规定的退休年龄或者完全丧失工作能力的，应当退休。"第 94 条规定："公务员退休后，享受国家规定的养老金和其他待遇，国家为其生活和健康提供必要的服务和帮助，鼓励发挥个人专长，参与社会发展。"按照上述规定，监狱人民警察同样依法享有退休的权利。

4. 监狱人民警察的绩效考核与奖励保障。

（1）监狱人民警察的绩效考核保障。监狱人民警察的绩效考核是监狱机关为了完成工作任务、提高工作效率，设计相应的考核标准和考核方法，对监狱人民警察的工作任务完成情况、履职情况以及职业发展情况进行评定，并将考核结论反馈给警员的整个过程。监狱人民警察的绩效考核保障就是对监狱人民警察的工作绩效能够进行客观公正评价的制度保障。当前，我国并没有统一的关于监狱人民警察绩效考核的指标体系，各地监狱机关根据实际情况制定了形式多样的绩效考核体系。从效果来看，能够对监狱人民警察的工作绩效进行客观、公正、公开的评价，对扭转监狱人民警察队伍中存在的工作倦怠、不积极、散漫等问题起到促进作用，能够调动监狱人民警察的工作积极性和创造力。但是，在考核方法以及程序等方面可能还存在一定的问题，比如考核指标是否科学全面、考核过程是否公平公正、考核结果是否得到运用等，都需要在实践中不断加以完善。

（2）监狱人民警察的奖励保障。监狱人民警察的奖励保障是指表现突出、有特殊贡献的监狱人民警察集体或个人，依法享有受到奖励的权益。《人民警察法》第 31 条规定："人民警察个人或者集体在工作中表现突出，有显著成绩和特殊贡献的，给予奖励。奖励分为：嘉奖、三等功、二等功、一等功、授予荣誉称号。对受奖励的人民警察，按照国家有关规定，可以提前晋升警衔，并给予一定的物质奖励。"按照此规定，对监狱人民警察的奖励分为个人奖励和集体奖励，监狱人民警察个人或者集体在工作中表现突出，有显著成绩和特殊贡献的，应该给予奖励。

5. 监狱人民警察的申诉权与控告权保障。监狱人民警察的申诉权与控告权是监狱人民警察依法享有的与职业相关的救济权利。

（1）监狱人民警察的申诉权。《公务员法》第 95 条规定，公务员对涉及本人的人事处理不服的，可以自知道该人事处理之日起 30 日内向原处理机关申请复核；对复核结果不服的，可以自接到复核决定之日起 15 日内，按照规定向同级公务员主管部门或者作出该人事处理的机关的上一级机关提出申诉；也可以不经复核，自知道该人事处理之日起 30 日内直接提出申诉。根据这一规定，监狱人民警察对国家行政机关作出的涉及本人权益的人事处理决定不服的，可以依法向原处理机关、同级公务员主管部门或上一级机关提出重新处理意见和要求。

（2）监狱人民警察的控告权。《公务员法》第 98 条规定，公务员认为机关及其领导人员侵犯其合法权益的，可以依法向上级机关或者监察机关提出控告。在合法权益受到国家行政机关及其他领导人员侵犯时，监狱人民警察可依照法律和法规提出控告。

（二）监狱人民警察职业薪金保障

监狱人民警察职业薪金保障，是指对监狱人民警察所付出的劳动和作出的贡献给予相应的工资、福利等待遇，包括监狱人民警察的工资、保险和福利。合理的工资福利待遇是监狱人民警察及其家庭生活的主要来源，是改善和提高他们生活水平的重要条件，可以调动监狱人民警察的工作积极性和主动性，树立职业责任感和荣誉感，还可以有效促进监狱人民警察清正廉洁。

1. 监狱人民警察的工资。《人民警察法》第 40 条规定："人民警察实行国家公务员的工资制度，并享受国家规定的警衔津贴和其他津贴、补贴以及保险福利待遇。"《公务员法》第 79 条规定："公务员实行国家统一规定的工资制度。公务员工资制度贯彻按劳分配的原则，体现工作职责、工作能力、工作实绩、资历等因素，保持不同领导职务、职级、级别之间的合理工资差距。国家建立公务员工资的正常增长机制"；第 80 条规定："公务员工资包括基本工资、津贴、补贴和奖金。公务员按照国家规定享受地区附加津贴、艰苦边远地区津贴、岗位津贴等津贴。公务员按照国家规定享受住房、医疗等补贴、补助。公务员在定期考核中被确定为优秀、称职的，按照国家规定享受年终奖金。公务员工资应当按时足额发放。"国家在制定监狱人民警察工资制度时，考虑到监狱人民警察工作的性质和特殊性，按照监狱人民警察工资略高于行政机关工作人员的思路，确认了监狱人民警察实行国家公务员工资和警衔工资相结合的工资制度。监狱人民警察的工资主要由以下几部分组成：

（1）基本工资。基本工资是指监狱人民警察的职务职级工资，它是按照大体维持监狱人民警察本人的基本生活而决定的。各职务层次、各级别的监狱人民警察执行相同的基础工资，有利于保障监狱人民警察及其家庭的基本生活。基本工资同时按照监狱人民警察的资历和能力确定。

（2）津贴工资。津贴是对监狱人民警察在特殊劳动条件下或工作环境下，付出额外劳动消耗和生活费用支出所给予的适当补偿，它是工资的一种表现形式，目的在于弥补监狱人民警察工资的不足，更好地贯彻公平合理的工资分配原则，充分调动监狱人民警察的工作积极性。津贴工资主要包括地区附加津贴、艰苦边远地区津贴、岗位津贴和警衔津贴等，其中，警衔津贴是国家的法定津贴，按照不同的警衔级别确定不同的标准，监狱人民警察根据自己的警衔，享受相应的津贴补助数额。警衔津贴是监狱人民警察工资的一种补充形式。

（3）补贴工资。补贴工资要考虑监狱人民警察的生活中应当支付的各项费用。由于受监狱人民警察工资水平的限制，可能增加监狱人民警察的生活负担，而由国家予以补助部分工资，主要包括住房补贴、医疗补助等。这部分工资随着社会经济发展阶段和市场的变化而变化。

（4）奖金。监狱人民警察在定期考核中被确定为优秀、称职的，按照国家规定享受年终奖金。这是按照监狱人民警察的工作成绩确定的一种工资形式，且为每年一次性发放。除此之外，监狱人民警察依法享有五险一金，即养老保险、医疗保险、失业保险、工伤保险、生育保险及住房公积金。五险一金将在监狱人民警察的月工资中代扣，由政府按照一定比例返还个人账户。

2. 监狱人民警察的福利待遇。监狱人民警察的福利是国家和单位为解决监狱人民警察生活方面的共同需要和特殊需要，对监狱人民警察所给予的经济上的帮助和生活上的照顾。根据《公务员法》第 82 条及相关法律的规定，监狱人民警察的福利主要包括：福利费制度、探亲制度、困难补助制度、取暖补助制度、交通费补贴制度、年休假和婚丧假等制度。实行监狱人民警察福利制度，有利于增强监狱人民警察队伍的吸引力，有利于解决监狱人民警察的后顾之忧，有利于提高监狱人民警察的工作积极性，有利于进一步促进监狱人民警察队伍的廉洁与稳定。福利与工资不同，它是根据需要和可能提供的，而工资则必须按照按劳分配的原则提供；福利有货币和实物等多种形式，而工资只采取货币形式。

（三）监狱人民警察职业优抚保障

1. 监狱人民警察因公受伤的治疗。根据我国《工伤保险条例》第三章关于工伤认定的有关规定，监狱人民警察因公受伤就是工伤，即监狱人民警察在工作时间和工作场所内，因工作原因受到事故伤害或者因履行工作职责受到暴力等意外伤害等，均应当被认定为工伤。监狱人民警察因公受伤后，医疗机构应当履行救治义务，该义务包括三点：一是无条件救治；二是及时救治；三是不得拒绝或者拖延。《护士管理办法》（已失效）第 21 条规定："遇紧急情况应及时通知医生并配合抢救，医生不在场时，护士应当采取力所能及的急救措施。"同时，医务人员职业道德规范规定，要"救死扶伤"。目前《人民警察法》中关于医疗机构救治因公受伤监狱人民警察义务的规定，还缺乏相应的操作细则和量化标准。

2. 监狱人民警察的抚恤、优待和保险保障。《人民警察法》第 41 条规定："人民警察因公致残的，与因公致残的现役军人享受国家同样的抚恤和优待。人民警察因公牺牲或者病故的，其家属与因公牺牲或者病故的现役军人家属享受国家同样的抚恤和优待。"做好人民警察的抚恤优待工作，激励人民警察的奉献精神，根据《人民警察法》和国家有关优抚法规、政策，2014 年 4 月 30 日，民政部、最高人民法院、最高人民检察院、教育部、公安部等联合发布《人民警察抚恤优待办法》。在司法部推动下，我国也为监狱戒毒人民警察建立了人身意外伤害保险制度，对于解决监狱人民警察后顾之忧，增强监狱人民警察队伍凝聚力和战斗力具有重要意义。

（1）监狱人民警察死亡的，根据死亡的性质确定为革命烈士、因公牺牲、病故三种情形。监狱人民警察死亡后，根据其死亡性质和本人死亡时的月工资标准，由县级以上人民政府民政部门发给其遗属一次性抚恤金，标准是：烈士，80 个月工资；因公牺牲，40 个月工资；病故，20 个月工资。对符合享受定期抚恤金条件的监狱人民警察遗属，由县级以上人民政府民政部门发给《定期抚恤金领取证》，定期抚恤金标准应当参照全国城乡居民家庭人均收入水平确定。

（2）监狱人民警察因公牺牲评定标准。根据《人民警察抚恤优待办法》第 10 条第 1 款的规定，人民警察死亡，符合下列情形之一的，确认为因公牺牲：①在执行任务或者在上下班途中，由于意外事件死亡的；②被认定为因战、因公致残后因旧伤复发死亡的；③因患职业病死亡的；④在执行任务中或者在工作岗位上因病猝然死亡，或者因医疗事故死亡的；⑤其他因公死亡的。

（3）监狱人民警察烈士评定标准。根据《人民警察抚恤优待办法》第 8 条的规定，人民警察死亡，符合下列情形之一的，评定为烈士：①在依法查处违法犯罪行为、执行国家安全工作任务、执行反恐怖任务和处置突发事件中牺牲的；②抢险救灾或者其他为了抢救、保护国家财产、集体财产、公民生命财产牺牲的；③在执行外交任务或者国家派遣的对外援助、维持国际和平任务中牺牲的；④在执行武器装备科研试验任务中牺牲的；⑤其他牺牲情节特别突出，堪为楷模的。人民警察在处置突发事件、执行边海防执勤或者抢险救灾任务中失踪，经法定程序宣告死亡的，按照烈士对待。获得荣誉称号（含死亡后追记、追认功勋）或者立功的监狱人民警察死亡后，其遗属在应当享受的一次性抚恤金的基础上，由县级以上人民政府民政部门按比例增发一次性抚恤金。

（4）监狱人民警察伤残等级评定标准。监狱人民警察伤残按照致残性质分为因战致残和因公致残。监狱人民警察因《人民警察抚恤优待办法》第8条第1款规定的情形之一导致伤残的，认定为因战致残；因第10条第1款规定的情形之一导致伤残的，认定为因公致残。《人民警察抚恤优待办法》第26条规定，伤残的等级，根据劳动功能障碍程度和生活自理障碍程度确定，由重到轻分为1~10级。伤残等级的具体评定标准，参照《军人残疾等级评定标准》执行。因战、因公致残，残疾等级被评定为1~10级的，享受抚恤；因病致残，残疾等级被评定为1~6级的，享受抚恤。残疾监狱人民警察的抚恤金标准应当参照全国职工平均工资水平确定。残疾抚恤金的标准以及1~10级残疾监狱人民警察享受残疾抚恤金的具体办法，按照国务院民政部门会同国务院财政部门作出的规定执行。残疾监狱人民警察享受与所在单位工伤人员同等的生活福利和医疗待遇，所在单位不得因其残疾将其辞退、解聘或者解除劳动关系。

3. 监狱人民警察近亲属受特别照顾和帮助的权利。规范和健全对监狱人民警察的优抚工作，更多地关心和爱护监狱人民警察及其家属，对规范监狱人民警察抚恤优待工作，提高监狱人民警察优抚保障水平，增强监狱人民警察的职业荣誉感、责任感具有重要意义。《人民警察抚恤优待办法》第12条规定，人民警察除了因患职业病死亡、在执行任务中或者在工作岗位上因病猝然死亡、或者医疗事故死亡之外，因其他疾病死亡的，确认为病故。人民警察非执行任务死亡，或者失踪经法定程序宣告死亡的，按照病故对待。根据上述规定，监狱人民警察因公牺牲、致残或者病故，其近亲属都会受到国家的特别照顾和帮助。这些照顾和帮助包括住房、医疗、教育和就业等多方面。例如，《烈士褒扬条例》第27条第1款规定，烈士的子女、兄弟姐妹本人自愿应征并且符合征兵条件的，优先批准其服现役；烈士的子女符合公务员考录条件的，在同等条件下优先录用。

思考练习

1. 请从网上或者书籍上收集关于监狱人民警察保障方面的案例或实例，分析其中涉及的监狱人民警察保障的类型和内容，说明其利弊，进行原因说明和对策分析。试着写不少于1500字的文章。

2. 思考监狱人民警察警务保障中与公安警察警务保障有哪些异同？其不同之处的原因何在？

3. "政治建警"是监狱人民警察警务保障中政治保障的依据所在，请回答为什么监狱人民警察警务保障中政治保障排在第一位？政治保障对于监狱人民警察的基本素养和要求体现了什么样的国家导向？

4. 从行刑社会化的角度谈谈警务保障社会化的必要性和可行性。

5. 监狱人民警察的权益保障的重要内容是"尽职免责",请结合监狱一线具体工作和相关热点案例,谈一谈该项内容在监狱人民警察保障中的重要性,试着回答如何进一步落实监狱人民警察的"尽职免责"。

思政园地

对党忠诚、服务人民、执法公正、纪律严明

2020年8月26日,习近平总书记向中国人民警察队伍授旗并致训词。他指出,长期以来,在党的领导下,我国人民警察牢记宗旨使命,忠诚履行职责,勇于担当作为,甘于牺牲奉献,为维护国家安全、社会稳定、人民利益作出了重大贡献。实践证明,我国人民警察是一支党和人民完全可以信赖的有坚强战斗力的队伍。习近平总书记对人民警察队伍提出4点要求——对党忠诚、服务人民、执法公正、纪律严明,为新时代人民警察队伍建设发展指明了前进方向、提供了根本遵循。

创新园地

拓展学习

警察职业主义的内容与要件[1]

在现代社会,将警察理解为一种职业,意味着支撑警察这一职业的下列诸项条件已经具备:①警察权力的合法性能够获得有力的理论辩护;②警务模式和警察专业技术建立在坚实的学理基础之上,警察因掌握常人所缺乏的一种通过学理支撑的技术而体现出专业权威;③警察权力及其专业技术对人类自由、安全秩序及利益维护具有极为重要的功能,这种功能无法为其他社会主体或国家权力单元所替代;④警察共同体的形成,共同体共享价值理念,并通过一套区别于大众伦理道德的行为和责任规范,以及一套专业技术规则,约束和评价共同体成员的行为,确定责任分担和荣誉授予方式;⑤稳定而丰厚的社会物质资源维持着警察共同体的收入和社会特权;⑥警察的非政治化局面形成,警察不再是为某个政治派别所掌控的社会控制力量,而是社会秩序的维护者、犯罪控制者和公共服务提供者,警察权力遵守着法律,服务于社会和民众。

---

[1] 参见韩德明:《警察职业化的理念要旨和制度历程》,载《中国人民公安大学学报(社会科学版)》2006年第1期。

学习模块五

监狱人民警察执法监督与违法追究

学习单元一 监狱人民警察执法监督

> 习近平在党的二十大报告中指出:"公正司法是维护社会公平正义的最后一道防线。深化司法体制综合配套改革,全面准确落实司法责任制,加快建设公正高效权威的社会主义司法制度,努力让人民群众在每一个司法案件中感受到公平正义。"
>
> 一、知识目标
> 1. 识记:监狱人民警察执法监督的特征、主体、内容。
> 2. 领会:违法追究的现状分析途径和完善途径。
>
> 二、能力目标
> 1. 简单应用:监狱人民警察执法监督的内容和完善手段。
> 2. 综合应用:执法监督的整体要求和未来发展。
>
> 三、素养目标
> 1. 通过学习执法监督的有关知识,增强廉政意识和法治观念。
> 2. 通过责任追究机制,建立底线意识,增强责任感。

案例导入

辽宁越狱事件追踪:两人越狱导致七名狱警被追责[1]

2018年10月3日夜间,辽宁省凌源市第三监狱发生越狱事件,两名重刑犯利用监管漏洞脱逃。其中一名脱逃罪犯张贵林,因抢劫罪被判处无期徒刑,曾犯过两次脱逃罪。另一名罪犯王磊因绑架罪被判处死缓,后被减为无期徒刑,2016年12月22日调入凌源第三监狱服刑。二人分别在2014年和2016年被调入凌源第三监狱服刑。

张贵林、王磊住在凌源第三监狱二监区四楼,二人住在同一监舍。逃脱前,张贵

---

[1]《辽宁越狱事件追踪:两人越狱导致七名狱警被追责》,载 https://www.cqcb.com/xindiaocha/redian/2023-03-17/5204419 pc.html,最后访问日期:2019年4月30日。

林私藏钢锯进入监舍，此后连续四个晚上，王磊在监舍的晾衣间内试图锯断窗户铁栅栏。

2018年10月3日22时许，二人锯断防护栏，从监舍四楼的晾衣房翻出，顺着消防通道防护栏到达地面。然后，二人翻越两道铁刺隔离网，潜入生产车间盗取食物、雨衣等。随后又撬开电工房，扛走屋内放置的梯子。5个小时后，二人翻围墙逃出监狱。

案发后，辽宁、河北两地出动大量警力抓捕，河北平泉警方执行围捕任务时发生交通事故，致2名辅警殉职、2名辅警受伤、警用车辆损毁。

2名罪犯在越狱58小时后相继被抓捕归案。此事轰动全国，案发2个月后，法院以脱逃罪将两名逃犯判刑，二人均执行无期徒刑，剥夺政治权利终身。

事发后，凌源第三监狱副监狱长李洋，监控员陈国伟、韩德彬，二监区负责人赵越，挂职二监区管教副监区长的王贯群，以及第三监狱二监区生产干事张宇、二监区分监区长谢子阳等，共计7人被追究刑事责任。这一系列监狱干警渎职案件于2019年4月陆续在沈阳市大东区法院开庭审理。根据公开信息查询，监控员陈国伟、韩德彬二人分别因犯失职致使在押人员脱逃罪，判处有期徒刑2年。

王贯群一案于2022年6月22日一审宣判。沈阳市大东区法院判决：王贯群身为司法工作人员，在履行公务过程中，未能正确、认真履行工作职责，未落实监狱安全管理等各项制度，致使2名被判处无期徒刑以上刑罚的罪犯脱逃。考量本案的具体案情，认定王贯群犯罪情节轻微，依法可不判处刑罚。决定判决王贯群犯玩忽职守罪，免予刑事处罚。

学习任务一　监狱人民警察执法监督的涵义和特征

一、监狱人民警察执法监督的含义

监狱人民警察执法监督，是指由法律授权的国家机关、社会团体以及群众对监狱人民警察执行职务，以及监狱机关内部对其工作人员执法活动和遵纪情况进行的监察、督促、检查，并对违法或不当行为实施纠正、补救或追究责任的一种法律行为。

"监督"一词，在《现代汉语词典》上的解释为"察看并督促"。对监狱人民警察执法实施监督的目的是提高执法效率、实现执法公正。尽管监狱人民警察执法监督的对象常常具体到各个层级的监狱人民警察，但实质上，监狱人民警察执法监督的内容是权力而非身份：执法监督的客体是各类监督主体行使的监督权所指向的执法权力，监狱人民警察不过是监督客体——执法权力人格化的承担者。同时，必要的监督程序是监狱人民警察执法监督权得以行使的保障，因此，进一步规范和完善各类执法监督权行使的程序，也是确保做好监狱人民警察执法监督工作的应有之义。

二、监狱人民警察执法监督的特征

监狱人民警察肩负着依法管理监狱、执行刑罚、监管改造罪犯的神圣使命，可以说，监狱人民警察执法的公平、公正，是实现司法公正的最后一道防线。其活动内容涉及罪犯人权的保障、国家行刑权的实现以及国家法治建设等问题，因此更加需要各种主体的监督与制约。党的二十大报告指出，扎实推进依法行政；转变政府职能；提高行政效率和公信力；全面推进严格规范公正文明执法。因此必须在法律的框架内加强对执法权力的监督，让权力在阳光下运行，确保权力正确行使，保证人民赋予的权力始终用来为人民谋利益。为确保正确行使执法权力，必须对监狱人民警察的执法活动进行有效的监督，这是确保执法公正、预防执法腐败的根本性措施之一。在此前提下，监狱人民警察执法监督主要表现出以下特征：

1. **监督主体的广泛性。** 监狱人民警察执法监督主体的广泛性，是由我国监狱机关的性质、任务和宗旨所决定的。从广义上讲，外部监督和内部监督两个方面的监督主体按照法定的监督权，从各自的角度对监狱人民警察执法进行广泛的监督，共同组成监狱人民警察执法监督的整体。监督主体包括：全国人民代表大会及其常务委员会；人民检察院司法行政机关；社会团体；公民；监狱监察部门；审计部门；监狱人民警察的上下级和同级工作人员等。

2. **监督内容的全面性。** 监狱人民警察执法监督内容的全面性主要体现在以下几个方面：一是执法监督贯穿于监狱人民警察执法的全过程和所有的工作环节和工作内容。二是执法监督适用于监狱机关的每一个层次、每一部门和每一名监狱人民警察。三是每一名监狱人民警察既是被监督者，有依法接受监督的义务，同时又依法享有监督他人的权力。综上所述，监狱人民警察任何执法活动都可以被监督，同时，尽管每一个监督主体的监督范围不同，都是局部的、不全面的，但总体上构成了全面性。

3. **监督方式的多样性。** 监狱人民警察执法监督方式的多样性是由监督主体的广泛性决定的。监狱内部如上级对下级的工作检查和工作考核，下级对上级的批评建议，以及监狱专门监督机构的监督。外部如各级人民代表大会的立法监督、人民检察院的法律监督、国家司法行政机关的监督、公民的监督、舆论监督等。不同的监督主体所采取的监督方式不同，监督效力各异，但其构成的监督合力，却共同对监狱人民警察执法活动产生制约。

三、监狱人民警察执法监督的时代性表现

1. 执法监督主体由主要以内部监督为主，转变为内外并重，监狱、社会、家庭"三位一体"的网络式监督。长期以来，由于监狱大多地处偏僻，工作环境相对封闭，加上各级管理部门认识的误区和重视程度不够，因此虽然法律有明确的规定，但国家、社会各监督主体对监狱进行外部监督往往流于形式，监狱人民警察执法监督主要以内部监督为主。而监狱内部监督制度往往不够健全，缺乏针对性和可操作性，监督机制运行乏力，监督职能难以落实，监狱人民警察行为失范现象时有发生。如湖南省邵东监狱"囚犯嫖娼案"、辽宁省大连监狱"谢红军案"等，教训深刻，发人深省。由于制度建设滞后，对监狱人民警察执法的监督多为事后监督，监察部门的主要精力和时间基本都是用于事后的案件查处上，往往是不出事不查，出事后又尽量掩饰，生怕"家丑外扬"。

为克服仅依靠内部监督的诸多问题，监狱积极改进外部监督的形式，改善外部监督效果。自1998年以来，我国监狱系统从局部试点，到全面推行狱务公开，将整个监狱执法过程的各项活动置于社会监督之下，提高了监狱的执法水平，规范了监狱人民

警察的执法行为，受到了社会舆论的广泛赞誉。在此基础上，抓好警示教育和廉政法纪教育，推动监狱人民警察思想防线前移，构建起由监狱、社会、家庭"三位一体"的监督防范网络，将监狱人民警察工作时间以及工作之外时间全部纳入监督范围，尽可能地减少和消除执法监督盲区。

2. 执法监督的内容从监狱人民警察执法行为，扩大到与监狱人民警察身份相关的各项活动。围绕罪犯开展的刑罚执行、狱政管理、教育改造、劳动改造、罪犯权利保障等工作，是监狱人民警察执法的核心部分，也是执法监督的重点环节。通过监督监狱人民警察执法行为，确保监狱人民警察依法办事，保障罪犯的法定权益不受侵犯，以良好的执法形象和公平的执法环境来引导罪犯参与自身的改造，从而提高罪犯改造质量。同时，监狱人民警察严格规范的执法，也能够教育和引导罪犯自觉遵守法律，养成良好的守法意识，降低刑释囚犯再犯罪率。

近年来，随着监狱执法规范化建设的全面推进，监狱人民警察岗位技能学习训练的深入开展，以及监狱执法保障机制的不断完善，监狱人民警察执法水平有了长足进步，针对罪犯的执法行为日趋规范。同时，由于监狱布局调整，原本处于偏远地区的监狱或者迁入城内，或者加快了城镇化建设，监狱人民警察生活、工作环境发生了巨大变化，不可避免地受到各种思潮的侵蚀，新思想问题层出不穷。一些有所企图的人，对于管理人、财、物等关键岗位的监狱人民警察不断进行拉拢、腐蚀，有的已经严重影响到了监狱公正文明执法。基于这种情况，在各方力量的推动下，监狱人民警察执法监督范围不断拓展，从监狱经济运营、企业管理，到监狱人民警察工作绩效，乃至监狱人民警察"8小时之外"活动等，凡是以监狱人民警察身份所参与的活动都被列入监督范围，执法监督呈现出一种"全方位、全时空、全覆盖"的趋势。

3. 党政一体，各司其职，责任层层传递的执法监督体系。我国是由中国共产党领导的社会主义国家。我国政体决定了要保证党对监狱工作的绝对领导。党对监狱工作的领导主要是通过政治领导、组织领导来实现。为此，党制定我国监狱工作的路线、方针和政策，党委书记是监狱各项工作的最高决策者，党委领导监狱机关各处（或科，以下同）室党支部和各监区党支部。各党支部的党支部书记一般为各部门的主管领导。这样，形成了党委书记—党支部书记—基层监狱人民警察这样的上下三级监督关系。

各监狱一般明确支部书记为第一责任人，采取层层划定责任区、签订执法执纪责任书或承诺书的形式，明确各层级的责任范围和相互关系。各级党组织通过开展述职述廉、民主评议、诫勉谈话等党内监督活动，推动监狱人民警察勤政廉政建设，加强政治纪律监督，确保上级领导的决策部署得到有效贯彻执行。各级党组织在开展执法监督中如发现警察问题，也必须按照层级关系层层上报，由党委研究决定是否对警察作出处分、处理决定。

学习任务二　监狱人民警察执法监督的内容

一、监狱人民警察执法监督的内涵

监狱人民警察执法监督有广义和狭义之分。狭义的监狱人民警察执法监督是指监狱机关内部上下级之间和内部的专设机构，根据监狱工作的方针、政策、法律法规以及监狱管理规章制度等，对本单位监狱人民警察履行职责、行使职权和遵守纪律等情况进行视察、督导、监督的行为。广义的监狱人民警察执法监督是指除狭义的内容外，还包括来自其他监督主体所构成的监督，包括国家权力机关、检察机关、行政机关、社会团体、公民的监督等。

狭义的监狱人民警察执法监督又称内部监督，可分为一般监督和专门监督。

1. 一般监督。一般监督是指监狱内部在日常的执法管理活动中，根据行政隶属关系所进行的一般性的内部监督，包括横向监督和纵向监督。横向监督是行政上不相隶属的执法者，根据职权分配，相互监督制约的行为。纵向监督又分自上而下的监督和自下而上的监督。领导通过工作检查和工作考核，对下级监狱人民警察的执法行为进行监督，从而实现领导职能的方式，称为自上而下的监督；下级监狱机关或监狱人民警察对上级领导者提出批评建议，称为自下而上的监督。

2. 专门监督。专门监督是指监狱机关内部所设立的专门机构对监狱人民警察执行职务行为和廉政勤政情况实行全面监督，包括监狱机关内设的党的纪律检查委员会、监察、法制、审计等部门。它通过执法监督检查、办理案件、执行纪律等形式，对全体党员和监狱人民警察实施全面监督，促使监狱人民警察遵守法律法规、服从纪律要求、依法行使职责、提高效率。

二、监狱人民警察执法监督的主体

1. 国家权力机关。国家权力机关的监督，是指各级人民代表大会及其常委会，按照宪法和法律的规定，依法对监狱机关及监狱人民警察执法情况进行监督检查的行为。国家权力机关监督是最高监督，主要有以下几种方式：

（1）立法监督：国家权力机关通过制定颁布相关法律、法规，赋予监狱人民警察应有的权力，并用法律来规范监狱人民警察执行职务时的行为。同时，国家权力机关还通过立法监督，审查司法行政部门、监狱机关所制定的行政规章及其解释是否符合法律规定，并有权撤销其与宪法和有关法律相抵触的法规。

（2）工作监督：各级国家权力机关均设立了专门行使法律监督职能的委员会，代表本级人民代表大会常务委员对有关执法机关，包括监狱人民警察的执法行为进行法律监督。

（3）质询和询问：各级国家权力机关通过质询，了解监狱机关及监狱人民警察贯彻、执行、遵守法律的情况，追究、纠正失职行为，督促查处违法现象。

（4）视察：各级国家权力机关可以通过组织人大代表听取监狱机关工作汇报，到监狱视察或调查，对监狱机关的执法活动进行监督。

此外，国家权力机关还可以通过改变或撤销不适当的决议、决定和命令、受理人民群众的来信来访和申诉控告等，对监狱机关及监狱人民警察进行监督。

2. 检察机关。人民检察院是国家的法律监督机关。根据《人民警察法》和《监狱法》规定，人民检察院对监狱机关及其警察的执法监督的内容主要包括：对监狱的收监活动是否合法实行监督；对监狱处理罪犯的申述、控告、检举材料是否合法实行监督；对监狱释放罪犯，提请减刑、假释建议，批准罪犯暂予监外执行，使用戒具和武器是否合法实行监督；对监狱处理罪犯死亡的过程、监狱人民警察个人的职务犯罪和非职务犯罪实行监督等。

3. 行政机关。行政机关的监督是指由国家司法行政机关及其内部监察机关，依照法律法规规定的权限和范围，对监狱机关及监狱人民警察的执法行为所进行的监督。监督的途径有：监狱要向国家司法行政机关请示、报告工作；国务院或司法行政机关有权制定有关监狱工作的行政规章制度并监督执行情况，有权改变或撤销监狱机关不适当的命令、规章等；监察、审计、统计和其他职能部门在各自职责范围内对监狱机关实行监督。

4. 社会公众。社会公众的监督是社会团体、公众个人运用法律所赋予的监督权，对监狱机关及监狱人民警察的执法行为进行的监督活动，具有广泛性、多样性、非国家权力性等特点。社会团体包括政协、工会、妇联、共青团、各类社团组织等群众性组织。公民的监督权是宪法赋予的神圣权利。《宪法》第41条第1款规定："中华人民共和国公民对于任何国家机关和国家工作人员，有提出批评和建议的权利；对于任何国家机关和国家工作人员的违法失职行为，有向有关国家机关提出申诉、控告或者检举的权利"。

5. 社会舆论。舆论监督是指社会各界通过广播、影视、网络、报刊、杂志等大众传播媒介，发表自己的意见和看法，形成舆论，揭示监狱人民警察执法工作中存在的问题并促使其解决，从而对监狱人民警察执法活动中有悖于法律和道德的行为实行制约。舆论监督的主要方式有报道、评论、讨论、批评、发内参等，其核心是公开报道和新闻批评。社会舆论监督往往没有法律和纪律的强制力，不直接产生法律效果，主要是通过对事实真相的揭露，在社会上形成强大的民意压力，来发挥其监督作用。

三、监狱人民警察执法监督现状分析

随着依法治国基本方略的全面落实和监狱法治建设的不断深化，监狱人民警察执法监督工作取得了长足的进步，积累了丰富的经验，同时，也暴露出一定的不足。

1. 监狱人民警察执法监督所取得的成绩。首先，监狱人民警察执法监督工作受到了前所未有的重视。各级人大、政协及其常委会定期组织人员视察、检查监狱工作，对监狱人民警察执法工作中存在的问题及时提出改进意见；人民检察院普遍在监狱设立了驻监检察室，配备了专职检察干部，确保了检察监督的针对性和及时性；监狱系统各级领导和广大监狱人民警察对健全完善执法监督体制、提高执法监督效果的重要性和必要性的认识不断提高，接受外界监督的自觉性大大增强；监狱普遍聘请了教育、新闻等各界知名人士作为监狱执法监督员，拓宽了群众监督的渠道。

其次，监狱人民警察执法监督体制建设得到了前所未有的加强。1999年开始，全国监狱系统大力推行狱务公开，开通狱务公开网站，向罪犯及其亲属发放狱务公开手册，公开举报电话，执法工作日趋阳光化。最高人民法院、最高人民检察院、司法部先后做出多个命令或批复，对监狱办理罪犯减刑、假释、保外就医等刑罚执行工作程序进行规范。在此基础上，各地监狱管理部门通过查办执法腐败案件，出台问责机制、督查机制等具体制度，强化对监狱人民警察执法的约束，提高了监狱人民警察执法的规范化程度。

最后，监狱人民警察执法监督取得了前所未有的成效。通过大力加强党风廉政建设、开展警示教育活动等，提高了监狱人民警察公正文明执法意识，监狱人民警察违法违纪发案率持续下降。同时，监狱人民警察依法办事能力和执法水平不断提高，监狱刑罚执行、狱政管理的透明度增加，狱务公开、执法公正、奖罚公平，已得到社会舆论、罪犯本人及其家属的普遍认同，促进了囚犯改造，确保了监狱管教秩序的持续稳定，提高了罪犯教育改造质量，有效提升了监狱机关的社会形象。

2. 监狱人民警察执法监督工作存在的不足。在肯定执法监督工作取得成绩的同时，我们必须清楚地看到，我国监狱人民警察执法监督无论在体制、机制等方面，还存在许多薄弱环节和不足之处，主要表现在：

（1）外部监督尚未形成合力。我国监狱人民警察执法的外部监督体系是由不同监督主体组成的一个多元系统，既有来自国家权力机关的监督，又有来自国家行政机关和检察机关的监督，还有来自社会的监督。这些隶属于不同系统的监督主体，往往依据自己的工作要求甚至实际偏好实行监督，监督的范围有限，监督效力不等，有的甚至是突击型、运动型监督，远远滞后于日益严格的执法要求。监督方式上，大都以"各唱各的调，各跑各的道"，没有一个系统的监督平台，很难在制度上形成长期、稳定的合力，在监督手段上难以互补，监督体系的整体功能得不到充分发挥。

（2）内部监督机制不够合理。职能部门权力的相互监督和制约是确保执法权力正常运作的重要保障，也是建立内部执法监督机制的一个十分重要的原则。按照制衡原则，政策"制定—执行—考核"权力应由不同主体执行，但当前监狱自己制定政策、自己负责执行、自己评估成效的现象还比较常见。如有的监狱尚未设立刑罚执行科，狱政部门既承担刑罚执行职能，又承担狱政管理职能。罪犯的日常管理、计分考核、减刑、假释和监外执行的审核和呈报全都由狱政部门"一条龙"管理，其他部门很难对其日常工作形成监督制约，这在程序上就不够合理。同时，由于监狱体制上强调"党领导一切"，权力往往集中在党委书记手里，客观上易出现"一个人说了算"的局面，使权力过于集中，更难以监督制约。作为内部专门负责监督的纪检监察部门，由于其人员的工资、奖金、福利均依附于监狱，行政考核和权责关系同时隶属于监狱党委和行政领导，他们既要履行对监狱的执法监督职责，又受制于同级党政领导，其工作优劣是由被监督对象考核的，这使得其在对同级或上级领导实施监督时，很难真正实现公平、公正。

（3）对自由裁量权的监督欠缺细致的标准。法律允许执法者具备一定的自由裁量权。如对罪犯的分级处遇、计分考核、行政奖惩和呈报减刑假释等执法行为，相关法律法规虽然规定了具体条件、种类和幅度范围，但同时也给监狱人民警察留下了一定的自由裁量余地。监狱人民警察在具体实施这类执法活动时，既要遵循合法性原则，又要遵循合理性原则，用好法律所赋予的自由裁量权力。

由于执法水平、执法环境的差异，目前，监狱人民警察在行使自由裁量权方面存在一些问题。一是执法不规范。少数监狱人民警察缺乏执法规范意识，在执法管理中随意性较大。如对罪犯的日常考核中，存在着不按规定加扣分的现象。二是情绪化执法。在执法过程中，有的基层监狱人民警察由于工作压力大，或因其他原因造成情绪波动，少数心理素质较差的监狱人民警察就有可能将情绪带到执法工作中去，从而产生处理问题宽严失度的情绪化裁量现象。三是妥协执法。少数监狱人民警察或者碍于情面，违反执法原则，对所谓"关系犯"讲人情、讲照顾；或者经不起来自罪犯亲属和有关人员的金钱物质收买，出卖原则，知法犯法，最终走向了堕落和腐败。因此，监狱必须加强对自由裁量权的控制与监督。只有这样，才能从源头上确保执法的公正。

（4）监狱执法监督缺乏必要的程序制度。程序公正原则要求行政主体在实施行政行为过程中，必须在程序上平等对待各方当事人，必须排除可能导致不平等或不公正的因素，它由回避制度、合议制度、听证制度等来保障。但实际工作中，轻视甚至不坚持程序的现象却比较常见，程序公正的理念并没有得到有效的贯彻。例如，减刑、假释是监狱最重要的执法活动，但我国《监狱法》却没有规定减刑、假释会议的监督内容、组织及程序，没有规定监督人员的权力、义务及保障程序。目前监狱减刑、假释会议监督制度在实施过程中都是按会议程序主持的，无监督人员的权利保障程序。在这一重要的监督制约监狱、促进公正执法的保障性的制度措施上，《监狱法》却没有任何规定，使得各地监狱在开展此项工作时带有很大的随意性，这无疑是不严肃的，也是现行《监狱法》的一个重要缺陷。

学习任务三　监狱人民警察执法监督的途径

一、探索完善执法监督的方法手段

1. 拓宽参与渠道，加大外部监督力度。坚持不断拓展执法监督的内容、方式和渠道，确保监狱人民警察执法行为始终处于全社会的有效监督之下，提升监狱整体执法水平。

（1）接受检察机关的法律监督。检察机关对监狱执法工作的全方位的法律监督，是法律赋予检察机关的神圣职责，也是监狱执法监督工作中的重要组成部分，更是监狱执法工作趋向法治化和正规化不可或缺的重要因素。在人民检察院职能部门的职权中，对于监狱机关执行刑罚的活动是否合法进行监督，是一项重要职权。其重要职能之一就是对刑事判决、裁定的执行和监管等执法活动进行监督，并直接立案侦查虐待被监管人案件。要充分发挥人民检察院驻监检察室的监督效能，构建科学规范的制度、程序，确保检察部门参与执法监督全面、深入、到位。

（2）接受社会有关部门和各界人士的社会监督。

一是设立监狱长信箱，实行监狱长接待日制度，促进监狱领导与罪犯、罪犯家属直接接触沟通，以便于掌握罪犯改造的第一手资料，解决罪犯及其家属实际问题，使监狱执法工作更容易赢得罪犯及其亲属的理解和配合。同时，这也是调动罪犯改造积极性，稳定狱内改造秩序的有效手段，是监狱领导了解干警思想动态、掌握干警执行刑罚是否公正的重要途径。

二是在各级政府、人大、司法、社会团体，知名人士和监狱机关离退休人员中聘请精通法律、德高望重的人士作为监狱执法监督员。通过向他们汇报监狱执法情况，听取他们的意见和建议；在罪犯亲属中聘请执法监督员，让他们对监狱人民警察在执法过程中的廉洁自律情况进行监督。

三是重视发挥舆论监督的效能，积极与新闻媒体开展信息交流和互动，主动接受舆论监督。要敢于直面舆论监督，通过设立新闻发言人、定期发布新闻、开展监狱知识问答、网络平台互动等形式，在社会与监狱之间构筑沟通的桥梁，主动接受媒体及群众的监督。

四是设立专项举报奖励基金，公布举报电话、电子信箱，鼓励举报违法违纪情况。制定专门的举报奖励办法，对提供监狱执法监督有关线索的一切人员和部门，一旦查证情况属实，给予物质奖励。各级监狱管理部门均设立举报电话、电子信箱，一方面在报刊网络上大量公布，另一方面通过发放公开信、执法承诺书等形式，向警察、职工、罪犯和罪犯家属、亲友公布。其中，对罪犯家属，应当采取书面邮寄或会见时送达的形式，告知举报奖励办法和电话、信箱。

2. 健全制度建设，强化内部监督效率。

（1）加强党风廉政建设。增强监狱人民警察自我约束能力和廉洁自律的自觉性。进一步完善新任领导任前廉政谈话、监狱人民警察定期述职述廉、警示教育月、警察重大事项报告制度等，提高全体监狱人民警察对党风廉政建设的认识。对刑罚执行、狱政管理、政工、纪检、财务、审计等敏感业务条线领导和工作人员实行定期轮换制度和回避制度。

（2）完善狱内举报监督机制，健全制度保障，制定《狱内举报工作实施细则》，明确举报范围、程序及保护措施，设立独立举报信箱，广泛分发检务公开手册，确保举报和申诉渠道畅通。对查证属实的举报酌情给予考核加分、物质奖励等正向激励。通过制度化、透明化的监督体系，切实维护监管秩序与服刑人员合法权益。

（3）坚持罪犯刑满释放前谈话制度。纪检部门提前1个月对即将刑满释放的罪犯，指定专人逐个对其进行出监教育谈话。谈话的主要内容是：了解监狱人民警察的执法情况，征求罪犯对监狱狱务公开的合理化建议。罪犯在谈话记录上以书面的形式，对监狱执法工作作出实事求是的评价，并在谈话记录上签字。

（4）全面推行狱务公开。在保守国家秘密的前提下，利用广播、宣传栏、公开信、报刊、网络平台等多种工具和手段，把现有条件下能公开的内容完全公开，包括罪犯的日常考核、奖惩、减刑、假释、保外就医、暂予监外执行等执法活动的所有依据、程序、环节、标准等，尽可能使每名罪犯和罪犯家属都能知晓狱务公开的内容。

（5）建立执法监督人员的权利保障制度。进一步明确执法监督人员的知情权、建议权、询问权、听证权、调查权、质疑权、异议权、监督权、要求回避权、参与合议权、到会获得座位权，并用法律法规的形式，明确地予以细化，规定实现途径和程序、执法者侵权责任和违反程序的后果。

3. 健全罪犯权利保障制度。对罪犯权利的保障，就是对监狱人民警察执法权力的监督和制约。完善的罪犯权利保障制度是防止执法权力越界的重要条件。健全罪犯权利保障制度主要有以下途径：

（1）加强法治教育，提高监狱人民警察保障罪犯权利的意识，正确处理好对罪犯严格管理、维护监管秩序稳定和保障罪犯权利之间的关系。

（2）编印并下发《狱务公开手册》，实实在在列明罪犯应享有的各种权利，阐明罪犯维权路径和方式，引导罪犯加强学习，培育罪犯的权利意识，重点教育罪犯以合法方式、正当途径行使权利，尊重他人权利，依法维权、合理维权。

（3）强化罪犯的知情权，扩大狱务公开的范围，凡是涉及罪犯权益的事项，只要不违背保密纪律规定，均应予以公开。

（4）建立罪犯申诉和权利救济机制，禁止打压、剥夺罪犯的申诉和救济权利。把罪犯申诉和权利救济与监狱人民警察执法责任有机结合，落实罪犯会见律师的权利，作为制约监狱人民警察执法权力的一个有效手段。

二、完善监狱人民警察执法监督的整体要求

1. 加强组织领导，抓住监督重点。执法监督工作的具体内容涉及面较宽，没有各级领导的高度重视和真抓实干，是难以顺利开展并取得明显成效的。要进一步建立健全监督工作的领导体制和工作机制，落实党委书记作为监狱执法工作第一责任人制度，加强执法责任的层层传递。要加强对本单位本部门执法工作的研究，处理好局部利益同整体利益、经济效益与社会效益、罪犯权利保障与监狱利益追求之间的关系，为执法监督创造良好的外部环境。

要抓住监督的重点领域和重要时机。一是执法监督应围绕监狱工作中心任务，以监督促进管理水平提高，促进罪犯教育改造质量的提高，促进监管秩序的稳定；二是执法监督要突出关键时段，针对监狱人民警察和罪犯关注的"热点""难点"问题，要理清思路，及时介入，认真对待，确保问题得到迅速、妥善的解决；三是执法监督要把有利于推动监狱执法工作、提高监狱人民警察的执法水平作为衡量标准，善于发现和抓住监狱人民警察执法工作中的突出问题，有针对性地进行督查和整改。

2. 优化执法环境，拓展监督领域。当前，各监狱安全形势严峻，押犯结构日趋复杂，罪犯维权意识明显加强，对监狱人民警察执法能力和执法水平提出更高要求。一方面，要加大执法监督力度，规范执法权力运行；另一方面，要从严查处监狱人民警察滥用职权、违反法律法规行为，严格追究执法责任。要把执法监督工作与廉洁自律、查办案件、法治教育等工作结合起来抓，使之相互促进、互相补充，形成整体效应。从保证权力规范运行和强化监督制约入手，牢固树立安全工作首位意识，不断拓展执法监督工作领域和范围，创造良好的执法环境，创新执法监督方式方法，提高执法监督效率，确保广大监狱人民警察在新形势下掌好权、用好权，更好地严格、公正执法，才能有利于做好执法监督工作。

3. 坚持常抓不懈，增强队伍素质。执法监督工作不是权宜之计，而是一项长期的艰巨性任务，要常抓不懈，持之以恒，达到提高队伍整体执法水平的目的。由于形势的不断变化，新的执法问题还会不断出现，要把执法监督工作作为一项长期而艰巨的工作常抓不懈。同时还要充分考虑到执法监督工作的复杂性和艰巨性，尤其涉及体制、机制、制度上的问题，需要作出长期艰苦的努力。要通过抓好执法监督工作，建设一支高素质的警察队伍，以执法监督确保警察队伍的纯洁，以警察队伍素质促进执法监督工作。要始终坚持党对监狱工作的绝对领导，坚持从严治警，紧紧围绕"公正执法"这一主题，严格落实警察岗位考核和目标管理责任制，切实规范监狱人民警察执法行为。通过鼓励自学成才，有计划地组织教育培训、执法大培训、岗位大练兵等活动，加强监狱人民警察队伍的法律意识、对国家和人民的责任意识、执法规范意识，不断提高监狱人民警察队伍的公正执法水平。

三、监狱人民警察执法监督未来发展

1. 引入第三方监督机制。所谓第三方监督，其实是对外部监督的一个拓展，是指社会组织或专业机构等第三方介入警察执法监督，通过明察暗访，对监狱人民警察执法情况进行监督检查，并将监督情况反馈给监狱，督促监狱及时改进执法工作。引入第三方监督，是对传统监督方式的一个创新，有利于克服外部监督运动式、非专业化的缺陷，有利于消除内部监督存在的"上级监督太远、同级监督太软、下级监督太难"的弊端。引入第三方监督的最大好处，在于其相对于内部监督来说，摆脱了种种利益纠结，更能保证监督评价的公正性；相对于外部监督来说，由于是委托专业机构来执行，既能制度化、常态化开展，又确保了监督评价的专业性。

目前我国独立的社会裁判监督机构还比较缺乏，因此可以发挥人大监督和律师服务的作用，尝试设立一个隶属于人民代表大会的、只对人民代表大会负责的专门机构，专门对监狱的执法进行监督，受理监狱执法的有关投诉。该机构的经费、场所、人员等问题及监督的具体运作机制，由人民代表大会统一制定，既可以是公益性质的，也可以是事业性质的。在监督对象选择上，可以随机选择代表，也可以定期统一实施。

2. 加强监狱人民警察执法责任制建设。加强监狱人民警察执法责任制建设是未来执法监督工作的核心工作。建设监狱人民警察执法责任制，既是依法治监、从严治警的需要，也是规范监狱人民警察执法行为的需要，更是依法保护监狱人民警察合法权益的需要。随着"推进依法治国，建设社会主义法治国家"治国方略的不断深入推进，依法治监理念也逐渐成为各级监狱管理者的共识。近年来，司法部提出了监狱工作"三化"建设的要求，其中法治化被列为第一项。《人民警察法》和《监狱法》中，对警察的权利和义务作了比较原则性的规定和要求。每个监狱人民警察手中都被法律赋予了一定的执法权，但至今却一直没有关于监狱人民警察执法责任制的规定，这是与依法治监，从严治警的要求不相符的。所以，必须依法加强监狱人民警察执法责任制建设。当前，很多狱内案件，如罪犯脱逃、非正常死亡等案件中，往往最终都是由基层值班民警"埋单"——承担法律责任。细究下来，与监狱人民警察执法责任不明确、不具体有着很大的关系。如果能明确规定监狱与监狱人民警察各自的责任，规定了不同岗位执法民警的权力、义务、责任各是什么，从制度层面规范监狱人民警察的执法范围、要求、程序，使之知晓执法工作中哪些是"必须为"的，哪些是"不许为"的，监狱人民警察执法中的越权乱作为和失职不作为的现象必然会减少许多。如果有

了完善的监狱人民警察执法责任制，在监狱人民警察依法行使权力，尽到了执法义务而发生囚犯脱逃等狱内案件的情况下，按照责任划分，对监狱人民警察该怎么处理就怎么处理，必然会减少由于责任不清带来的争议和麻烦。建立监狱人民警察执法责任制的最大好处就是保证监狱人民警察不能被有关机关"随意"处理，杜绝过去那些把国家、社会、监狱应该承担的责任转嫁到监狱人民警察身上，使其合法权益免受侵害。所以，依法加强监狱人民警察执法责任制建设既是约束监狱人民警察的措施，也是依法保护监狱人民警察合法权益的需要。

依法加强监狱人民警察执法责任制建设，必须落实监狱人民警察执法保障。在现实条件下，应当至少抓好这么几个环节。一是必须严格按照要求配备充足警力。二是加强执法工作的物质保障工作，包括必要的执法装备，现代化的办公条件及交通、通信设施等。三是加强执法工作的科技保障，这是监狱工作科学化的要求。四是努力解决监狱人民警察执法工作的后顾之忧。

落实监狱人民警察执法保障，要严格防止两个倾向。

一是检察机关过度介入的倾向。检察机关是监狱执法的专门监督机关，监狱执法究竟如何，检察机关最有发言权。因此，监狱加强执法责任制建设，必须要有检察机关参与，听取他们的意见，尽量得到他们的认可，以免在今后的责任追究过程中发生分歧。但检察机关应在其职权范围内对监狱人民警察执法依法进行监督，提前介入、过度介入的做法，破坏了职责分工和权力制衡，实质上是对监狱人民警察执法权力的削弱或干扰，在实际工作中理应避免。

二是监狱人民警察义务扩大化倾向。权利义务是一个相互依赖、相互支撑的辩证关系。监狱人民警察的执法义务是依据法律的规定，妥善地执行刑罚，保障罪犯的权利。但实践中往往有些错误的认识，模糊了"自由"与"权利"的概念，把私权的"法不禁止即自由"与公权的"法无规定不得行"混为一谈，要求国家或者监狱人民警察承担额外的义务，帮助囚犯实现所谓"法不禁止"的权利。比如，要求监狱机关或监狱人民警察保障罪犯的结婚权（其实是结婚自由）、同居权、生育权等权利。这些权利固然并没有被剥夺，只是由于罪犯服刑后时空的限制而不得行使，其实现必须通过监狱人民警察的执法行为才能做到，但事实上法律并没有对监狱人民警察提出保障罪犯此类权利的义务。偶尔所见的行使，往往是监狱机关出于道德的考量，对个别案例施行的人道主义关怀，如果把这作为监狱人民警察执法工作的内容，那么无疑是犯了警察义务扩大化的错误。

3. 建立严格的执法过错责任追究制度。所谓执法过错责任，是指监狱人民警察在执法工作中，由于个人职务行为，因重大过失损害国家利益或执法相对人合法权益，造成不良后果，应承担的责任。责任追究作为一种制度保障，可促使监狱人民警察在执法时，做到严格依法办事，切实秉公执法，严守业务纪律，努力提高执法水平。特别是执法涉及罪犯权益时，必须做到慎之又慎、严格公正，不唯权，不唯私，不唯情，否则可能招致严厉的责任追究，轻则纪律处分和民事赔偿，重则承担刑事责任。

落实执法过错责任追究制度，要认真贯彻"从长治警、从严治警"的原则，对违反法律法规的执行行为坚决予以查处，不姑息养奸，不纵容过失，强化监狱人民警察执法责任意识。但同时，也不允许搞"教条化""一刀切"，甚至实行"株连政策"，而应坚持实事求是的态度，科学理性的精神，具体问题具体分析，分清责任，真正推行"过错责任原则"。例如，对于狱内罪犯非正常死亡事件，要切实调查清楚罪犯的死亡与监狱人民警察的管理疏漏是否有必然的联系，若监狱人民警察有能力并有可能（以普通干警在此情况下的能力和认知可能为标准）予以制止而没有采取应有措施，或者进行了不适当的管理所导致，该监狱人民警察自然难辞其咎；倘若没有必然联系，比如罪犯因无法忍受病痛自杀或者多次申诉失败后要以死来证明自己的"清白"或者是意外事件，特别是在监狱人民警察进行正当批评教育后自己想不开而自杀，甚至罪犯以自杀等方式来要挟监狱机关或监狱人民警察以图达到特殊目的情况下，监狱人民警察如果已经采取了夹控措施，落实了巡查制度，尽到了应尽义务，在这样的情形下，罪犯死亡的结果还是发生了，则不应当追究监狱人民警察责任。否则，且出事就不问青红皂白地拿监狱人民警察是问，必将在监狱人民警察中产生"多一事不如少一事"的心理。

4. 大力开展监狱执法质量评估。执法质量是监狱生存和发展的生命线。随着我国依法治国的进程和监狱法治化、科学化、社会化建设的发展，监狱执法质量问题日益成为监狱执法工作的核心问题。执法质量评估，是指根据监狱或其上级机关的明确要求，由监狱执法质量评估机构和人员遵循一定的原则、指标和程序，运用科学公正和可行的办法，对监狱执法的条件、程序和效果进行专业评判的活动。

确保监狱执法工作的质量，要求监狱执法工作既要达到法律规定的明确要求，比如收监和释放、减刑和假释的具体执行标准，又要满足社会各方面的"隐含"需要，如对监狱执法过程的透明要求、对监狱公正文明执法的希望、对罪犯改造质量和刑释罪犯重新犯罪率的期待，等等。监狱人民警察执法监督的目的，就是发现影响监狱执法质量的问题，并及时予以解决，这与监狱执法质量评估的目标是一致的。因此，开展监狱执法质量评估，是对监狱人民警察执法的有效监督方式，是对执法监督手段的有力拓展。

监狱执法质量评估对于执法工作具有鉴定、诊断、导向、激励等功能，有助于及时发现、解决执法工作中存在的问题。执法质量评估一般包括四个要素：评估主体、评估对象、评估标准、评估实施。监狱执法质量评估的实施主体，应当是符合法定条件并经监狱管理机关认可的专业组织和专业人员。评估对象即监狱和监狱管理机关的执法活动。评估标准应当在广泛调查研究的基础上，经专家论证，以法规、规章或其他规范的形式颁布。

伴随式执法质量评估是一种新兴的监督形式，目前尚没有现成的模式可以引用。但作为对执法监督方式的一种有益的扩展，必然在未来的监狱执法监督工作中占有一席之地。因此，要认真探索监狱执法质量评估的标准和科学方法，不断推动评估工作制度化、规范化、科学化，建立健全常态化的评估机制，逐步减少补救式的、灭火式的执法监督检查，改变那种"出了问题被领导批评"或"引发社会质疑"后才被动监督的局面。

思考练习

1. 简述执法监督的概念和特征。
2. 哪些主体可以进行执法监督?
3. 结合我国执法监督的现状,谈谈如何完善执法监督机制?

思政园地

创新园地

拓展学习

英国投诉警察独立监察委员会

英国投诉警察独立监察委员会(Independent Police Complaints Commission,简称 IPCC),是根据 2002 年英国《警察改革法》,于 2004 年 4 月 1 日成立的,它是英国司法改革的一部分。该机构的成立主要是为增加公众对司法制度的信心,加强对警察侦查活动的监督,确保警察公正执法。2002 年的《警察改革法》是从立法上改革,2004 年 IPCC 的成立则是机构和行政职能上的改革。

IPCC 总部设在伦敦,在英格兰和威尔士有 4 个地区办公室。该委员会由监察和专业人员组成,总部共有 17 名独立监察人员,包括主席尼克·哈德威克、副主席约翰·沃德汉姆和 15 名专员。这些专员每人分管 2~3 个警察局,指导警察的侦查工作。他们来自不同的领域,有的曾干过律师、医疗保健和教育,还有的来自志愿者组织、商业和社区组织等。为保证上述人员客观公正地履行职务,委员会专门挑选那些从来没有为警方工作过的人。此外,该委员会还有若干组独立的调查人员、案件工作者和辅助人员。委员会共有 400 名工作人员和 125 名独立侦查人员。

2002 年《警察改革法》为创建新的警察投诉制度和 IPCC 提供了立法框架,同时为处理对警察的投诉和执法不当制定了原则和具体标准。另外,IPCC 还制定了《法律指引》,内容包括职业准则、职能、监督标准、告知公民如何投诉、投诉范围、如何开展有效的侦查、对投诉的处理、对投诉处理结果的上诉等。这本《法律指引》适用于 IPCC 以及英格兰和威尔士的 43 个警察机构的所有工作人员。

该委员会的工作就是确保对于警方的投诉能够得到及时有效的处理，同时为警方制定处理投诉的标准，如果警察执法不当，帮助警方吸取教训从而改进他们的工作方式。委员会可以选择独立侦查最严重的事件，如警察杀人或重伤害；管理警察的侦查，或监督警察的侦查活动。

该机构的前身是警察督察机构。警察督察机构对警察的监督方式只能是收到公民投诉后向警察局长报告，由警察局长来决定是否对警察的不当行为进行处理。与此相比，IPCC 具有更多的职权，如监督警察的侦查活动，有直接侦查权并有自己的侦查人员，还可以要求被投诉警察到委员会接受调查。

学习单元二　监狱人民警察违法追究

> 习近平在中央政法工作会议上讲话指出："执法司法中万分之一的失误，对当事人就是百分之百的伤害。政法战线的同志要肩扛公正天平、手持正义之剑，以实际行动维护社会公平正义，让人民群众切实感受到公平正义就在身边。"
>
> 一、知识目标
> 1. 识记：监狱人民警察法律责任的含义、构成要件及种类。
> 2. 领会：监狱人民警察刑事法律责任、行政法律责任、侵权赔偿责任的形式和内容。
>
> 二、能力目标
> 1. 简单应用：监狱人民警察执法律责任的内容和适用。
> 2. 综合应用：能结合具体情形，判断不同法律责任的内容和承担方式。
>
> 三、素养目标
> 1. 通过学习法律责任的有关知识，知道违法行为的社会危害性，从而增强法治观念。
> 2. 通过了解违法追究机制，增强履职的规范性和责任感。

案例导入

黑龙江讷河监狱渎职案

2012 年 12 月，王某因绑架罪被收监于讷河监狱。服刑期间，王某先后利用手机聊天骗取共计 3 名女性信任，后又以裸聊视频相要挟，迫使受害人到监狱会见室或共餐室探视。会见室和共餐室均为大厅，只在工作日开放，室内配有监控设备和值班民警，并由参加会见的服刑人员所在监区民警负责近距离监听监视。王某还以合伙做生意为由，骗取其中 2 人共计 11 万余元。王某因犯诈骗罪、敲诈勒索罪被判处有期徒刑 13 年 9 个月。

讷河监狱于 2014 年 12 月对涉案民警和相关责任人分别给予了撤职、降职、免职、调离工作岗位等处分。其中，黑龙江省讷河监狱原纪委书记王某、原狱政科科长刘某因玩忽职守罪各被判处1年有期徒刑。黑龙江省讷河监狱原纪委书记王某、原狱政科科长刘某在履行职务期间，相互之间不能有效的沟通、协调，对下属工作人员不能有效的领导、监督；没有认真履行会见、共餐的相关规定，致使服刑罪犯王某多次违规与他人会见共餐；对清监搜身工作监督不到位、不尽责，致使王某持有多部手机；对手机信号屏蔽系统运行情况不知情、不管理，致使王某长期在监狱内使用手机，并实施诈骗、敲诈勒索，造成了恶劣的社会影响，2人的行为已构成玩忽职守罪。

学习任务一　监狱人民警察法律责任概述

一、监狱人民警察法律责任的含义

监狱人民警察的法律责任有广义和狭义之分。从广义上看，监狱人民警察的法律责任是指监狱机关及监狱人民警察在执行刑罚、惩罚犯罪、改造罪犯的活动过程中，由于违反法纪或者不履行法定义务，所应当依法承担的制裁性的法律后果。从狭义上看，监狱人民警察的法律责任是指监狱人民警察个人在执行刑罚、惩罚犯罪、改造罪犯的活动过程中，或者不履行法定义务所应依法承担的制裁性的法律后果。监狱人民警察的法律责任包括行政责任、刑事责任和侵权赔偿责任。

二、监狱人民警察法律责任的构成要件

根据有关法律法规，监狱人民警察法律责任的构成必须具备以下四个要件：

（一）责任主体要件——监狱人民警察及其所在的机关

承担法律责任的主体包括监狱人民警察及其所在的监狱机关。监狱人民警察法律责任与其特殊身份有着紧密联系，专指监狱人民警察因违反相关法律法规而应承担的否定性的法律后果，其他公民和组织的违法行为不适用《人民警察法》所规定的警察法律责任内容。其中，国家赔偿责任由监狱机关承担，行政法律责任和刑事法律责任由责任者监狱人民警察个人承担。

（二）责任内容要件——在职务活动中实施了违法违纪行为

监狱人民警察承担法律责任的前提和直接根据，必须是其在执行职务、行使职权过程中实施了违法违纪行为。这应从以下几点理解：①必须实施了违反法律法规或规章的行为，即违法违纪行为，多数违法违纪行为属于作为行为，也有不作为行为。②违法违纪行为必须是在执行职务活动中实施的，且与监狱人民警察身份或职务行为紧密相连。监狱人民警察不是以其执法者身份而违法违纪或者在非职务过程中违法违纪的，应当以普通公民的身份来承担民事责任或刑事责任，而不是以监狱人民警察的身份承担法律责任。③监狱人民警察在履行职责过程中所违反的法律、法规或规章，必须是现行有效的有关监狱人民警察工作的法律、法规或规章。现行有效的法律、法规或规章约束监狱人民警察的执法行为，当监狱人民警察在执行职务过程中出现了与之相违背的情形，给国家、公民或组织造成损害的，就必须承担法律责任。如果没有违反有关监狱人民警察工作的法律、法规或规章的行为，就不能构成监狱人民警察的法律责任。

（三）责任结果要件——职务上的违法违纪行为给国家、公民或组织的利益或合法权益造成损害

损害结果可以是对人身的损害、财产的损害、精神的损害，也可以是其他方面的损害。有的违法违纪行为是给国家利益造成了危害，有的则是给公民或组织的合法权益造成了损害，也有的可能既损害了国家利益又损害了公民合法权益。

（四）主观要件——存在主观过错

主观过错是指监狱人民警察在实施违法行为或违纪行为时的主观心理状态，包括故意和过失两种。监狱人民警察实施违法违纪行为，在主观上要么是出于故意，要么是出于过失。故意，是指行为人明知自己的行为会发生危害社会的结果，并且希望或者放任这种结果发生的心理态度。过失，是指行为人应当预见自己的可能发生危害社会的结果，因为疏忽大意而没有预见，或者已经预见而轻信能够避免，以致发生这种结果的心理态度。

以上四个要件是构成监狱人民警察法律责任的必备要件，且必须同时具备；否则，就不能构成监狱人民警察的法律责任。

学习任务二　监狱人民警察刑事法律责任追究

一、监狱人民警察刑事法律责任的概念

监狱人民警察的刑事法律责任有广义和狭义之分。

广义的监狱人民警察刑事责任，是指监狱人民警察违反刑事法律规定，实施违反刑法规定、构成犯罪的行为所应依法承担的法律后果。也就是说，监狱人民警察在非职务活动中实施危害社会的行为构成某种犯罪的，也应当依法追究刑事责任。例如，监狱人民警察故意放火焚烧公私财物，危害公共安全的，应依法承担放火罪的刑事责任；监狱人民警察违反交通运输管理法规，发生重大事故，致人重伤、死亡或者使公私财产遭受重大损失，危害公共安全的，应依法承担交通肇事罪的刑事责任；等等。

狭义的监狱人民警察刑事责任，是指监狱人民警察在执行职务活动中，实施违反刑法规定、构成犯罪的行为所应依法承担的法律后果。例如，监狱人民警察对罪犯实施刑讯逼供，情节恶劣的，应承担刑讯逼供罪的刑事责任；殴打、体罚、虐待罪犯，情节严重的，应追究其虐待被监管人罪的刑事责任；等等。本节学习内容主要是针对监狱人民警察执法过程中可能发生的法律责任风险，因此仅介绍狭义的监狱人民警察刑事法律责任。

二、监狱人民警察刑事法律责任的内容

《监狱法》第14条第1款规定，监狱的人民警察不得有下列行为：①索要、收受、侵占罪犯及其亲属的财物；②私放罪犯或者玩忽职守造成罪犯脱逃；③刑讯逼供或者体罚、虐待罪犯；④侮辱罪犯的人格；⑤殴打或者纵容他人殴打罪犯；⑥为谋取私利，利用罪犯提供劳务；⑦违反规定，私自为罪犯传递信件或者物品；⑧非法将监管罪犯的职权交予他人行使；⑨其他违法行为。第14条第2款规定，监狱的人民警察有前款所列行为，构成犯罪的，依法追究刑事责任；尚未构成犯罪的，应当予以行政处分。

2012年7月1日施行的《监狱和劳动教养机关人民警察违法违纪行为处分规定》，其中第7~19条也对监狱人民警察的各种违法违纪情形作了具体的规定。综合来看，可能会构成犯罪的违法违纪情形，大致如下：

1. 有下列行为之一，致使公共财产、国家和人民利益遭受重大损失的，构成《刑法》第397条规定的滥用职权罪：①违反规定办理罪犯收监的；②扣押、销毁罪犯申诉、控告、检举材料，或者向被举报人透露举报情况的；③违反规定办理罪犯离监探亲、特许离监的；④为罪犯奖惩提供虚假材料的；⑤私带罪犯离开监狱的；⑥擅自安排罪犯会见的；⑦违反规定允许罪犯携带、使用通信工具等违禁品或者为其传递违禁品的；⑧发生罪犯脱逃、逃跑或者其他事故，不及时上报或者隐瞒不报的；⑨违反规定将管理罪犯的职权交予他人行使的；⑩违反规定转借、赠送、出租、抵押警用车辆、警车号牌、警服、警用标志或者证件的；⑪为谋取私利，利用罪犯提供劳务的。

2. 有下列行为之一，致使公共财产、国家和人民利益遭受重大损失的，构成《刑法》第397规定的玩忽职守罪：①罪犯伤残、死亡或者脱逃、逃跑的，其中，因工作失职致使罪犯脱逃，造成严重后果的，构成失职致使在押人员脱逃罪；②因工作失职发生罪犯聚众闹事、斗殴等监狱内重大案件或者群体性事件的；③罪犯中毒或者感染传染病等重大疫情的；④因工作失职致使发生安全生产、环境污染等重大事故的，这两种情形也可以构成重大责任事故罪、重大劳动安全事故罪、污染环境罪；⑤在值班、执勤时擅离岗位的；⑥因工作失职致使违禁品进入监狱的；⑦拒绝执行上级依法作出的决定、命令，或者在执行任务时不服从指挥的。

3. 殴打、体罚、虐待或者指使、纵容他人殴打、体罚、虐待罪犯，情节严重的，构成《刑法》第248条规定的虐待被监管人罪；致人伤残、死亡的，以故意伤害罪、故意杀人罪定罪从重处罚。

4. 刑讯逼供或者使用暴力逼取证人证言的，构成《刑法》第247条规定的刑讯逼供罪或暴力取证罪。致人伤残、死亡的，以故意伤害罪、故意杀人罪定罪从重处罚。

5. 侮辱罪犯的人格，情节严重的，构成《刑法》第246条规定的侮辱罪。

6. 包庇或者纵容罪犯从事犯罪活动的，构成《刑法》第310条规定的包庇罪等。

7. 私放罪犯逃离监狱的，构成《刑法》第400条第1款规定的私放在押人员罪。

8. 违反规定办理罪犯减刑、假释、暂予监外执行也可能构成犯罪，即徇私舞弊。对不符合减刑、假释、暂予监外执行条件的罪犯，予以减刑、假释或者暂予监外执行的，构成《刑法》第401条规定的徇私舞弊减刑、假释、暂予监外执行罪。

9. 对罪犯超期禁闭的，若超期禁闭的时间超过24小时，可能会涉嫌构成《刑法》第238条规定的非法拘禁罪。

10. 违反规定利用或者插手监狱的基建等工程招投标、政府采购，为本人或者特定关系人牟取不正当利益的，可能会涉嫌构成《刑法》第385条规定的受贿罪等。

11. 索取、接受、侵占罪犯及其亲属财物的，可能涉嫌构成《刑法》第385条规定的受贿罪、第270条规定的侵占罪、第274条规定的敲诈勒索罪。

12. 违反规定办理监狱机关人民警察录用、考核、任免、奖惩、调任、转任的，可能涉嫌构成《刑法》第418条规定的招收公务员、学生徇私舞弊罪或第397条规定的滥用职权罪等。

13. 非因工作需要携带枪支进入监区或者生产场所，携带枪支饮酒，情节严重的，涉嫌构成《刑法》第 130 条规定的非法携带枪支、弹药、管制刀具、危险物品危及公共安全罪。

14. 有其他违反公务用枪管理使用规定行为的，例如，依法配备公务用枪的人员和单位，违反枪支管理规定，非法出租、出借枪支的，构成《刑法》第 128 条规定的非法出租、出借枪支罪。

15. 违反规定转卖警用车辆、警车号牌、警服、警用标志或者证件，情节严重的，构成《刑法》第 281 条规定的非法买卖警用装备罪。

16. 违反规定使用警械、武器，造成不应有的人员伤亡、财产损失的，可能构成《刑法》第 232 条规定的故意杀人罪或第 275 条规定的故意毁坏财物罪。

17. 违反规定发表反映监狱工作内容的言论或者传播反映监狱工作内容的录音、录像、图片、文字，如果涉及国家秘密且情严重的构成《刑法》第 398 条规定的故意泄露国家秘密罪或过失泄露国家秘密罪。

18. 酒后驾驶机动车，造成严重后果的，即发生重大事故，致人重伤、死亡或者使公私财产遭受重大损失的，构成《刑法》第 133 条规定的交通肇事罪和危险驾驶罪。

追究监狱人民警察刑事法律责任时应注意以下几点：一是监狱人民警察的违纪行为尚未构成犯罪的，只能追究其行政法律责任，主要是给予行政处分；二是监狱人民警察的违纪行为是否构成犯罪，不仅要看是否具备犯罪的属性，而且要分析该违纪行为是否符合《刑法》所规定的犯罪构成；三是坚持法律面前人人平等原则，只要监狱人民警察的违纪行为构成犯罪，就要依法追究其刑事责任。

学习任务三　监狱人民警察行政法律责任追究

一、监狱人民警察行政法律责任的概念

行政责任，是指因违反行政法律或因行政法规定的事由而应当承担的法定的不利后果。在法律规定的范围内，行政责任通常包括行政处分和行政处罚两种。

行政处分，是指根据法律或国家机关、企业事业单位、社会团体的规章制度规定，由国家机关、企业事业单位和社会团体按行政隶属关系，给予有轻微违法失职行为尚不够刑事处罚或违反内务纪律的所属人员的一种制裁性处理。有时也称"纪律处分"。它是行政公务人员最主要的法律责任，是对行政公务人员职务身份的制裁，是一种内部行为和责任方式。行政处分的种类包括警告、记过、记大过、降级、撤职、开除。根据《公务员法》的规定，国家公务员实施了违纪违法行为，尚未构成犯罪的，或者虽然构成犯罪但同时其行政责任并不能免除的，应当给予行政处分。

行政处罚，是指国家行政机关或者其他行政主体对实施违反行政管理秩序的行为但尚不构成犯罪的公民、法人及其他组织，依照法律、法规或者规章规定给予行政制裁的具体行政行为。行政处罚的适用对象是作为行政相对方的公民、法人或其他组织，属于外部行政行为和责任形式。行政处罚的种类包括：警告，罚款，没收违法所得、

没收非法财物，责令停产停业，暂扣或者吊销许可证、暂扣或者吊销执照，行政拘留，法律、行政法规规定的其他行政处罚。

监狱人民警察行政法律责任，是指监狱人民警察在执行刑罚、改造罪犯的过程中，违反了国家法律的规定而承担的责任。它是对监狱人民警察违反行政纪律行为的一种制裁，属于内部的行政行为，不包括行政处罚这种外部责任形式。

二、监狱人民警察行政法律责任的形式

根据《人民警察法》《监狱法》等有关法律的规定，监狱人民警察的行政法律责任包括行政处分，警纪处分，停止执行职务、禁闭的适用等。

1. 行政处分。监狱人民警察的行政处分，是指监察机关或者任免机关对实施违法违纪行为的监狱人民警察，依照法定权限和程序实施的一种行政惩戒措施。它具有以下特征：①监狱人民警察的行政处分是一种内部行政惩戒措施，它不同于行政处罚；②监狱人民警察的行政处分是一种独立的法律责任，即一种由法律、法规、规章规定的纪律责任；③监狱人民警察的行政处分是由其行政违法违纪行为所引起的法律后果。

根据《公务员法》《人民警察法》《行政机关公务员处分条例》《监狱和劳动教养机关人民警察违法违纪行为处分规定》的相关规定，监狱人民警察违法违纪，应当承担纪律责任的，由任免机关或者监察机关按照处理权限依法给予处分。行政处分的种类包括警告、记过、记大过、降级、撤职、开除六种。

2. 警纪处分。警纪处分包括降低警衔、取消警衔，这是对人民警察的一种特殊惩戒措施。

（1）降低警衔。降低警衔是指对受到行政处分或者违反警纪情节严重的人民警察的警衔予以降低一级的处分。《人民警察法》第48条第2款规定："……对受行政处分的人民警察，按照国家有关规定，可以降低警衔……"《人民警察警衔条例》第21条规定，"人民警察违犯警纪的，可以给予警衔降级的处分"，同时规定"人民警察警衔降级不适用于二级警员"。

（2）取消警衔。取消警衔是指对因违法犯罪受到一定处罚或者因违纪被开除公职的人民警察，将其警衔取消，使其不再具有人民警察身份，不再享有警衔津贴的一种处分。《人民警察法》第48条第2款规定，对受行政处分的人民警察，按照国家有关规定，可以取消警衔。《人民警察警衔条例》第22条第1、2款规定："人民警察被开除公职的，其警衔相应取消。人民警察犯罪，被依法判处剥夺政治权利或者有期徒刑以上刑罚的，其警衔相应取消。"《人民警察警衔工作管理办法》进一步规定："人民警察被依法判处刑罚、拘役、管制、免予起诉、免予刑事处分和被劳动教养的，或者被开除公职、警籍、党籍的，其警衔相应取消，警衔标志和授衔命令证书均应收缴。"

3. 停止执行职务、禁闭的适用。《人民警察法》第48条第3款规定："对违反纪律的人民警察，必要时可以对其采取停止执行职务、禁闭的措施。"停止执行职务和禁闭都不是一种行政处分，而是在必要的情况下对违法违纪的人民警察所采取的临时性措施。

（1）停止执行职务。停止执行职务，是指为制止、查处人民警察违纪行为，预防事故，对违反纪律的人民警察在一定期限内停止其执行职务活动的行政措施。人民警察有下列行为之一的，可以对其采取停止执行职务的措施：拒不执行上级警察机关和领导的决定、命令或者违抗命令不服从指挥，可能造成严重后果的；涉嫌泄露国家秘密、警务工作秘密的；弄虚作假、隐瞒案情，包庇、纵容违法犯罪活动的；刑讯逼供或者体罚、虐待犯罪嫌疑人、被告人和罪犯，情节比较严重的；涉嫌敲诈勒索或者索取、收受贿赂的；违反规定使用武器、警械，造成严重后果的；违法实施处罚或者收取费用，造成恶劣影响的；接受当事人及其亲属或者代理人请客送礼，数额较大，造成恶劣影响的；从事营利性的经营活动或者应聘、受雇于任何个人、组织搞营利性经营活动，不听制止的；玩忽职守，不履行法定义务，造成严重后果的；其他违反纪律的行为有必要采取停止执行职务措施的。停止执行职务的期限为15天~3个月。

（2）禁闭。禁闭，是指对违反纪律的人民警察在一定时间内限制其自由的惩戒措施。人民警察有下列行为之一并不听制止，可能造成恶劣影响的，可以对其采取禁闭的措施：违抗命令，不服从指挥，可能造成严重危害的；涉嫌泄露警务工作秘密或者为犯罪嫌疑人通风报信的；威胁、恐吓、蓄意报复他人的；殴打他人或者唆使他人打人的；酗酒滋事，扰乱工作秩序和公共秩序的；其他有必要采取禁闭措施的。禁闭的期限为1天~7天。

对违反纪律的监狱人民警察，可参照上述规定，决定对其是否采取停止执行职务、禁闭的措施。同时，对被停止执行职务或者禁闭的人民警察，应当收回其枪支、警械和执行职务的有关证件。

学习任务四　监狱人民警察侵权赔偿责任

一、监狱人民警察侵权赔偿责任的概念

监狱人民警察的侵权赔偿责任是指监狱人民警察或其所在的机关在执行职务时，因违法违纪行为，侵犯公民、法人或其他组织的合法权益，造成损害而应当承担的赔偿责任。

监狱人民警察的侵权赔偿责任是国家赔偿责任的一部分，其构成要件包括：

第一，实施了违法行为。根据《国家赔偿法》的规定，构成国家赔偿须有违法行为存在。监狱人民警察在执行职务活动中行使职权的行为违法，是构成侵权赔偿的一个必要条件。如果行使职权的行为合法，即使给他人造成了损害，也不构成侵权赔偿责任。

第二，有损害后果。如果仅有监狱人民警察的违法违纪行为，而并未造成对合法权益的损害后果，则不构成侵权赔偿责任。损害包括人身损害和财产损害，但不包括可能造成的损害和仅仅造成危险的情况。同时，要求该损害后果必须是由监狱人民警察违法行使职权的行为造成的；否则，不能构成监狱人民警察的损害赔偿。

第三，损害后果是在监狱人民警察执行职务过程中产生的。监狱人民警察执行职务是代表国家行使职权，所以，其行为产生的损害后果由国家承担。如果是执行职务以外的其他行为违法，造成损害后果由行为人本人负责，国家不承担赔偿责任。

明确监狱人民警察侵权赔偿的构成要件，可以准确地判断监狱机关及其成员的行

为是否需要由国家承担赔偿责任，正确解决国家赔偿问题。

二、监狱人民警察侵权赔偿的形式

由于监狱机关及其警务人员的执法活动既有行政管理方面的，又有刑事司法方面的，所以，监狱人民警察行使职权侵犯公民、法人和其他组织的合法权益造成损害的，既可能涉及行政侵权赔偿，也可能涉及刑事侵权赔偿，还可能涉及民事赔偿。

1. 行政侵权赔偿。行政侵权赔偿，是指监狱人民警察在行使行政职权时，侵犯到受害人的财产和人身权时产生的赔偿。

（1）行政赔偿的范围。根据违法行为侵害的客体不同，可将行政赔偿分为监狱人民警察行使职权侵犯人身权的赔偿和监狱人民警察行使职权侵犯财产权的赔偿两大类。

《国家赔偿法》第 3 条规定，行政机关及其工作人员在行使行政职权时有下列侵犯人身权情形之一的，受害人有取得赔偿的权利：①违法拘留或者违法采取限制公民人身自由的行政强制措施的；②非法拘禁或者以其他方法非法剥夺公民人身自由的；③以殴打、虐待等行为或者唆使、放纵他人以殴打、虐待等行为造成公民身体伤害或者死亡的；④违法使用武器、警械造成公民身体伤害或者死亡的；⑤造成公民身体伤害或者死亡的其他违法行为。由于监狱机关不具有行政拘留权，因此，上述五种情形除违法拘留外，均适用于监狱机关及其监狱人民警察。

关于侵犯财产权的国家赔偿，根据《国家赔偿法》第 4 条，适用于监狱及其监狱人民警察的内容有：当监狱及其监狱人民警察由于违法行为造成财产损害的其他情形时，需要承担行政赔偿。

根据《国家赔偿法》第 5 条的规定，属于下列情形之一的，国家不承担赔偿责任：①行政机关工作人员与行使职权无关的个人行为；②因公民、法人和其他组织自己的行为致使损害发生的；③法律规定的其他情形。在第②种情形下，损害的发生是由损害人自己的行为引起的，与监狱机关及其监狱人民警察执行职务的行为没有直接的关系，所以，即使行政行为可能违法，但是国家仍然不承担赔偿责任。

（2）行政赔偿中的国家追偿权。根据《国家赔偿法》第 16 条，监狱人民警察违法行使狱政管理权侵犯公民、法人和其他组织的合法权益造成损害，其主观上有故意或者重大过失的，赔偿义务机关赔偿损失后，应当责令有故意或者重大过失的监狱人民警察承担部分或者全部赔偿费用。

2. 刑事侵权赔偿。这是指监狱机关及其警务人员因违法行使刑罚执行权或其他刑事司法职权，侵犯受害人人身权和财产权，由国家依法给予受害人赔偿。监狱人民警察行使刑事司法权，是指监狱人民警察行使狱内侦查、监狱管理等职权。根据其违法违纪行为侵犯的客体不同可分为两种：①在行使刑事司法职权时侵犯人身权利引起的损害赔偿；②在行使刑事司法职权时侵犯财产权利引起的损害赔偿。

（1）刑事赔偿的范围。根据《国家赔偿法》的规定，监狱人民警察在刑事司法活动中的赔偿，也分为侵犯人身权的赔偿和侵犯财产权的赔偿两大类。

《国家赔偿法》第 17 条中适用于监狱机关及其监狱人民警察刑事赔偿的内容有：①刑讯逼供或者以殴打、虐待等行为或者唆使、放纵他人以殴打、虐待等行为造成公民身体伤害或者死亡的；②违法使用武器、警械造成公民身体伤害或者死亡的。《国家赔偿法》第 18 条中适用于监狱机关及其监狱人民警察刑事赔偿的内容有：监狱机关及其监狱人民警察在行使刑事侦查权时违法对财产采取查封、扣押、冻结、追缴等措施的，受害人有取得赔偿的权利。根据《监狱法》第 60 条和《刑事诉讼法》第 141 条的规定，如果监狱及其监狱人民警察在侦查罪犯狱内犯罪的案件时，查封、扣押、冻结、追缴了与案件无关的财产或者是案外人的财产，或者未按法律规定妥善保管或使用的，或者宣告无罪后仍然查封、扣押、冻结的，均属于违法行为，造成损害的，受害人有取得赔偿的权利。

（2）刑事赔偿中的国家追偿权。《国家赔偿法》第 31 条规定，监狱人民警察在刑事司法活动中有下列情形之一的，赔偿义务机关赔偿损失后，应当向监狱人民警察追偿部分或者全部赔偿费用：刑讯逼供或者以殴打、虐待等行为或者唆使、放纵他人以殴打、虐待等行为造成公民身体伤害或者死亡的；违法使用武器、警械造成公民身体伤害或者死亡的；在处理案件中有贪污受贿、徇私舞弊、枉法裁判行为的。

3. 民事赔偿。民事赔偿是指监狱人民警察在执行职务时，侵犯公民、法人或其他组织的合法民事权益，造成损害的，受害人有权获得的赔偿。如监狱人民警察在抓捕脱逃罪犯的过程中，不慎损坏了所有人的田地、房屋或者造成了其他的人员伤亡的，监狱人民警察应承担赔偿责任。

思考练习

1. 请简述监狱人民警察法律责任的构成要件。
2. 请简述监狱人民警察刑事侵权赔偿的种类及法律依据。
3. 简述监狱人民警察行政法律责任的形式。

思政园地

纪法微课堂 ‖ 第 11 期：违规"捎买带"，不仅仅是违纪问题[1]

本期"纪法微课堂"，聚焦监狱民警执法工作中容易出现的违规"捎买带"问题，选取司法实践中的典型判例，警示全狱民警知禁令、明底线，在警囚交往中保持清醒、坚持原则、严守边界，防止步入违纪破法歧途。

一、案例学习

1. 淄博监狱五监区原四级警长常川川与案件当事人不正当接触交往案。2017 年至 2019 年，常川川在淄博监狱任五监区科员期间，接受罪犯公某近亲属给予的财物，明知罪犯公某存在使用手机等违反监狱管理规定的情况，隐瞒不报，导致公某在不符合减刑条件的情况下被法院裁定减刑。2017 年至 2020 年，常川川在任五监区科员、一级警员、四级警长期间，利用职务便利，严重违反监狱管理法律法规，私自接受多名罪犯亲友转账，为罪犯捎购香烟、书籍、日常用品等进入监区使用，严重妨害监狱正常

---

[1]《纪法微课堂 ‖ 第 11 期：违规"捎买带"，不仅仅是违纪问题》，载 https://mp.weixin.qq.com/s/LNC36sZin3cAXWqXpQTbgQ，最后访问日期：2024 年 8 月 30 日。

监管秩序。2023年12月，常川川因犯徇私舞弊减刑罪、滥用职权罪，被判处有期徒刑6个月。

2. 河南省××监狱原民警李某为牟取不正当利益违规"捎买带"案。2022年1月至2023年5月，李某在河南省××监狱监管区履职期间，为徇私情私利，违反司法部、河南省司法厅、河南省监狱管理局有关规定，利用职务便利，多次私自联系服刑人员亲友，违规捎带4部手机进入监狱供服刑人员使用，为多名服刑人员购买和捎带香烟、食品等物品进入监狱，共收取服刑人员亲友122 600元，严重扰乱监狱的监管秩序，严重损害司法公信力，造成恶劣的社会影响。2023年11月，李某因犯滥用职权罪，被判处有期徒刑2年6个月。

3. 辽宁省×××监狱原应急指挥中心四级警长孔令龙为服刑人员违规"捎买带"案。2012年至2016年，孔令龙在辽宁省×××监狱工作期间，为牟取私利，利用职务便利，违规将手机带入监室供罪犯使用；接受服刑人员请托，向部分服刑人员提供手机联系家属，利用他人银行账户接收服刑人员亲属汇款91次，从监狱外购买药品、食品、香烟及其他生活用品供服刑人员使用并从中牟利170 500元，严重扰乱监管秩序，破坏监管安全，造成恶劣社会影响。2021年9月，孔令龙因滥用职权罪，被判处有期徒刑1年8个月。

4. 新疆生产建设兵团第六师五家渠监狱原民警王某滥用职权、徇私舞弊减刑案。2017年5月至2023年1月，王某在担任第六师五家渠监狱一监区、三监区车间监管民警期间，违反工作纪律和监狱管理规定，通过微信转账、收取现金等形式，多次收受吴某等38名罪犯家属财物30余次，涉案金额共计49 900元，多次为上述38名罪犯"捎、买、带"香烟和生活用品进监狱，其行为构成滥用职权罪。2017年1月至2022年12月，王某在任监区管教民警期间，明知罪犯吴某、贺某、马某存在私藏香烟、打火机和抽烟的严重违规违纪行为，不符合提请减刑条件，故意对该3名罪犯违规违纪的行为进行了隐瞒，在罪犯的减刑评审鉴定表中出具虚假意见并签字确认，且在监区召开的两级减刑假释评议讨论会议中，均表示同意并签名确认，致使罪犯吴某、贺某、马某被法院分别裁定减刑6个月，该行为构成徇私舞弊减刑罪。2023年3月，王某因犯滥用职权罪、徇私舞弊减刑罪，数罪并罚，被判处有期徒刑2年6个月。

二、以案为鉴

"畏则不敢肆而德以成，无畏则从其所欲而及于祸。"《监狱法》、防止干预司法"三个规定"、司法部"六个一律"、《监狱和劳动教养机关人民警察违法违纪行为处分规定》等法规禁令，都对监狱民警违规"捎买带"行为作出禁止性要求、划定强高压红线，各省监狱也分别制定了相应规定。规定不可谓不细、禁令不可谓不严，但有禁不止、顶风逆行之人时有出现，根源还是心无所畏导致无所止。监狱民警为罪犯购买、捎带、传递违禁品、违规品甚至生活用品，绝不仅仅是简单的违纪问题，更涉嫌违法犯罪，不但妨害监狱正常监管改造秩序，而且严重损害监狱良好执法形象，必将受到纪法无情鞭打。前车之鉴，后事之师。广大民警要时刻绷紧纪法之弦，把"铁规禁令"刻在心上、守在日常，避免因"无知"而突破底线，因"无畏"而践踏红线。

三、以案明纪

（一）《中国共产党纪律处分条例》

第34条：党员犯罪，有下列情形之一的，应当给予开除党籍处分：（一）因故意犯罪被依法判处刑法规定的主刑（含宣告缓刑）；（二）被单处或者附加剥夺政治权利；（三）因过失犯罪，被依法判处三年以上（不含三年）有期徒刑。因过失犯罪被判处三年以下有期徒刑或者被判处管制、拘役的，一般应当开除党籍。对于个别可以不开除党籍的，应当对照处分违纪党员批准权限的规定，报请再上一级党组织批准。

第97条：收受可能影响公正执行公务的礼品、礼金、消费卡（券）和有价证券、股权、其他金融产品等财物，情节较轻的，给予警告或者严重警告处分；情节较重的，给予撤销党内职务或者留党察看处分；情节严重的，给予开除党籍处分。收受其他明显超出正常礼尚往来的财物的，依照前款规定处理。

（二）《行政机关公务员处分条例》（已失效）

第17条：违法违纪的行政机关公务员在行政机关对其作出处分决定前，已经依法被判处刑罚、罢免、免职或者已经辞去领导职务，依法应当给予处分的，由行政机关根据其违法违纪事实，给予处分。行政机关公务员依法被判处刑罚的，给予开除处分。

（三）《中华人民共和国刑法》

第397条第1款：国家机关工作人员滥用职权或者玩忽职守，致使公共财产、国家和人民利益遭受重大损失的，处三年以下有期徒刑或者拘役；情节特别严重的，处三年以上七年以下有期徒刑。本法另有规定的，依照规定。

（四）《中华人民共和国监狱法》

第14条：监狱的人民警察不得有下列行为：（一）索要、收受、侵占罪犯及其亲属的财物；（二）私放罪犯或者玩忽职守造成罪犯脱逃；（三）刑讯逼供或者体罚、虐待罪犯；（四）侮辱罪犯的人格；（五）殴打或者纵容他人殴打罪犯；（六）为谋取私利，利用罪犯提供劳务；（七）违反规定，私自为罪犯传递信件或者物品；（八）非法将监管罪犯的职权交予他人行使；（九）其他违法行为。监狱的人民警察有前款所列行为，构成犯罪的，依法追究刑事责任；尚未构成犯罪的，应当予以行政处分。

（五）《监狱和劳动教养机关人民警察违法违纪行为处分规定》

第10条：有下列行为之一的，给予记过或者记大过处分；情节较重的，给予降级或者撤职处分；情节严重的，给予开除处分：（一）违反规定办理罪犯离监探亲、特许离监或者违反规定办理劳动教养人员放假的；（二）为罪犯、劳动教养人员奖惩提供虚假材料的；（三）私带罪犯、劳动教养人员离开监狱、劳动教养场所的；（四）擅自安排罪犯、劳动教养人员会见，造成不良后果的；（五）违反规定允许罪犯、劳动教养人员携带、使用通讯工具等违禁品或者为其传递违禁品的；（六）违反规定为罪犯、劳动教养人员提供特殊待遇，造成不良影响的。有前款规定行为并从中牟取私利的，从重处分。

第13条：有下列行为之一的，给予记过或者记大过处分；情节较重的，给予降级或者撤职处分；情节严重的，给予开除处分：（一）违反规定利用或者插手监狱、劳动教养场所的基建等工程招投标、政府采购，为本人或者特定关系人牟取不正当利益的；

(二)索取、接受、侵占罪犯、劳动教养人员及其亲属财物的;(三)接受罪犯、劳动教养人员及其亲属宴请、娱乐等活动安排的;(四)向罪犯、劳动教养人员及其亲属借钱、借物,或者利用罪犯、劳动教养人员及其亲属为自己或者他人牟取不正当利益的。

四、大声提醒

祸患常积于忽微。监狱民警因违规"捎买带"而入罪判刑的案例屡见不鲜,目前,在个别省市的司法实践中,为罪犯捎带传递生活用品20次及以上或违禁品1次以上就可以入刑,按滥用职权罪处理。广大民警务必从确保个人政治前途和职业安全的高度来认识这个问题,切不可在执法工作中淡化了身份意识、模糊了警囚界限,更不能为了"蝇头小利"铤而走险、为了人情关系乱伸"援手",时刻牢记不该做的事不做、不该帮的忙不帮,坚决做到不开"口子"、不钻"空子",方能避免"案中人"的悲剧在自己身上重演。

创新园地

执法办案走"新"更走"心"[1]

基层警力占比增至98.54%,汇集数据数亿条,"减假暂"瑕疵案件降至0.22%以下……2024年以来,贵州监狱在实施强基警务、智慧警务、法治警务等"八大警务"上靶向发力、精准施治,推动监狱各项工作取得新成效,绘就平安法治监狱建设新图景。

建好"小单元" 激发"大活力"

欲筑室者,先治其基。"全省监狱系统要持之以恒抓基层、强基础、固基本,深入推动实施'八大警务',加快实现'西部一流全国领先'目标任务,为中国式现代化贵州实践提供坚强安全保障。"2024年2月,全省监狱工作会议就做好当前监狱工作作出部署和安排。

谋定而后动,贵州省监狱局党委紧盯监区"小单元"建设,选优配强基层党支部班子带好队伍,加大年轻民警培养和交流轮岗力度,培育锻造基层治理"生力军";大力实施以抓基层、打基础、苦练内功为内容的能力素质提升工程,聚焦提升"体能、技能、智能",突出警体技能、应急处置、医疗救治等练兵科目,深入推动"基础训练日"制度落实落地,开展全警实战大练兵活动4000余场次,提升监狱民警履职能力本领;牵头制定"1+1+N"制度体系,指导一线全力推动狱内疾病防治工作;全面推进基础设施和安防设备更新改造,不断增强监狱安全防护能力;搭建省级教育中心,汇集教育改造优质资源,实现"一个平台、全域贡献"的资源覆盖。

基层警力占比持续增至98.54%,是贵州监狱实施"小机关大基层"战略的有力例证。2024年以来,监狱局党委固化基层优先补充警力机制,推出6个"聚焦警力下沉"的"强基"新举措。推进警力下沉成效显而易见,1月至8月,全省监狱推动实现罪犯

---

[1] 王家梁:《执法办案走"新"更走"心" 贵州靶向发力推动监狱各项工作取得新成效》,载《法治日报》2024年10月16日,第8版。

刑释接返率达100%，"减假暂"案件办结率同比提升约40%，罪犯狱内违规违纪率明显下降，监狱安全指数明显提升。

"聚焦警力和狱情，研判感知未然之事，快速处置突发事件，事后还能智能研判总结规律"，谈及"情指行"一体化运行警勤模式全面服务基层实战，沙子哨监狱民警李贵军满是欣喜。

一系列务实有效的措施，成为贵州监狱夯实基层前沿堡垒的生动注脚，"强基警务"激发出的干事创业活力正在加速形成。

构建科技赋能"数字底座"

贵州监狱在全面完成"智慧监狱"一期工程基础上，2024年积极抢抓"数智"建设政策机遇，深入实施科技强警行动计划，持续推动凯里、安顺、瓮安等一批"智慧监狱二期"和"智慧磐石"规划建设试点示范，全力打造智能业务"升级版"。支撑全省监狱业务网上办理的17个信息化应用系统全面服务保障监狱工作，汇聚信息数亿条；推进"贵州跨部门大数据办案平台"融合应用，更多充满"科技感"的执法措施，打通了与公检法司等政法单位的数据对接壁垒，仅2024年前5个月就累计推送共享"案件包"3万个，新动能推动监狱执法高质量发展取得初步成效；15所监狱完成网络安全等级保护项目建设并顺利通过国家论证，"智慧监狱"建设步入"快车道"，应用体系的"数字底座"已基本成型。

高效便捷的"云警务"是贵州监狱持续深化改革的一个缩影。提及"罪犯个别谈话教育应用系统"，清镇监狱民警陈晶感慨颇深。他认为，个别谈话教育应用系统克服以往罪犯个别教育中存在的诸多挑战与痛点，集警务通数据采集能力、双系统隔离技术、数据擦除能力等功能于一身。新技术的应用使罪犯教育内容更加全面、翔实、连贯，还为不同阶段罪犯改造提供了更全面、更科学的支撑。

数治赋能、群众受益。贵州监狱切实把"智慧监狱"建设优势转化为服务群众的效能。29家监狱亲情电话系统先后完成硬件建设、软件调试和数据导入，微信亲情回款功能整合提升……"智慧警务"服务社会发展开启新篇章。

规范执法"硬实力""软环境"

2020年建成的贵州省第二女子监狱刑务办案中心是全省首家作为监狱开展罪犯减刑、假释、暂予监外执行案件办理，罪犯计分考核，执法证据保全等工作的专门机构，规范化、标准化、精细化的办案模式，促进了办案质量和效率的提升，切实维护了司法公平公正。

"建设办案中心，不是人员资源的简单汇聚，更优化了办案流程、统一了办案标准、提高了办案质效。"贵州省监狱局刑罚执行处处长吴长方说。

贵州监狱2024年高标准建成28个刑罚执行办案中心，办案模式由传统的监区、分监区"分散办"向监狱"集中办"转变，"减假暂"案件集中办案率达100%。

细化层级执法责任。省监狱局相继出台领导干部带头办案和加强改进监狱执法工作实施意见等制度性规范，统筹部署和调度"减假暂"工作，压紧压实执法办案责任。各监狱也持续推进"减假暂"案件实质化审查，强化案件实体证据材料把关，将"五审核一公示"程序规定和集体审议规则贯穿案件办理全过程。

2024年4月，法官、检察官、人民陪审员、监狱民警、罪犯及证人同步视频连线，安顺监狱2024年第二批次申请"减假暂"罪犯在监内法庭首次接受了安顺市中级人民法院的实质化庭审。半个月内顺利完成了本批次减刑案件审理工作，较以往监外开庭节约了2/3的时间，此举为全省监狱系统减刑案件实质化审理树立了标杆。

建立健全法治保障，让公平正义更加可感可触。近年来，贵州监狱持续加固执法外部监督"围栏"，以外部"力度"提升执法质量"高度"。

线下，全省监狱坚持"在阳光下办案"，自觉接受检察机关法律监督、纪检监察专责监督，提请的每个案件都及时征求检察意见，主动邀请驻监检察官和211名执法监督员列席案件评审会。

线上，全省监狱走好新时代网上群众路线，深化狱务公开，依托政务新媒体在全国率先公布"减假暂"相关法律文书，推动落实"监狱开放日"制度，加上"区块链"防数据篡改等技术的加持，让执法办案走"新"更走"心"。

站在建设更高水平平安法治监狱的新起点，贵州监狱将持续夯实基层治理之基，厚植依法治监沃土，向科技要战斗力，坚定不移走好改革强警之路、治监之道。

拓展学习

国外警察执法侵权赔偿

1. 以英国、美国为代表的英美法系。

以英国、美国为代表的英美法系，一直以来采取的是"司法至上"原则。英国一般是不会启用国家赔偿，除非法官有过失或者有过错。英国的国家机关及其工作人员的侵权纠纷一般采用的是投诉或者提起民事诉讼的形式。英国有一个专门审查警察行为合理性的委员会，除此之外就没有监督警察行为的专门性机关。由于对警察执法权的审查行为一般难以达到公民的合理诉求，公民和警察侵权的纠纷大多采取提起民事诉讼的形式。因此，警察执法侵权的赔偿问题和普通公民侵权解决的程序基本一样，都可以提起民事诉讼，而国家赔偿一般不怎么启用。美国的国家赔偿法制定得比较完善。《美国联邦侵权赔偿法》规定，政府工作人员因为执行公务造成的侵权行为，在民法范围内承担与一般公民侵权相同的民事责任，通常认为是普通的民法侵权，与一般侵权没有太大的区别，警察侵权也不例外，所以说美国没有独立的国家赔偿这个公法。公安机关在执行公务过程中的侵权行为和公民之间的普通民事责任并无太大的不同，民事纠纷的解决没有因身份的不同而有所差别，一律适用普通民事侵权。警察执法侵权中的国家赔偿程序与公民之间的民事赔偿程序没有太大的不同。

2. 以日本为代表的大陆法系。

日本只对两种侵权行为承担国家赔偿。一种是公职人员侵权，一种是公共工程侵权。公权力刑事责任是指国家或公共组织的雇员，包括公务员、警察在执行公务过程中，由于过错或者过失造成的侵权责任，国家负责进行赔偿，这跟我国国家赔偿是相似的。但是日本的国家赔偿与我国不同的是，当国家赔偿不能穷尽所有赔偿情形时，可以采用民法中关于民事责任的赔偿。

美国和日本对国家赔偿的规定走在了世界前列。在欧美国家，由于公务侵权造成的损害，可以引用民法的相关规定，即在国家赔偿无法满足被侵权人的合理诉求时，可以援引民法之规定处理现实案例，最大程度保障公民的合法权益。